Schirner
Verlag

Zum Autor

Phillip Kansa, dessen schamanischer Name *Spirit Bear* lautet, stammt aus den USA und ist indianischer Abstammung; seine Urgroßmutter war Schamanin beim Stamm der Kansa. Er studierte Psychologie (Bachelor of Science) sowie Deutsch (Magister Artium) und ist nach einer Ausbildung bei verschiedenen Schamanen – darunter Medicine Hawk von den Cherokee sowie Lehrer bei den Stämmen der Lakota (Sioux) und Anasasi – seit über 25 Jahren als Schamane tätig, davon zwanzig Jahre außerhalb der USA, meistens in Europa. In seinen Seminaren macht er den Teilnehmern die wertvollen Überlieferungen der indianischen Schamanen zugänglich, die der Heilung des Menschen und von Mutter Erde dienen.

Zum Buch

»Seele und Psyche« ist ein Praxisbuch, in dem der Leser wertvolle Tips und Übungen zu verschiedenen Lebensbereichen findet. Dem Autor gelingt es, selbst philosophische Themen so lebendig darzustellen, daß stets ihr Bezug zum Alltag erhalten bleibt und der Leser umgehend aktiv umsetzbares Wissen daraus gewinnt. Weiterhin erhält der Leser Hilfestellung in alltäglichen Bereichen: Mann/Frau-Problematik, Seelenpartner, Beziehungen, Entscheidungsfindung, Liebe, Gefühle, Kreativität ... um nur einige zu nennen. Zu jedem Thema werden Übungen vorgestellt, die dem Leser einen Zugang zu einem bodenständigen spirituellen Wachstum und innerem Reichtum bieten.

Seele und Psyche

Gespräche mit Akanthos

Weisheiten aus einer anderen Dimension
übermittelt von

Phillip Kansa

Übersetzt aus dem Amerikanischen von
Michaela Petermann

 Schirner Verlag

ISBN 3-89767-143-3

© 2003 Schirner Verlag, Darmstadt

Umschlag: Murat Karaçay
Satz & Redaktion: Kirsten Glück
Herstellung: Reyhani Druck + Verlag, Darmstadt

Printed in Germany

Inhaltsverzeichnis

Einleitung

Der Grund für mich, Akanthos, dieses Buch mit Phillip Kansa zu schreiben, bestand darin, euch der Freude in eurem Leben näher zu bringen. Es ist mein Ziel, euch hiermit die Möglichkeit zu geben, euer Bewußtsein spirituell zu erweitern, so daß ihr die unbegrenzte Schönheit des Universums erleben könnt. Ich möchte euch dazu bewegen, durch dieses Buch zu einem Punkt in eurem Leben zu kommen, in dem Freude sowie das Nichtverurteilen und das Nichtbewerten von Menschen und Umständen eurer Leben bestimmen. Ich möchte, daß ihr in die Lage versetzt werdet, das Göttliche in euch wahrzunehmen und den Sinn des Lebens zu erkennen.

Dieses Buch wird euch Informationen an die Hand geben, die euch in allen Lebensbereichen weiterhelfen können. Es kann euch den Weg zeigen, wie es euch gelingen kann, nicht mehr andere für euer Handeln verantwortlich zu machen, und wie ihr aus dem Verlangen herausfindet, euch ständig für etwas die Schuld zu geben, leiden zu wollen oder euch zu opfern; das gleiche gilt auch für den Drang, anderen die Schuld zu geben. Dieses Buch zeigt euch, wie ihr Beziehungen in eurem Leben schaffen könnt, die euch in eurem Handeln unterstützen. Dieses Werk soll euch einfach bei allem hilfreich zur Seite stehen, was ihr in eurem Leben erreichen wollt.

Die durch mich (Phillip Kansa) übermittelten Gespräche mit Akanthos werden euch dabei helfen, zu erfahren, was es bedeutet, wirklich zu fühlen. Er wird euch lehren, eure Gefühle und Wünsche zu leben, indem ihr die Kraft der liebenden Absicht anwendet. Ihr werdet feststellen, daß euer Leben, wenn ihr erst einmal gelernt habt, eure Gefühle zuzulassen und sie zu leben, voller Freude und Erfüllung sein wird. Ihr müßt nur erkennen, daß eure Gefühle nicht eure Feinde sind, sondern die besten Freunde, die ihr jemals haben könnt. Tatsache ist, unsere Gefühle sind einer der Schätze, die wir in unserem Leben suchen.

Ich möchte, daß ihr lernt zu verstehen, daß Gott bzw. ein göttliches Wesen uns niemals verurteilen würde. Gott bringt uns nur bedingungslose Liebe, Mitgefühl und Verständnis entgegen. Er erlaubt uns, jede Erfahrung zu machen, die wir machen möchten, so daß wir mehr Weisheit erlangen können.

Zum Schluß möchte ich euch noch mit auf den Weg geben, daß dieses Buch euch dabei helfen soll, zu erkennen, daß die Antworten des Universums nicht irgendwo in den Wolken hängen, sondern sich in euch selbst befinden. Sofern ihr die Bewußtseinsübungen am Ende eines jeden Kapitels gewissenhaft ausführt, wird sich euer Leben verändern. Es ist nicht nötig, Geld für Seminare auszugeben, um euer Leben zu ändern. Ihr könnt dies auch von zu Hause aus tun, in eurem eigenen zeitlichen Rahmen. Später dann, wenn ihr an solchen Seminaren teilnehmen wollt, werdet ihr dort als bereits selbstverantwortliche Menschen teilnehmen und so viel mehr für euch daraus gewinnen können. Nicht, daß ihr mich falsch versteht: Ich habe nichts gegen Seminare, bin selbst gerne dabei. Nur manchmal geschieht es bei solchen Gelegenheiten, daß ihr meint, ihr müßtet eure Kraft nach außen richten. So vergeudet ihr aber nur eure Kraft. Das Ziel dieses Buches ist es, euch eure Kraft wiederzugeben, so daß ihr euer Leben und eure Realität unter Kontrolle habt.

Trance-Channelling

Mit Hilfe des Trance-Channellings habe ich, Phillip Kansa, die Gespräche mit Akanthos geführt. Trance-Channelling ist die Fähigkeit, zwischen dieser und einer anderen Ebene der Wirklichkeit zu »vermitteln«, wobei ein Mensch seinen Körper zeitweise einem Geistwesen zur Verfügung stellt, damit dieses seine Botschaften übermitteln kann. Während dieses Zustandes legt das Medium, der Vermittler, sozusagen sein Bewußtsein beiseite. Man kann diese Form der übersinnlichen Fähigkeit eben als Trance-Channelling (engl. channelling, zu deutsch »kanalisieren«; ein Medium kann sich in einen Trancezustand versetzen und macht somit dem Geistwesen einen »Kanal« frei, über den es seine weltanschaulichen Botschaften verbreiten kann) oder einfach als mediale Fähigkeit bezeichnen. Beim Trance-Channelling ist es sehr wichtig, die Informationen, die überbracht werden, zu erfühlen. Nicht jede Botschaft, die über einen solchen Kanal geschickt wird, ist erfreulich. Nur weil sie durch ein Geistwesen überbracht wird, handelt es sich nicht unweigerlich um gutgemeinte Informationen. Deswegen ist es notwendig, Vorsicht walten zu lassen, egal um was für eine Botschaft es sich auch handeln mag. Derjenige, an den sich die Botschaft richtet, muß sich bei solchen Sitzungen immer fragen, was er dabei empfindet. Sofern die durch das Wesen überbrachten Botschaften Befehle, Kritik oder Entscheidungen enthalten, sollte er sehr wachsam sein! Fühlt er sich allerdings besser, aufgeklärter, reicher und stärker, so kann er davon ausgehen, daß es sich um eine wohlwollende Quelle handelt. Und das ist das Schöne bei Akanthos! Er erzählt uns nie, was wir machen sollen, sogar wenn man ihn fragt, was man denn tun oder wie man sich entscheiden soll. Er versucht nie, den freien Willen des Individuums zu beeinflussen.

Gott, Göttin, Allmacht

Akanthos verwendet in den Gesprächen drei Ausdrücke für die schöpferischen Energien – Gott, Göttin und Allmacht. Da die Schöpferkraft geschlechtslos ist, ist es egal, ob eine weibliche oder männliche Bezeichnung oder gar beide benutzt werden. Akanthos verwendet alle drei Ausdrücke, so wie sie ihm gerade passend erscheinen, und ich bitte euch, daran keinen Anstoß zu nehmen.

Unglücklicherweise gibt es Frauen, die es ablehnen, daß

man die Schöpferkraft als Gott bezeichnet, genauso wie es Männer gibt, die es ablehnen, sie als Göttin zu bezeichnen. Akanthos seinerseits setzt im Ursprungstext den Begriff »God/dess« (Gott/Göttin) ein, um zu zeigen, daß das Wort »Goddess« (Göttin) das Wort »God« (Gott) enthält; gleiches gilt für das Englische »s/he« (sie/er), das er ähnlich verwendet. Um der Neutralität Rechnung zu tragen, wurden in der deutschen Übersetzung meist die Begriffe »göttliches Wesen« oder »Schöpferkraft« vorgezogen.

Das letzte Kapitel des Buches enthält einige Definitionen von Wörtern und Begriffen, die Akanthos verwendet. Sofern ihr also auf Wörter oder Begriffe stoßt, die euch nicht bekannt sein sollten, könnt ihr dort die jeweilige Erklärung finden.

Kapitel 1

Akanthos

Hallo! Ich bin Akanthos. Ich grüße euch voller Freude und Liebe. Ich bin gekommen, um euch dabei zu unterstützen, mehr Freude in euer Leben zu bringen. Ich bin gekommen, um euch zu zeigen, wie ein Leben ohne Kritik an sich selbst und anderen sein kann. Vor allem aber möchte ich euch lehren, Dinge, Situationen und Menschen einfach so zu akzeptieren, wie sie sind.

Beginnt damit, euch selbst so zu nehmen, wie ihr seid. Denn wenn ihr euch selbst akzeptiert, dann werdet ihr im Laufe der Zeit auch die Menschen um euch annehmen und anerkennen. Mit »anerkennen« ist gemeint, Dinge und Menschen einfach »zuzulassen«, sie so zu nehmen, wie sie sind, ohne sie zu be- oder verurteilen.

Es gibt so viele Menschen, die von Liebe reden. Allerdings gibt es nur wenige, die wirklich wissen, was Liebe bedeutet, und noch weniger Menschen wissen, wie sie ein Leben in allumfassender Liebe leben können. Die wahre Bedeutung von Liebe ist: anerkennen, zulassen, gewähren lassen, jemandem etwas freistellen. Wenn man es in einer kurzen Redewendung beschreiben möchte: »Leben und leben lassen.« Ich könnte ein ganzes Buch über die Liebe schreiben; bei dem hier vorliegenden Buch allerdings handelt es sich lediglich um einen Überblick, eine Einführung in meine Lehren, wenn man so will.

Ich nenne mich Akanthos. Eigentlich hätte ich auch einen anderen Namen aus einer meiner vielen Inkarnationen (Leben) verwenden können. Dort, wo ich herkomme, tragen wir einen Namen, der sich aus all den Persönlichkeiten, deren Leben wir gelebt haben, zusammensetzt. Ihr könnt euch vorstellen, daß, wenn ich euch meinen wirklichen Namen mitteilen wollte, dies nach eurer Zeitrechnung sehr, sehr lange dauern würde. Bis ich am Ende meines Namens angelangt wäre, hättet ihr den ersten Teil bereits wieder vergessen! In der Dimension, von der ich komme, können wir uns deswegen bei unseren wirklichen Namen nennen, weil wir dort die Namen telepathisch und augenblicklich vermitteln können. Nun aber noch einmal kurz zu meinem Namen Akanthos. Ich trug diesen Namen einmal, als ich auf eurer Welt war, in einem Lande namens Griechenland.

Ich bin ein Geistwesen, das sich aus verschiedenen Seelen zusammensetzt. Diese verschiedenen Seelen arbeiten alle zusammen, in völliger Harmonie. Alle diese Seelen haben schon einmal auf der Erde gelebt und kennen sie sehr gut. Wir Geistwesen, die wir aus vielen Seelen bestehen, entwickeln uns genauso weiter wie ihr euch als einzelne Seelen auf eurem Planeten.

Ich bin also Teil einer Gruppe, eines »Gruppenbewußtseins«, einer Ladung geballten Bewußtseins! Und obwohl ich Teil dieser Gruppe bin, die wiederum Teil einer viel größeren Einheit ist, bin ich doch auch ich selbst. Einige meiner Pflichten bestehen darin, mich um den Bereich, den man Karma nennt, zu kümmern. Über Karma werden wir später in diesem Buch noch berichten.

Ich bin hierher gekommen, um euch zu sagen, daß es sich wirklich lohnt, nicht ein Engel mit schwingenden Flügeln zu sein, sondern man selbst zu sein! Ihr seid Individuen mit der göttlichen Gabe, eure Wünsche, Gedanken und Gefühle so zu äußern, daß sie Form annehmen. Die Welt, in der ihr lebt, heißt Erde, und es gibt sie, damit ihr lernen könnt, eure eigenen Ideen zu haben, sie zu erschaffen und Wirklichkeit werden zu lassen. Ich werde euch allerdings etwas über eure Ideen beibringen; ich werde euch lehren, eure Gefühle zu fühlen, eure Erfahrungen zu erfahren und eure eigene Realität bewußt zu gestalten.

Ich bin hier, um euch mitzuteilen, daß diese Welt lediglich ein Spielplatz und eine Schule für den Menschen ist. Folglich gibt es noch sehr viele andere Welten, in denen zu leben der Mensch das Privileg haben wird. Die Existenz, das Leben, ist das wahre Geschenk von Gott an die Menschheit.

Manchmal ist es für Menschen ein Schock, eine Botschaft von einem Geistwesen zu erhalten, da es keinen physischen Körper besitzt. Für mich, oder sollte ich besser sagen: für uns, ist es nichts Besonderes, mit euch zu kommunizieren. Ich betrachte euch als das, was ihr wirklich seid: wunderschöne Individuen, die ein Teil von mir sind und somit ein Teil der Allmacht.

Warum habe ich den Weg über Phillip gewählt, um mit euch in Verbindung zu treten? Ich arbeite lediglich über Phillips Körper, damit ich meine Botschaft in Worte umsetzen kann. Was aber passiert mit Phillips Bewußtsein, wenn ich durch ihn spreche? Ich schicke ihn sozusagen in sein Kinderzimmer, wo er meditieren oder andere Dinge lernen kann. Ich liebe Phillip und würde ihn nie verletzen wollen, indem ich mir vorübergehend seinen Körper ausleihe. Seit 1988 arbeite ich mit Phillip zusammen, und ich habe von Anfang an sichergestellt, daß sein Körper keinen Schaden nimmt, wenn meine Energien durch ihn fließen. Es ist wunderbar, in einem physischen Körper verweilen zu dürfen, obwohl er mir manchmal ein wenig schwerfällig vorkommt. Es ist so, als ob man einen Traktor fährt, es aber eigentlich gewohnt ist, sich in einem Jet fortzubewegen. Und trotzdem: Es macht Spaß, auf dem Fahrersitz eines großen Traktors zu sitzen!

In dem Augenblick, in dem ich in Phillip eintrete, um meine Botschaften zu überbringen, werde ich durch seine Gedächtnisdatenbank beschränkt. Ihr müßt wissen, daß mir in meiner Dimension keinerlei Grenzen gesetzt sind für das, was ich tue. Sobald ich also meine Botschaften durch einen physischen Körper übermittle, muß ich meine Schwingungen senken, so daß nicht alles, was mich ausmacht, vorhanden ist, ich nicht mehr den ganzen Überblick habe. Ihr müßt euch das so wie bei einer Übersetzung vorstellen – man kann nie die exakte Bedeutung eines Wortes übersetzen, sondern nur versuchen, seinen Sinn so genau wie möglich zu erfassen. Genauso ist es auch, wenn ich meine Botschaften durch Phillip übermittle.

Wenn wir in der Lage wären, telepathisch miteinander zu kommunizieren, so wie das in meiner Dimension üblich ist, wäre unsere Verständigung erheblich schneller und präziser. Da in eurer Dimension jedoch eine andere Form der Kommunikation gepflegt wird, bitte ich euch, dieses Buch mit offenem Herzen zu lesen. Seid bitte nicht nur offen und empfänglich beim Lesen meiner Worte, sondern fühlt auch, was ich euch sagen will. Gerade in eurer Welt ist es wichtig, Gedanken und Gefühle miteinander zu verbinden. Wenn ihr mögt, werde ich mit euch in euren Träumen daran arbeiten, die Bedeutung der Botschaft zu verstehen, die ich euch vermitteln will.

Aufgrund meiner Liebe zu euch bin ich jetzt hier; hier bei euch, die ihr ein Teil des Göttlichen seid, in diesem Teil des Universums. Die Schöpferkraft ist hier unter euch, in den Wäldern, in den Bergen, in den Kristallen. Ihr seid all diese Dinge, und da wir, ihr und ich, ebenfalls eins sind, sehe ich in euch ebenfalls mich selbst.

Während der Lektüre dieses Buches seid euch dessen bewußt, daß ich euch Geräusche, Gedanken und Gefühle sende. Es kann sein, daß euch nicht bewußt ist, daß ihr diese Geräusche hört, die Gedanken habt und die Gefühle empfindet, aber dennoch werden sie dasein. Die Gedanken und Gefühle sollen euch offen machen für die Wahrheiten, die ich euch darlege. Da eure Form der Verständigung nicht meine gesamte Botschaft vermitteln kann, muß ich mir auf verschiedenen Ebenen Kommunikationswege suchen, auf denen ihr meine Botschaften empfangen könnt.

Wenn ihr also auf diesen anderen Ebenen mit mir kommuniziert, ohne es wirklich zu wissen, dann öffnet ihr die Schleusen zu eurer Seele, wodurch höhere Energien in euch fließen können, wie in ein Glas, das sich langsam mit frischem Wasser füllt. Euer Vertrauen und eure Liebe, die ihr mir auf diesen Ebenen entgegenbringt, leuchten wie ein Signalfeuer. Das wiederum führt dazu, daß ihr es zulaßt, daß Vertrauen und Liebe in euer Leben treten. Also, indem ihr mir Liebe gebt, erhaltet ihr Liebe. So ist das immer in der spirituellen Welt. Diese Welt ist eigentlich euer wahres Zuhause. Es geht aber nicht um die Frage, was ihr zurückbekommt, oder darum, daß ihr erntet, was ihr sät. Es geht eher darum, daß sich das vervielfacht, was ihr eigentlich seid.

Da ich euch anders sehe, als ihr euch selbst seht, ist es mir möglich, euch in Bereichen zu unterstützen, in denen es euch schwerfällt, den Überblick zu wahren, da eure Sichtweise sehr beschränkt ist. Ich erkenne mehrere Möglichkeiten und Wahrscheinlichkeiten für euch, obwohl ich weiß, daß ihr euch in eurer Realität lediglich mit einer Möglichkeit beschäftigt. Es ist allerdings auch meine Pflicht sicherzustellen, daß ich euch nicht in eurem freien Willen beschränke. Ich kann eure Probleme zwar nicht für euch lösen, aber ich kann euch Scharfblick und Wahrnehmung lehren. Also komme ich zu euch, um dies zu tun. Denn Scharfblick führt zu Verständnis, und Verständnis führt zu Weisheit.

Einige hätten es gerne, daß ich ihnen die Zukunft voraussagte. Sie bitten mich quasi, ihr Leben für sie im voraus zu bestimmen. Sie wollen, daß ich ihnen sage, was sie zu tun haben. In diesem Zusammenhang sage ich euch eines ganz klar: Es ist mir nicht gestattet, euch in eurem freien Willen einzuschränken. Ihr werdet in eurem Leben des öfteren an Weggabelungen kommen, an denen ihr euch entscheiden müßt, welche Richtung ihr nun einschlagt. Das bedeutet, ihr werdet immer Unentschlossenheit erfahren. Diese Unentschlossenheit ist aber für eure Weiterentwicklung absolut notwendig. Ich würde nie auf die Idee kommen, euch um diese Erfahrung zu bringen.

Was ich tun kann, ist: euch ein paar Tips geben. Und genau das ist es, worum es in diesem Buch geht: Es geht um meine Ideen für euch, wie ihr mehr Liebe in euer Leben bringen könnt, so daß jeder Augenblick für euch zu einer reinen Freude wird. Was die Freude anbelangt, so möchte ich auch, daß ihr jede Lektion mit Begeisterung lernt, denn lernen heißt nicht, keinen Spaß zu haben oder gar zu leiden. Ich werde euch alle Lektionen zum Thema Liebe und Freude lehren – wobei die Idee »eine Lektion lernen« ohnehin eine gigantische Illusion ist. In Wahrheit habt ihr gar keine Lektion zu lernen, da ihr bereits alles wißt, was Gott auch weiß. Ihr seid hier, um zu spüren, wie gewaltig die Allmacht sein kann, und um euer Bewußtsein zu erweitern.

Wenn ihr einen Satz beginnt, woher wißt ihr, wann und wie ihr ihn beenden werdet? Woher kommen eure Worte? Überlegt ihr euch vorher genau, was ihr sagen wollt? Oder sprecht ihr einfach die Worte, und der Satz bildet sich automatisch, während ihr redet? Ist dies nicht gar die richtige Definition von »sprechen«? Ich kenne niemanden, der einen Satz beginnt und wirklich weiß, wie er enden wird.

Wenn man nun versucht, diese Definition auf euer Leben zu übertragen, könnte man zu dem Schluß kommen, daß euer Leben eine künstliche Intelligenz hat, die ihre Fehler selbst korrigieren kann. Ihr lebt euer Leben im Vertrauen auf Gott oder ein göttliches Wesen und darauf, daß, während ihr lebt, jede Minute eine Seite nach der anderen im Buch eures Lebens umgeschlagen wird. Wenn ich von künstlicher Intelligenz spreche, möchte ich dies in technischer Hinsicht nicht vertiefen, da eure Wissenschaftler oft eine sehr mechanistische Sichtweise haben, was das Leben anbelangt; ihre Ansichten sind oft starr und langweilig. So solltet ihr euer Leben auf der Erde aber nicht gestalten; es sollte eigentlich eher eine wunderschöne und fließende Erfahrung für euch sein. In der Natur des Lebens liegt es, daß es sich ständig verändert, bewegt und erweitert. Leben an sich kann aus diesem Grund tatsächlich mit künstlicher Intelligenz verglichen werden: Während ihr eure Lektionen lernt, öffnet ihr euch für neue und größere Wahrheiten. Ihr nehmt ständig kleine Veränderungen vor, die immer feiner und feiner werden, so daß ihr euch schließlich in Harmonie mit euch und der Allmacht befindet.

Noch einige Informationen zum Thema »verschiedene Welten«. Wie ihr wißt, ist das Universum grenzenlos. In diesem Universum gibt es zahllose Planeten, auf denen sich verschiedene Existenzen aufhalten, um die jener Welt entsprechenden Erfahrungen zu machen. Das mag für jene unter euch überraschend klingen, die glauben, daß die Erde der einzige Planet ist, auf dem Seelen ihre Erfahrungen sammeln. Das ist jedoch in Anbetracht der Grenzenlosigkeit des Universums nicht der Fall. Ihr habt euch die Erde ausgesucht, weil es hier Dinge gibt, die ihr eben nur hier erlernen könnt. Viele von euch haben ihre erste Inkarnation (von lat. incarnatio, zu deutsch »Fleischwerdung«) auf einem anderen Planeten, weit weg von der Erde, erfahren. Ich nenne diese jeweiligen Planeten euer Zuhause. Trotzdem hat euch eure Seele hierher gebracht, damit ihr das Leben auf eine andere Art und Weise erfahrt. Ihr seid alle sehr mutig, daß ihr auf der Erde lebt. Ich bin gekommen, um meine Ansichten und meine Botschaften mit euch zu teilen, damit euer Leben einfacher und freudiger wird.

Ich möchte, daß ihr wißt, daß das Leben besser wird; es wird sogar viel besser. Es wird wunderbar werden, sogar in eurer Dimension. Es wird allerdings nie so paradiesisch werden, wie es das in anderen Welten bereits ist, z.B. in meiner Welt.

Zusammenfassend möchte ich sagen, daß ich hier bin, um euch beizubringen, euch und andere nicht zu kritisieren. Ich würde euch auch niemals kritisieren, obwohl ich tausendmal mehr Erfahrungen habe als ihr. Doch alles, was ich will, ist dabeizusein, wenn euer Leben sich in Glück und Freude verwandelt und ihr damit auch immer mehr Bestandteil der Allmacht werdet.

Der Grund, warum ich euch durch ein Medium meine Botschaften überbringe, ist, daß ich die Freude in eurer Welt vermehren will. Ich besuche euch nicht, weil ich mich spirituell weiterentwickeln muß, indem ich euch an meinen Weisheiten teilhaben lasse. Ich besuche euch, weil es mir Spaß bereitet, euch dabei zuzusehen, wie ihr euch entfaltet – wie Erwachsene wohlwollend dem Spiel kleiner Kinder im Sandkasten zusehen.

Um bei euch zu sein, habe ich einen ziemlich weiten Weg zurückgelegt. Nach eurer Berechnung würde es sich um Millionen und Abermillionen von Kilometern handeln. Für uns ist es lediglich ein Augenaufschlag. Sobald ich höre, daß Phillip mich ruft, komme ich herbei, denn in vielerlei Hinsicht bin ich wie ein göttliches Wesen, das herbeikommt, wenn es gerufen wird. Ich kann der Liebe nicht widerstehen, weil es in meiner Natur liegt, Liebe zu geben. Dadurch, daß ich Liebe gebe, verstärke ich meine eigene Freude.

Da ich meinen Seelenpartner bereits gefunden habe und mit ihm verbunden bin, habe ich beide Pole in mir vereint, männlich und weiblich. Durch Phillip kommuniziere ich allerdings eher in einer männlichen Form. Das macht aber keinen großen Unterschied, weil ich durch meinen Seelenpartner auch ihre/seine Erfahrungen in mir beherberge. Ich bin ein Kind Gottes genauso wie ihr, und ich bin ein Teil von euch, so wie ihr ein Teil von mir seid.

Und was mache ich in meiner Welt? Ich gestalte meine eigene Realität und empfinde große Freude. Ich habe die volle Verantwortung für eine Welt, angefangen beim Grashalm bis hin zu menschlichen Wesen, die ich selber erschaffen darf. Gott hat mir diese Macht gegeben.

Kapitel 2

Wer bist du?

Wer seid ihr? Ihr seid einzigartige Individuen, und es gibt keine andere Form des Bewußtseins, die sich so ausdrückt, wie ihr es tut. Ihr habt der Welt viel Wunderbares zu bieten. Ihr seid lebende und liebende Energie, ein riesiger Lichtball, und mit dieser Energie habt ihre eure Körper und dieses Universum geschaffen.

Und alle seid ihr Schöpfer, aber viele von euch wissen es noch nicht. Ihr wißt nicht, wer ihr wirklich seid, nichts über die Göttlichkeit in euch selbst: Ihr seid alle etwas Besonderes, erschaffen mit der Liebe und der Kraft Gottes. Ihr seid alle kleine Schöpfer, fähig, eure Gedanken und Ideen in die Wirklichkeit umzusetzen. Das ist meine Definition von Schöpfer. Ihr alle erschafft euer eigenes Leben.

Viele von euch machen sich Sorgen und sind unglücklich. Ihr habt das Gefühl, die Last der Welt auf euren Schultern tragen zu müssen. Aus eurer Sicht seid ihr die einzigen, die diese Bürde zu erdulden haben. Ich bin aber gekommen, um euch zu sagen, daß die Welt für euch hervorgebracht wurde, damit ihr erfahrt, was Freude bedeutet, und damit ihr lernt zu erschaffen, was ihr erschaffen wollt. Die Welt wurde nicht gestaltet, damit sie euch eine Last sei. Wenn ihr in eurer Welt unglücklich sein solltet, werdet ihr eines Tages erkennen, daß ihr die einzigen seid, die eure Welt verändern können, da auch das göttliche Wesen nicht in der Lage ist, euch eures freien Willens zu berauben (vgl. Kapitel 5). Ihr könnt die Dinge augenblicklich ändern. Ihr müßt nur damit anfangen, eure Einstellung zu ändern. Auf den Seiten dieses Buches werdet ihr mehr darüber erfahren.

Ihr seid unsterblich

Wer seid ihr? Jeder einzelne von euch ist unsterblich. Ihr werdet für immer leben und euch immer weiterentwickeln. Ihr seid selbst ein kleiner Teil der göttlichen Kraft. Das bedeutet, daß das, woraus ihr besteht – eure Gefühle, eure Hoffnungen und eure Träume –, Bestandteil eures eigenen göttlichen Wesens ist. Ihr ergänzt die Allmacht, werdet aber immer ihr selbst bleiben. Das Leben, das ihr jetzt lebt, wird mit jeder weiteren Entwicklung wunderbarer werden.

Versucht nicht, nach einem Leben außerhalb eurer Existenz zu suchen. Ihr werdet nichts finden. Die Wahrheit eines anderen wird niemals eure Wahrheit werden. Es sei denn, ihr würdet es so wollen. Es kann sein, daß ein anderer versuchen wird, euch seine Wahrheit aufzuzwingen, so daß ihr Teil seiner Wahrheit werdet. Laßt dies nicht zu! Es ist zwar nicht falsch, was andere denken, aber es ist und bleibt deren eigene Wirklichkeit. Ihr könnt einem anderen genausowenig seine Wahrheit nehmen, wie es für den anderen unmöglich ist, euch zu zwingen, seine Wahrheit anzunehmen. Wenn ihr euch verändern wollt, dann macht es. Wenn ihr euch nicht verändern wollt, dann laßt ihr es eben. So einfach ist das.

Viele von euch sind verwirrt und unsicher, weil sie nicht wissen, wer sie sind. Ich bekomme regelmäßig mit, wie Menschen versuchen, andere dazu zu bewegen, genauso zu denken wie sie. Der Grund liegt darin, daß sich diese Menschen einfach sicherer fühlen wollen. Sie bekommen auf diese Weise das Gefühl, daß sie recht haben. Sie wären gerne der Lehrer, der anderen sagt: »Komm, ich zeige dir, wie das geht.« Dadurch versuchen sie aber nur, den anderen zu dem zu machen, was sie selbst sind. Das ist alles gut und schön, wenn ihr das so wollt. Aber vergeßt nicht: Jeder ist er selbst, und die Wahrheit eines jeden ist genauso gültig wie die eines anderen.

Ihr seid hier, um zu lernen, daß eure Wahrheit, euer Leben, eure Gedanken und eure Gefühle genauso wertvoll sind wie die eines jeden anderen auf eurem Planeten. Versucht nicht, jeden und jede dazu zu bewegen, an eure persönliche Wahrheit zu glauben. Wenn jemand nicht die gleiche Erfahrung gemacht hat wie ihr, kann er nicht das gleiche Wissen haben, über das ihr vielleicht bereits verfügt. Es ist dennoch wichtig, euch und eure Wahrheit anderen mitzuteilen, weil das Kostbarste, was ihr anderen anbieten könnt, eure Gedanken und eure Gefühle sind. Wichtig ist nur, daß ihr niemals einem anderen eure Wahrheit aufzwingt.

Kritisiert euch nicht selbst, indem ihr sagt, ihr wäret nicht so gut wie ein anderer Mensch, dem ihr begegnet. Ihr seid Teil des göttlichen Wesens, ein Teil der Allmacht. Widersteht dem Zwang, euch dem sozialen Bewußtsein anzupassen. Versucht nicht, euch der Gesellschaft anzupassen. So wie ihr die Welt seht, ist es genau richtig, und so wie andere die Welt sehen ist es ebenfalls richtig. Wenn ihr euch selbst liebt, dann seid ihr auch ehrlich zu euch selbst und zu anderen. Denkt ihr jedoch, daß ihr nur das sagen sollt, was andere gerne von euch hören wollen, dann seid ihr anderen und euch selbst gegenüber unehrlich. Unehrlichkeit ist Sünde – sofern es überhaupt so etwas wie Sünde gibt.

So etwas wie Sünde existiert nicht

Sünde, so wie ihr den Begriff verwendet, gibt es nicht. Aber unehrlich zu sein führt zu einer Trennung in euch selbst. Diese Trennung kann man auch als eine Form von Verletzung betrachten, und diese könnte man wiederum als Sünde bezeichnen. Diese Trennung kommt zustande, wenn ihr zu euch selbst und anderen nicht ehrlich seid. Ihr reißt euch sozusagen in zwei Stücke: in die Person, die ihr seid, und in die Person, die ihr nicht seid. Meint ihr dann aber, daß die andere Person nicht zu euch gehört, denkt ihr fälschlicherweise, daß ihr sie belügen, betrügen, bestehlen oder täuschen könnt. Das kann aber nicht funktionieren! Ihr seid Teil der Allmacht. Eine

Sünde ist wie ein Urteil, das euch sagt, wie ein »richtiges« oder »gutes« Leben auszusehen hat und wie ein »falsches« oder »schlechtes« Leben geführt wird. Es gibt aber keinen richtigen oder falschen Weg, das Leben zu leben. Es gibt nur eine unbegrenzte Menge von Möglichkeiten, es zu leben.

Teilt euch und eure Wahrheiten anderen mit ... nicht um ihnen zu beweisen, daß sie die Welt mit falschen Augen sehen, sondern um ihnen zu zeigen, wer ihr seid. Sofern ihr ihnen nur die Dinge erzählt, von denen ihr meint, daß sie sie hören wollen, betrügt ihr euch nicht nur selbst, sondern ihr gebt auch den anderen nicht, was sie eigentlich von euch wollen.

Menschen interagieren* nicht, um Lügen zu hören. Menschen kommunizieren noch nicht einmal deswegen miteinander, um bei allem, was sie sagen und tun, der gleichen Meinung zu sein. Sie wollen die Wahrheit eines anderen hören, da die Wahrheit eines anderen ihnen wiederum einen Bezugspunkt für ihre eigene Wahrheit bietet. Hat man nämlich keinen Bezugspunkt, wird es sehr schwierig, die eigene Wahrheit zu bestimmen und sich darauf zu konzentrieren.

Ihr müßt wissen, daß das Leben, das ihr euch ausgesucht habt, ein gesegnetes Leben ist. Es gibt eine Vielfalt von Möglichkeiten, genau das zu erreichen, was zu erreichen ihr euch vorgenommen habt. Nun kann es jedoch sein, daß eure Ziele nicht mit dem übereinstimmen, was die Masse der Bevölkerung als erstrebenswert erachtet. Es gibt gewisse Ziele, die finanzielle Vorteile bringen. Sie werden als handfest und erstrebenswert erachtet, weil sie als Meßlatte des Erfolges betrachtet werden. Dies ist aber nicht der Grund, warum ihr hier seid. Finanzieller Gewinn ist nicht die Frucht, die es zu ernten gilt. Trotzdem ist es eine wunderbare Vorstellung, nach finanziellem Nutzen zu streben, sofern es das ist, was ein Mensch möchte. Doch stellt dies nicht die ultimative Wahrheit dar, vielmehr handelt es sich nur um eine Vorstellung.

Ihr seid hier, um eine Antwort auf die Frage zu erhalten:

---

*(miteinander in Wechselbeziehung treten)

»Wer bin ich?« Um diese Frage zu beantworten, werdet ihr in eurem Leben an allen Ecken und Enden gefordert, und es stellen sich für euch immer wieder die Fragen: »Wie soll ich mich verhalten? Was soll ich tun?« Ich sage euch nicht, daß es nur eine Antwort darauf gibt. Um ehrlich zu sein, schlage ich euch vor, das Wort »sollte« aus eurem Wortschatz zu streichen. Wenn ihr das Gefühl habt, daß ihr »etwas tun solltet«, geht es euch bestimmt meistens so, daß ihr schon bei dem Gedanken, es zu tun, keine Freude mehr habt! Bei dem Gedanken, etwas tun zu müssen oder zu sollen, vergeht einem jegliche Freude. Sofern ich euch sage, daß ihr etwas tun »solltet«, meine ich damit, daß ihr niemals eure Freude, über das, was ihr vorhabt, verlieren möget.

Wacht endlich auf! Das göttliche Wesen möchte, daß ihr Freude habt. Verspürt beim Ausleben eurer Gefühle die Freude an euch selbst. Bei jedem bißchen Liebe, jedem Gefühl der Sicherheit, bei jedem harmonischen Miteinander mit euren Brüdern und Schwestern möchte das göttliche Wesen, daß ihr Vergnügen und Freude erlebt. Ihr Menschen seid diejenigen, die das Gefühl der Freude nicht richtig aufkommen lassen wollen. Ihr seid es, die diesen Energiefluß stoppen, weil ihr nicht glauben wollt, daß es sich bei der Allmacht um eine liebende Kraft handelt.

Euch ist, insbesondere in den letzten 2000 Jahren, beigebracht worden, daß ihr euch vor Gott fürchten müßt, daß Gott über euch und eure Handlungen richten wird. Ihr habt gelernt, daß es richtige und falsche Handlungsweisen gibt. Ihr habt ständig Angst davor, die falsche Entscheidung zu treffen. Was ist das für eine Art zu leben? Gott wollte nie, daß ihr in Furcht lebt. Viele von euch sind der Meinung, daß sie seiner Liebe nicht würdig sind, und das ist auch der Grund, warum ihr immer noch hier seid und all eure kleinen Dramen erlebt. Das ist auch ein weiterer Grund, warum ihr eure Wahrheit so lebt, wie ihr es tut. Sobald ihr gelernt habt, anderen ihre Wahrheit und Realität zu lassen, wird sich euer Leben auf wunderbare Weise verändern.

Wenn ihr diese Dimension verlassen werdet, werdet ihr noch viele weitere Abenteuer erleben. Ihr werdet weiter und weiter leben und euer Leben wird leichter, einfacher werden. Ihr werdet noch mehr Freude und Glück erleben. Und ihr werdet immer Körper haben, mit denen ihr Erfahrungen sammeln werdet.

Hohe, mittlere und niedere Bewußtseinsebene

Ihr habt verschiedene Bewußtseinsebenen. Ich nenne sie die hohe, die mittlere und die niedere Bewußtseinsebene. Die hohe Bewußtseinsebene ist die, die mit der göttlichen Kraft verbunden ist. Die mittlere Bewußtseinsebene ist die, mit der ihr euch bewußt ausdrückt. Die niedere Bewußtseinsebene ist der Teil von euch, der mit euren Überlebensinstinkten verbunden ist. Sofern die niedere Bewußtseinsebene normal arbeitet, ist sie eine ständige Informationsquelle, die für die Schärfung eurer Sinne Sorge trägt. Sofern das niedere Bewußtsein keine Verbindung zum mittleren und höheren hat, wird es viel Angst, Wut und Verwirrung auslösen. Es hat das Gefühl, daß es Kontrolle ausüben muß. Ihr müßt euch das so vorstellen, als übertrage man einem Kind die Verantwortung für einen großen Konzern. Es verfügt nicht über genügend Wissen, um ihn zu leiten. Die Leitung des Konzerns wäre die Aufgabe des höheren Bewußtseins. Die Erfahrungen, die ihr macht, dienen dazu, euch beizubringen, wie man der niederen Bewußtseinsebene Anweisungen erteilt, die wiederum mit der höheren und der mittleren Bewußtseinsebene in Einklang stehen.

Viele Menschen werden von ihrer niederen Bewußtseinsebene geleitet. Das ist zwar nicht schlecht, aber es läßt euch eure Freude nicht wirklich leben. Es ist so, als wenn ihr nicht voll funktionstüchtig wäret. Ihr seid hier, um eure niedere Bewußtseinsebene kennen- und liebenzulernen. Nach und nach werdet ihr eure niedere und mittlere Bewußtseinsebene mit der höheren Bewußtseinsebene in Einklang bringen können. Ein erster Schritt in die richtige Richtung ist zu erkennen, daß diese drei Ebenen existieren. Der Mensch besteht aus allen drei Ebenen, und es liegt an ihm festzustellen, ob zwischen diesen irgendwelche Unstimmigkeiten bestehen, und diese, wenn nötig, zu korrigieren.

Es folgt ein Beispiel dafür, wie stark die niedere Bewußtseinsebene Einfluß auf eure Handlungen nehmen kann, wenn sie nicht im Einklang mit den anderen beiden Ebenen ist: Ihr habt euch entschieden, bergsteigen zu gehen. Die höhere und die mittlere Bewußtseinsebene geben euch das Gefühl, daß das eine gute Idee ist und ein Abenteuer wird. Die niedere Bewußtseinsebene hingegen fühlt große Furcht, vielleicht weil ihr in einem früheren Leben von einer Klippe gefallen seid. Diese Erfahrung ist in das niedere Bewußtsein eingebrannt, und es kann die Furcht, die es damals erfahren hat, nicht loslassen. Es wird also alles tun, um euch von eurer Klettertour abzuhalten, egal wie – ob es nun dafür sorgt, daß ihr die Grippe bekommt oder einen Unfall habt!

Es ist trotzdem wichtig, die niedere und mittlere Bewußtseinsebene deswegen nicht zu kritisieren. Beide machen nur das, was sie nach ihrem Wissensstand unternehmen können, um euch vor dem zu schützen, was sie als gefährlich einstufen. Sie sind ein Teil von euch. Ein weiterer Weg, die drei Ebenen in Einklang zu bringen, ist zu gestatten, daß die göttlichen Schöpferenergien in euch zum Fließen kommen. Das bedeutet, verletzbar zu sein. Sobald ihr Vertrauen verspürt, erlaubt ihr der Stille, sich in euch auszubreiten. Diese Stille bedeutet nicht emotionale Starre, sondern es handelt sich dabei vielmehr um einen Zustand, in dem es unharmonischen hohen und niederen Schwingungen möglich ist, sich zu einer harmonischen Schwingung zu vereinen. Es gilt nur, diese göttlichen Energien zuzulassen, so daß sie jede eurer Fasern mit Frieden und Harmonie durchdringen können.

Wenn ihr in der Lage seid, dies zu tun, werden alle drei Ebenen zu einer verschmelzen. Die höhere Bewußtseinsebene hat die Kontrolle und lenkt die niedere und mittlere Ebene. Wenn alle drei Ebenen mit entsprechenden Informationen versorgt werden und in Harmonie miteinander sind, werden sie alle drei eine gemeinsame Entscheidung treffen, da jede Ebene für sich in der Lage ist, sich die für sie notwendige Information herauszufiltern, um richtig funktionieren zu können. Alle drei Ebenen arbeiten so auf harmonische Art und Weise zusammen.

Die Multidimensionalität des Universums

Das Universum ist multidimensional. Mit anderen Worten: Es gibt nicht nur eine Dimension oder nur ein Universum. Auch euch gibt es nicht nur einmal. Die Allmacht ist unendlich, und ihr seid das ebenfalls. Ich weiß, daß ihr mit dieser Idee einige Probleme habt, da ihr hier in dreidimensionalen Körpern lebt. Ihr habt einen Geist, der stark in eure dreidimensionale Welt eingebunden ist. Ich bitte euch, euer Herz zu öffnen, während ihr dieses Buch lest, so daß ihr eurem emotionalen Körper, auch Astralkörper genannt, ermöglicht, die Informationen, die ich euch geben werde, zu erspüren.

Jedesmal wenn ihr eine Entscheidung trefft, spaltet sich die Wirklichkeit. Ein Teil von euch durchlebt die Folgen der einen Entscheidung in einer Dimension, der andere die Folgen der anderen Entscheidung in einer anderen. Ein Beispiel soll dazu dienen, das Ganze etwas verständlicher zu machen: Sagen wir, ein Mann heiratet in dieser Realität Elisabeth. In einer anderen Dimension jedoch heiratet er Elisabeth nicht. Er ist vielleicht solo geblieben, oder vielleicht hat er sich für ein homosexuelles Leben entschieden und lebt mit Fred zusammen.

Da das Universum unendlich ist, ist es nicht möglich, daß ihr in einer Dimension eine Entscheidung trefft, ohne die anderen Dimensionen zu beeinflussen. Und warum sollte das auch nicht so sein? Die Schöpferkraft hat euch geschaffen, damit ihr in Freude lebt und reichhaltige Erfahrungen sammelt.

Warum handelt ihr so, wie ihr es tut? Ihr macht das aus euren eigenen Gründen und Motivationen heraus. Natürlich ist euer Ziel, Weisheit aus euren Erfahrungen zu sammeln. Dieser Ansporn ist immer gegenwärtig. Ihr müßt euch eurer Beweggründe bewußt und ehrlich mit euch selbst sein. Wenn ihr bei eurer Entscheidungsfindung all eure Motivationen berücksichtigt, dann kann das Ergebnis nur das beste sein.

Perfektion und Unvollkommenheit

Lernt, euch selbst und anderen keine Perfektion abzuverlangen. Ihr müßt nur erkennen, daß Perfektion und Unvollkommenheit ein Teil von euch sind. Versucht deshalb, die Grenzen zwischen Perfektion und Unvollkommenheit durchlässiger zu gestalten. Perfektion gehört zur höheren Bewußtseinsebene, und die Unvollkommenheit gehört zur niederen Bewußtseinsebene. Wenn ihr die Liebe in eure mittlere und niedere Bewußtseinsebene einfließen laßt, dann werden sie nach und nach eine Einheit mit der höheren Bewußtseinsebene bilden. Diese wird euch wiederum dabei helfen, weniger Angst zu verspüren. Ihr werdet die Angst natürlich nie ganz beseitigen können, aber sie wird weniger beherrschend sein, wodurch der Weg dafür frei wird, daß ihr eure Entscheidungen in wahrer Absicht trefft. Mit wahrer Absicht meine ich mit liebendem, wohlwollendem Vorsatz. Ich werde in diesem Buch noch des öfteren über die liebende Absicht sprechen – denn das ist es, worum es eigentlich geht. Mit liebendem, wohlwollendem Vorsatz zu handeln ist eines der wichtigsten göttlichen Gebote des Universums.

Der Mensch glaubt sehr oft, daß er sehr weit von Gott entfernt ist. Einige aber glauben sogar, daß sie Gott sind. Letzteres kommt bei den Menschen vor, die ein sehr ausgeprägtes Ego besitzen. Sie glauben, daß sie die einzigen sind, die wirklich wichtig sind. Die Wahrheit ist aber, ihr seid alle Töchter und Söhne Gottes, alle ausgestattet mit denselben Fähigkeiten; diese aber können nicht so richtig zum Vorschein kommen, da ihr auf einen dreidimensionalen Körper begrenzt seid.

Wie oder was auch immer Gott für euch sein soll, so müßt ihr auch sein. Ihr tragt in euch euer christliches Bewußtsein (vgl. Kapitel 18), das auch funktioniert, wenn ihr ihm erlaubt, Teil eures Lebens zu sein. Ihr erschafft Gott also immer wieder neu. Er ist überall und in allem. Er hat Teile von sich genommen, um euch zu erschaffen. Wenn ihr also eure Gedanken mit denen anderer verbindet, wenn ihr die Ideen anderer aufnehmt, dann erweitert ihr das göttliche Wesen und erschafft es immer wieder aufs neue. Dieses Zusammenführen von göttlichen Eigenschaften mit euren Erfahrungen und Ideen nennt man Synergieeffekt [dabei ergibt 1 + 1 mehr als 2].

Ein eigenes Bild von Gott

Sicherlich habt ihr alle schon gehört, daß ihr nach dem Bild Gottes erschaffen worden seid [wenn ihr in einer vom christlichen Weltbild geprägten Kultur lebt]. Ich sage euch jetzt, daß ihr euch ein eigenes Bild von Gott machen sollt. Es kann gut sein, daß ihr euch einen wütenden, rachsüchtigen Gott erschafft, der über euch richten wird. Oder ihr erschafft euch einen liebenden, gebenden, wunderbaren Gott. Es liegt ganz bei euch. Nutzt euren freien Willen, und denkt daran, daß ihr immer die Wahl habt. Warum zeichnet ihr euch also nicht ein Bild von einem bedingungslos liebenden, gebenden Gott, der euch nicht richtet? Ihr werdet dann mehr Liebe in eurem Leben erfahren und in jedem Moment Freude erleben. So war es auch gedacht.

Ich will euch damit sagen, daß Gott euch nicht etwa erschaffen hat, weil er einsam war. Er hatte sich schlicht und einfach vorgenommen, mehr Liebe entstehen zu lassen. Er wollte herausfinden, ob dies möglich ist, indem er sich in Seelen aufteilte. Diese Seelen wollte er aufeinander einwirken lassen. So erschuf Gott eine Liebe, wie es sie niemals zuvor gegeben hatte. Wenn ihr also nicht im Einklang mit euch selbst seid, keine Liebe in eurem Leben lebt und erschafft, keine gebt und wachsen laßt, dann seid ihr auch nicht im Einklang mit dem großen Ziel, das Gott verfolgt.

Das Ziel war und ist, Liebe durch Freude zu vervielfachen. Dies ist auch eure Aufgabe. Obwohl ihr auf eure menschlichen Sinne beschränkt seid, ist es eure Aufgabe herauszufinden, wie ihr mehr Liebe in euer Leben bringen könnt, was Liebe ist und was nicht. Findet die Menschen, die immer bereit sind, ihre Liebe zu teilen, und die ihre Liebe vermehren wollen. Alles, was hiermit nicht in Einklang steht, ist auch nicht im Einklang mit dem großen Ziel, das von Gott vorgegeben wurde. Gott erschuf euch als souveräne Seelen, die ihre eigenen Entscheidungen treffen, sich eine Welt erschaffen, in der sie leben können, Freude erfahren und Liebe finden. Gott hat aber kein Programm geschrieben, in dem euch vorgeschrieben wird, was ihr zu tun habt.

Also, als Gott euch erschuf, erschuf er auch die Spannung, die Freude und die Schönheit in eurem Leben. Obwohl ihr nie wußtet, wie sich alles entwickeln würde, so wußtet ihr doch, daß es euch Freude und Glück bringen würde.

Jedoch über die Jahre, über Millionen von Jahren, habt ihr Menschen vergessen, daß am Ende immer die Freude steht. Ihr seid in gewisser Hinsicht blind geworden, oder vielleicht sollte man es eher mit einem Wortbild beschreiben: Ihr habt euch »Scheuklappen« aufgesetzt. Eure eingeschränkte Sichtweise hat dazu geführt, daß ihr versucht, durch eure Erfahrungen wieder Vertrauen zu erlernen, obwohl ihr dies bereits in einem anderen Leben gelernt habt. Ihr habt es nur vorübergehend vergessen. Der Grund hierfür besteht darin, daß ihr verschiedene Seiten eures Wesens entwickeln sollt.

Es gibt Menschen auf eurer Erde, die festgestellt haben, daß Liebe alles ist. Es handelt sich bei diesen um erleuchtete

Seelen. Eine solche Seele kann ein Yogi sein, es kann sich dabei aber auch um eine Person handeln, die zutiefst aufrichtig ist; sie muß sich nicht mit Yoga oder spirituellen Ebenen auskennen. Diese Menschen haben ein offenes Herz und wissen einfach, daß alles, was ihnen geschieht, für sie nur gut sein kann. Es gibt sehr viele von diesen erleuchteten Seelen. Versucht, solche Menschen in euer Leben einzubeziehen, und lernt von ihnen. Sie müssen nicht notwendigerweise besonders religiös oder spirituell veranlagt sein. Die Menschen, mit denen es sich zu umgeben lohnt, sind einfach nur sehr aufrichtig und voller Vertrauen: Sie wissen, daß das, was geschieht, gut sein wird, da es von Gott so vorherbestimmt ist.

Zu diesem Zeitpunkt betrachtet ihr die Welt nur aus eurem eigenen Blickwinkel. Sobald ihr euch die Aussagen dieses Buches zu eigen macht, werdet ihr die Dinge jedoch klarer sehen. Ihr werdet tiefere Gefühle empfinden, ihr werdet klarer hören, und ihr werdet anfangen, die Puzzlestücke eures Lebens so zusammenzusetzen, wie sie euch sinnvoll erscheinen.

Ihr werdet euch Fragen stellen wie: Wie ist es wirklich hier auf der Erde? Warum bin ich gerade an diesem Punkt in meinem Leben angelangt? Das Leben offenbart sich euch auf eurer Ebene. Ihr seid umgeben von Seelen, die von der Entwicklung her auf einem ähnlichen Stand sind wie ihr. Dennoch seid ihr alle unterschiedlich weit, was eure individuelle Entwicklung anbelangt.

Einige von euch haben gelernt, Schmerz und Leid zu umgehen. Über diese Menschen werde ich euch im Laufe des Buches noch mehr erzählen. Viele von euch haben bereits schmerzhafte und unangenehme Erfahrungen gesammelt. Krisen und Stürme wird es immer geben. Es handelt sich dabei um Schwingungen, die ihr anzieht, aber dies muß nicht für alle Zeit so sein. Durch euren Wunsch, euch weiterzuentwickeln und zu wachsen, werdet ihr mehr erleuchtete Seelen in euer Leben einbeziehen, die euch mit neuen Ideen versorgen, über die ihr nachdenken und in die ihr euch hineinfühlen könnt.

Die Tatsache, daß ihr euch durch dieses Buch mit meinen Ideen beschäftigt, zeigt, daß eure Seele bereit ist, sich zu verändern und zu wachsen. Ich weiß, daß meine Einsichten für euch nicht einfach zu verarbeiten sind, und ihr habt mein ganzes Mitgefühl. Vergeßt nicht, daß ich auch schon mehrmals auf eurer Ebene gelebt habe. Ich weiß, daß bei euch die Dinge länger brauchen; auf das Thema Zeit auf eurer Erde werden wir später noch einmal zu sprechen kommen.

Wir haben gesagt, daß ihr damit anfangen sollt, eure eigenen Meinungen und Ideen über das Leben zu akzeptieren. Sobald ihr damit angefangen habt, werdet ihr große Wahrheiten entdecken. Ihr werdet in eurem Leben bestimmten Situationen ausgesetzt. Denkt daran, daß diese nicht da sind, um euch zu behindern – sie sind da, damit ihr daraus lernt. Ihr werdet immer Mittel oder Wege finden, die für euch richtig sind und mit euren Vorstellungen übereinstimmen. Ihr fürchtet euch lediglich davor, daß das, was in euer Leben kommt, vielleicht schmerzhaft sein wird. Nun, einige Dinge werden bestimmt ein wenig weh tun. Ich weiß, daß ich euch nichts Neues erzähle, wenn ich euch sage, daß ihr alles ertragen werdet, was euch auferlegt wird.

Die Erde ist ein dunkler Planet. Schaut euch nur um: Überall wird getötet. Fressen oder gefressen werden ist das Motto. Es gibt viel Haß, Neid und Wut unter euch. Doch das ist in Ordnung, da dies der Ort ist, wo all diese Seiten des Lebens erlebt werden sollen.

Es ist in Ordnung Wut zu empfinden. Es ist aber nicht in Ordnung, sich gegenseitig zu verletzen, weil man wütend ist. Es ist in Ordnung, anderen zu sagen, wenn man wütend ist, und mit ihnen darüber zu sprechen, warum man wütend ist, um so Konflikte zu lösen. Die Lösung von Konflikten nenne ich auch das »Gefühl der Vollständigkeit durch die Erfahrungen mit anderen« (vgl. Kapitel 18). Die Lösung von Konflikten ist wichtig.

Die unmittelbare Umgebung

Wollt ihr wissen, ob ihr hier ganz allein seid oder ob das Universum stets mit euch ist auf eurem Weg? Die Schöpferkraft, Geistführer oder körperlose, spirituelle Wesen, wie ich eines bin, übermitteln euch Botschaften. Wir wachen über euch, und manchmal unterstützen wir euch. Wenn ihr euch den Zeh stoßt, einen Teller fallen laßt, ein Donnergrollen hört, einen Blitz seht oder euch den Finger verletzt, dann passiert das, um euch auf eure Gefühle aufmerksam zu machen. Damit soll eure Aufmerksamkeit auf das gelenkt werden, was ihr gerade gesagt oder gedacht habt. Also marschiert schnell zurück und erinnert euch! Geht nicht darüber hinweg, sondern denkt darüber nach, warum ihr wütend wart (oder was auch immer das Gefühl war, das ihr kurz zuvor gefühlt habt). Wenn ihr so vorgeht, wird der Gedanke langsam seine Kraft verlieren, und ihr werdet schnell lernen.

Manchmal kommt es auch vor, daß euch das Universum Signale gibt, wenn ihr wichtige Aussagen macht. Es will euch darauf aufmerksam machen, daß ihr dem, was ihr gerade geäußert habt, mehr Achtsamkeit zukommen laßt. Ein Beispiel: Ihr erzählt einem Bekannten, daß ihr euch mit dem Gedanken tragt umzuziehen. In dem Moment, wo ihr diesen Gedanken äußert, flackern die Lichter im Raum, es ertönt ein Donnerschlag, oder die Sonne lugt hinter einem dichten Wolkenband hervor. Hiermit will euch das Universum bestätigen, daß eure Äußerung wichtig gewesen ist.

Negative Seiten

Ich weiß, daß ihr glaubt, einem negativen Gedanken Kraft zu geben, indem ihr ihn nur denkt. Glaubt mir, ihr gebt einem negativen Gedanken viel mehr Kraft, wenn er unbewußt ist. Ich bin hier, um euch zu lehren, die Dinge in euer Bewußtsein zu bringen, wo ihr mit ihnen arbeiten könnt. Also vertraut, und laßt den Gedanken, z.B. einen voller Wut, in euren Geist. Dann könnt ihr den Gedanken heilen, und er wird zu Liebe – zu dem, was er eigentlich von Anfang an war (mehr dazu in Kapitel 16).

Wenn ihr eure Wut (oder jedes andere Gefühl) von euch weist, wenn ihr sie nicht fühlen oder noch nicht einmal darüber nachdenken wollt, wird sie sich wie ein kleiner Parasit in euch einnisten, sich an eurer Energie sattfressen und als Idee in euch weiterleben. Sie wird anfangen, Situationen in eurem Leben zu beeinflussen. Dann werdet ihr euch fragen, wie das geschehen konnte.

Verhaltet euch nicht wie Opfer in eurem Leben, indem ihr immer nur auf das reagiert, was ihr unbewußt herbeigerufen habt. Gestaltet eure Wirklichkeit bewußt. Schenkt euch selbst Vertrauen, wenn ihr in euch hineinhorcht, und dann ändert, was euch nicht gefällt.

Ich möchte euch lehren, wie ihr eure Kraft aufrechterhalten könnt und wie ihr lernen könnt, euch selbst Kraft zu geben. Für viele ist dies eine Herausforderung, bei deren Bewältigung ich euch helfen werde.

Ihr habt Fragen, die euch auf dem Herzen liegen, und oft bittet ihr andere, euch diese Fragen zu beantworten; manchmal fragt ihr sogar mich. Das ist zwar in Ordnung, aber auf diese Weise gebt ihr einen Teil eurer Kraft auf. Die Antworten, die ihr erwartet, befinden sich bereits in euch selbst. Solange ihr das nicht verstanden habt, werdet ihr keine souveränen Individuen sein.

Euer Innerstes versorgt euch ständig mit Botschaften und versucht euch zu leiten. Warum habt ihr nicht zugehört, wenn die Allmacht aus eurem Innersten zu euch sprach? Hierfür gibt es zwei Hauptgründe, die ich gleich erläutern werde.

Sich selbst zuhören

Einer der Gründe, warum ihr euch nicht zuhört, ist, daß es euch widerstrebt, euch selbst zu vertrauen und euch eure eigenen Freiheiten zu gewähren.

Ihr habt gedacht, daß ihr nur wertvoll oder würdig sein könnt, wenn ihr euch verändert. Ihr wußtet nicht, daß das gar nicht notwendig ist. Ihr hättet nur das sein müssen, was ihr ohnehin bereits seid, um dann hinauszugehen und eure eigenen Abenteuer zu erleben. Die Veränderungen wären dann von ganz allein gekommen. Ihr könnt euch ändern und dabei mehr Freude empfinden, wenn dies euer Wunsch ist. Ihr müßt euch nicht ändern, um ein wertvoller Mensch zu werden. Ihr seid bereits wertvoll, weil ihr existiert und weil Gott euch erschaffen hat.

Der andere Grund, warum ihr euch selbst nicht zuhört, ist, daß ihr euch selbst nicht liebt. Ich sage nicht, daß ihr euch gar nicht liebt, das tut ihr schon. Aber ihr liebt euch nicht sonderlich viel! Ihr habt euch selbst keine Freiheit gegeben, weil ihr geglaubt habt, daß Gott oder jeder andere euch nur dann lieben würde, wenn ihr anders wäret. Das stimmt nicht. Ich liebe euch, und ich habe euch nie darum gebeten, euch zu ändern, weder in der Vergangenheit noch in der Zukunft. Ich habe es immer zugelassen, daß ihr so seid, wie ihr seid. Ich habe euch erlaubt, eure großen Abenteuer zu erleben, da ich weiß, daß ihr dadurch Erfahrungen, Weisheit und Wissen ansammelt, wodurch ihr mehr Freude in euer Leben einfließen laßt. Durch den langsamen Anstieg der Freude in eurem Leben wird euch langsam bewußt, daß ihr es sehr wohl wert seid, geliebt zu werden, und zwar so, wie ihr seid, und nicht für das, was ihr eines Tages unter Umständen sein werdet.

Ihr müßt wissen, daß eure Seele unsterblich ist. Jetzt ist die Ewigkeit, und die Ewigkeit ist jetzt. Die Tatsache, daß ihr lebt und atmet, und zwar als Individuum, bedeutet, daß ihr eins der großartigsten Geschenke überhaupt erhalten habt ...

das Leben ..., und ihr werdet es bis in alle Ewigkeit besitzen. Es wird euch immer gehören.

Ihr seid alle als vollkommene Wesen geschaffen worden, auch wenn ihr euch dessen zur Zeit nicht entsinnen könnt. Ihr habt Welten zu erobern und Leben zu leben. Ihr habt Abenteuer zu bewältigen, und das größte Abenteuer nennt sich – einfach leben. Das ist es, was ihr zur Zeit macht. Ihr lebt.

Wie kommt es, daß ihr die Liebe, die Freude und die Schönheit, die euch ausmachen, nicht wahrnehmt? Die Antwort ist, daß ihr im Laufe der Jahre, in denen ihr in den verschiedenen Dimensionen des Universums gelebt habt, den Kontakt zu eurer Wirklichkeit, zu eurem göttlichen Wesen, verloren habt. Ihr habt vergessen, daß es sich nur um Illusionen handelt, und somit habt ihr angefangen, die Geschichten zu glauben, die ihr euch selbst erzählt.

Der Künstler in eurem Leben

Das Leben ist ein dreidimensionales Gemälde, und ihr seid der Maler dieses Bildes. Der Pinsel steht für eure Gedanken, euren Glauben, eure Ziele und Wünsche. Genauso wie der Künstler nur das malt, was er auch wirklich malen will, so sollt auch ihr nur eure stärksten Wünsche in eurem Leben umsetzen, so daß sie sich erfüllen.

Um bei dem Bild vom Gemälde zu bleiben: Die Erfüllung erfahrt ihr vielleicht erst kurz vor Beendigung des Bildes. Während ihr malt, werdet ihr aber nicht erkennen, daß am Ende die Erfüllung steht, aufgrund der Zeitdifferenz zwischen Malen und Fertigstellung. Glauben, Gedanken und Taten offenbaren sich manchmal erst später und oft auch in einer anderen Form, als ihr sie erwartet habt.

Nur Geduld!

Bis eure Gedanken und Vorstellungen in eurem Leben Gestalt annehmen, müßt ihr euch in Geduld üben. Ihr wollt doch auch nicht, daß ein Baby laufen kann, bevor es geboren wird, oder? Deswegen wird euch das göttliche Wesen auch nicht erlauben, daß sich euer Leben verändert, wenn ihr dafür noch nicht bereit seid. Und trotzdem müßt ihr eine gewisse Ungeduld entwickeln, wenn es darum geht, eure Fähigkeiten zu entfalten. Ihr seid voller Energie und bereit emporzusteigen, ob mit oder ohne Pilotenschein! Es ist an der Zeit, die Ketten zu sprengen, die euch zurückhalten. Diese Ketten sind nur Illusionen, obwohl sie euch in eurem Leben sehr wirklich vorkommen mögen.

Wenn ich von Geduld rede, meine ich nicht die Geduld, wie ihr sie hier auf der Erde definiert. Ich meine Geduld im Sinne von warten auf das, wovon man weiß, daß man es bekommen wird. Sofern ihr euch zur Zeit Dinge in eurem Leben wünscht, die sich noch nicht abzeichnen, solltet ihr das als Anzeichen dafür nehmen, daß euch jemand den Spiegel vorhält, um euch zu zeigen, wo ihr nach euren Vorstellungen suchen sollt. Eine provozierende Frage meinerseits an euch lautet: Warum verspürt ihr Hunger und Durst, wenn ihr euch an den reichgedeckten Tisch Gottes setzen dürft, und zwar zu jeder Zeit, die euch beliebt?

Zu viele Menschen mögen das Wort »Geduld« nicht, weil sie es mit ihrer Kindheit in Verbindung bringen. Man sollte sich gedulden und nicht gleich nach dem Essen vom Tisch aufspringen. Man hatte zu warten, bis die Erwachsenen ebenfalls fertig gespeist hatten. Vielleicht mögt ihr es heute immer noch nicht, wenn euch jemand erklärt, daß ihr Geduld haben sollt. Ich hingegen sage euch: Übt euch in Geduld.

Zu verstehen wäre eure Ungeduld, wenn ihr nur dieses eine Leben hättet. Dann wäre es nur einleuchtend, daß ihr euch soviel wie möglich für euer Leben vornehmt. Aber so ist es nicht. Ihr habt unzählige Leben zu leben. Ihr werdet alles, was ihr euch je erträumt habt, bekommen. Wenn ihr euch die Dinge aber zu sehr wünscht und sogar versucht, sie mit Gewalt in dieses Leben zu holen, das ihr lebt, dann nehmt ihr der Schöpferkraft die Möglichkeit, euch eure Wünsche dann zu erfüllen, wenn ihr wirklich dafür bereit seid. Niemand ist weiser als er. Also verspielt nicht eure Chance, das zu bekommen, was ihr euch wünscht, indem ihr es zu früh fordert.

Gebt diese Chance nicht auf, nur weil ihr die Dinge in eurem zeitlichen Rahmen zur Verfügung gestellt haben wollt. Solch eine Forderung oder Vorgehensweise ist die eines kleinen Geistes. Ich nenne ihn auch »das verfälschte Bewußtsein«. Dieses verfälschte Bewußtsein hat sich in dem Augenblick verändert, in dem es mit Materie in Kontakt gekommen ist. Es verändert sich dergestalt, daß es denkt: Damit der eine etwas bekommt, muß es einem anderen fehlen. Ein Beispiel soll euch veranschaulichen, was ich meine: Ein kleines Kind erzählt seinen Eltern, daß es sich zu Weihnachten ein rotes Feuerwehrauto wünscht. Die Eltern haben das Auto aber bereits gekauft. Es liegt verpackt unter dem Weihnachtsbaum. Der kleine Junge wünscht sich aber das Feuerwehrauto so sehr, daß er dem Nachbarsjungen sein Feuerwehrauto stiehlt. Hätte der Junge aber darauf vertraut und abgewartet, dann hätte er ein funkelnagelneues Feuerwehrauto bekommen. Er hat sich jedoch dafür entschieden, es einem anderen zu stehlen, so daß er sich nun mit einem gebrauchten, verkratzten Feuerwehrauto zufriedengeben muß. Und nicht nur das, er empfindet auch noch ein schlechtes Gewissen, das ihn in seiner Seele schmerzt, weil er weiß, daß er etwas getan hat, was eigentlich nicht richtig war. – Wie viele von euch sind wie dieses kleine Kind, das nicht warten kann, bis Gott in seiner unendlichen Weisheit ihm das gibt, was ihm zusteht?

In der Welt der Erwachsenen existiert dieses »verfälschte Bewußtsein« immer noch. Es denkt, daß es Einfluß auf andere nehmen muß, so daß sich die Dinge nicht unerwartet verändern können. Das »verfälschte Bewußtsein« ist der Teil in euch, der meint, einen anderen um das Zehnfache verletzen zu müssen als Retourkutsche für eine Verletzung, die euch zugefügt wurde. Es meint, je stärker die Gegenwehr, desto geringer die Wahrscheinlichkeit, daß der andere jemals wieder versuchen wird, euch Schmerz zuzufügen. Das ist aber nicht die Art und Weise, wie ihr vorgehen solltet, damit ihr das erreicht, was ihr bekommen wollt. Denkt daran, wir befinden uns in einem unerschöpflichen Universum, in dem genug für alle vorhanden ist.

Andere anzugreifen ist nicht die Antwort. Dies ist lediglich der Weg des Kriegers (vgl. Kapitel 8). Wenn ihr die Vorgehensweise, eure Wünsche zu verwirklichen, beschleunigen wollt, gibt es nur den Weg der Geduld: Warten mit dem Wissen, daß ihr alles, was ihr euch wünscht, auch bekommen werdet. Es gibt keinen anderen Weg, die Dinge zu beschleunigen, außer dem, den ich euch beschrieben habe. Eure Wünsche werden sich nicht verwirklichen, indem ihr andere zu steuern versucht. Eine Show abzuziehen, Gewalt anzuwenden oder zu betrügen wird ebenfalls nicht funktionieren. Ihr werdet nur die Dinge in eurem Leben in die Wirklichkeit umsetzen können, die ihr euch wahrhaftig wünscht. Wahrhaftig wünscht ihr, indem ihr glaubt und eure Vorstellungskraft einsetzt. Wenn ihr diese Vorgehensweise akzeptiert habt, und zwar im Innersten eurer Seele, dann werdet ihr alles verwirklichen können, was ihr euch wünscht, denn ihr seid Kinder Gottes.

Es ist eure eigene Ungeduld, die viel Liebe von euch fernhält. Die Menschen um euch herum spüren diese Schwingungen der Ungeduld und halten sich fern, weil sie nicht verletzt werden wollen.

Die Persönlichkeiten, die euch umgeben, sind Spiegel eurer Seele. Ihr werdet ständig mit diesen Spiegeln konfrontiert. Sie zeigen euch den Zustand eurer Seele und helfen euch dabei, die Punkte in euch zu finden, die nach und nach der Veränderung bedürfen. Ihr solltet dafür dankbar sein, daß es für andere möglich ist, die positiven wie auch die negativen Seiten in euch zu erkennen und euch darauf hinzuweisen.

Wenn ihr etwas Negatives an euch entdeckt, werdet ihr feststellen, daß es auch in eurer Seele Seiten gibt, die der Reinigung oder der Bereinigung bedürfen. Diese Reinigung ist ein fortwährender Prozeß. Während ihr mit anderen Menschen in Wechselwirkung tretet, sendet ihr Schwingungen aus. Eure Schwingungen verursachen wiederum Schwingungen in eurem Gegenüber, das, daraus folgend, etwas äußert, was euch verletzt. Anstatt die Person für ihre Äußerung verantwortlich zu machen, geht in euch selbst, und fragt euch, was euch an der Aussage des anderen geärgert hat (oder auch gefreut oder eifersüchtig gemacht hat). Ihr werdet dann die unangenehmen Schwingungen in euch selbst fühlen. Bedankt euch [in Gedanken] bei der anderen Person dafür, daß sie euch dabei unterstützt hat, euch selbst besser kennenzulernen. Nach einer solchen Begebenheit ist eure Seele ein kleines bißchen weniger vernarbt als zuvor.

Die Zeitdifferenz

Ihr seid auf der Erde, um zu lernen, wie man mit der Zeit umgeht. Der beste Weg, das herauszufinden, besteht darin, das Talent zu entwickeln, Freude in euer Leben zu bringen. Während ihr dieses Talent entwickelt, werdet ihr feststellen, daß zwischen dem Wunsch, euer Leben zu verändern, und dem tatsächlichen Einsetzen von Veränderungen eine Weile vergehen kann. Diesen Zeitraum nenne ich die Zeitdifferenz in eurer Welt. Wir hatten bereits darüber gesprochen, daß sich eure Wünsche erst dann erfüllen werden, wenn ihr auch dazu bereit seid.

Nur noch eine Sache, die ich euch mit auf den Weg geben möchte: Das, was ihr nicht fühlt, werdet ihr auch nicht besitzen! Laßt diese Worte in euch nachhallen, damit ihr ihre gesamte Bedeutung versteht.

Vollkommene Seelen

Eine Sache, mit der sich viele von euch beschäftigen, ist Perfektionismus. Sie wollen auf irgendeine Weise vollkommen sein. In euren Herzen aber seid ihr bereits vollendet. Ihr seid reine Liebe, und ihr habt perfekte Seelen. Das gilt auch für eure höhere Bewußtseinsebene. Es ist eure niedere Bewußtseinsebene, die diese Unvollkommenheit, die ihr in euch verspürt, in die Wirklichkeit holt. Dies führt zu Mißverständnissen zwischen eurer höheren und eurer niederen Bewußtseinsebene.

Es gilt, diesen Konflikt in euch beizulegen. Sobald es zwischen diesen beiden Ebenen Meinungsverschiedenheiten gibt, führt das dazu, daß ihr unsicher werdet. Ihr seid verwirrt und hört auf zu handeln. Traut euch, euer Leben so zu leben, wie ihr es euch vorstellt! Alles, was ihr anfaßt oder denkt, wird euch Freude bringen. Auch wenn es auf eurer Erde zur Zeit nicht so scheint, denn die Erde ist eine Welt der Gegensätze. Ihr erzeugt Illusionen, wenn ihr glaubt, es würde etwas Negatives passieren.

Ihr fühlt euch unvollkommen, weil ihr euch zu sehr mit euren Illusionen und eurem niederen Bewußtsein identifiziert. Ihr versucht perfekt zu sein, zwingt euch dazu: Ihr benutzt Disziplin. So erlebt ihr aber keine Harmonie und könnt nicht erkennen, daß ihr in eurem Innersten vollendet seid. Durch den selbstauferlegten Zwang habt ihr euch von eurer höheren Bewußtseinsebene und von der Liebe Gottes abgespalten.

Ihr seid im Kern eurer Seele vollkommen, aber die Hülle gibt noch nicht zu erkennen, daß ihr es bereits seid. Je mehr ihr in eure Gefühle eintaucht und sie auslebt, desto mehr wird sich die Vollkommenheit in euch offenbaren und somit auch in eurem Leben. Es wird euch vorkommen wie ein Wunder, was es auch ist. Es ist das Wunder der Liebe Gottes. Leider gibt es in diesem Zusammenhang ein kleines Problem. Auch wenn ihr wißt, daß ihr perfekt seid, so seht ihr dennoch die ganze Unvollkommenheit, die euch umgibt. Diese Unvollkommenheiten dienen eurer Seele wieder als Spiegel, mit dem sie arbeitet, um ihre Fehler zu korrigieren (vgl. Kapitel 2, Nur Geduld!).

Eure Seele hat euch also in der guten Absicht hierher geschickt, damit ihr mehr über die Illusionen in dieser Dimension erfahrt. Ihr identifiziert euch jedoch so stark mit ihnen, daß ihr anfangt, sie zu glauben. Dadurch beherrscht euch das verfälschte Bewußtsein. Ihr entscheidet, daß es nicht allein ausreicht, nur zuzusehen und zu beobachten. Ihr verteidigt euch gegen die Illusionen, da ihr der Meinung seid, daß sie euch weh tun werden. Ihr braucht euch aber gegen nichts zu verteidigen, denn genau das bringt euch nur Schmerzen und Leiden.

Einige von euch sind so mit ihren Problemen beschäftigt, daß sie keinen anderen Ausweg sehen, als diese Dimension zu verlassen. Sie machen sich über den Zustand ihrer Seele solche Sorgen, daß sie der Meinung sind, ihr Leben zu beenden stelle die einzige Lösung für ihr Problem dar. Es gibt keine Probleme; es gibt nur Erfahrungen. Wenn ihr eine Erfahrung noch einmal machen wollt, dann macht das. Wenn ihr Erfahrungen sammeln wollt, die euch eher Freude als Schmerz bringen, dann tut das. Doch die Existenz des physischen Körpers zu beenden ist nicht die Lösung, die eine Seele, die sich wirklich liebt, suchen würde. Diese Existenz wegzuwerfen würde bedeuten, daß die vielen Erfahrungen nicht gemacht werden könnten, die in Freude erlebt werden könnten.

Wollt ihr wissen, in welchem Zustand sich eure Seele befindet? Wollt ihr wissen, mit welchen Dingen ihr in eurem Leben noch konfrontiert werdet? Schaut euch einfach um, und ihr werdet sehen, daß euch all die unverrichteten Dinge wiederbegegnen werden. Merkt ihr, daß ein Verlassen dieser Dimension niemals die Antwort sein kann? Ihr werdet wieder und wieder zurückkehren, und zwar so lange, bis ihr eure Lektionen gelernt habt. Macht euch bewußt, daß eure Seele die Stärke hat, euch mit allem Notwendigen zu versorgen.

Also warum gehen? Bleibt, und lernt eure Lektionen. Es handelt sich bei diesen Lektionen um Lektionen der Liebe.

Erkennt, daß diese »Lektionen« nur die Dinge sind, die ihr begreifen und an die ihr euch erinnern wolltet. Findet heraus, wo ihr die Liebe aus den Augen verloren habt. Macht euch Gedanken darüber, und versucht, es zu fühlen. Dann nehmt diesen Gedanken oder das Gefühl, und laßt es los, denn es ist nicht echt. Durch das Loslassen bringt ihr mehr Liebe in euer Leben – und genau das ist es, was ihr seid: Liebe!

→ Bewußtseinsübung

1. Behaltet die Zeichen des Universums im Auge, die dazu dienen, eure Aufmerksamkeit auf das zu lenken, was ihr gerade gesagt, gefühlt, gedacht oder getan habt. Sucht nach den Zeichen, die euch der Kosmos gibt, um euch zu zeigen, daß ihr euch in Einklang mit der Allmacht befindet. Diese Signale können sich auf verschiedene Art und Weise äußern: ein Vogel, der euch plötzlich über den Weg fliegt; ein Blitz; sogar ein Fremder, der euch plötzlich zuwinkt. Das Universum gibt euch mit diesen Signalen zu verstehen: Ja, es wird euch unterstützen. Stellt zu Anfang eine Liste von den Ereignissen auf, mit denen euch der Kosmos Signale schickt. Auf diese Art und Weise fällt es euch leichter, euch auf eure Wirklichkeit zu konzentrieren.

2. Wenn ihr einen Teller zerbrecht, euch einen Zeh anstoßt, eure Sprache undeutlich wird oder euer Abendessen anbrennt, fragt euch, was das bedeutet. Ist es eure Seele, die euch darauf hinweisen will, was für eine Wirklichkeit ihr euch gerade erschafft? Wart ihr in dem Moment, in dem ein kleines Mißgeschick passierte, ärgerlich? Wolltet ihr dieses Gefühl verdrängen und habt deswegen euer Glas zerbrochen? Saßt ihr gerade beim Abendessen, als jemand etwas sagte, was euch einem wichtigen Gefühl

näher gebracht hat; und habt ihr, weil ihr es nicht bemerkt hattet, euren Wein verschüttet?

Es geht nicht darum, daß ihr jede einzelne Sekunde eures Lebens analysieren sollt, denn ihr sollt ja Freude erfahren. Versteht nur allmählich, daß euch euer Unterbewußtsein in vielerlei Hinsicht leitet. Werdet euch eurer Gedanken und Gefühle bewußter, so daß ihr eure eigene Wirklichkeit so gestalten könnt, wie ihr sie euch vorstellt. Ihr könnt die Freude bei den Übungen und bei eurer Selbstfindung natürlich noch verdoppeln oder verdreifachen, wenn ihr eure Familie, eure Freunde oder eure Arbeitskollegen mit einbezieht.

3. Lernt, eurem höheren und eurem niederen Bewußtsein zuzuhören, wenn ihr eine Entscheidung trefft. Nehmt die Informationen, und vermischt sie mit eurem Bewußtsein. Bevor ihr eine Entscheidung fällt, setzt euch einige Minuten lang hin, und fragt euch, was euer innerer Antrieb für die Entscheidung oder die Handlung ist.

Kapitel 3

Sinn und Zweck

Üblicherweise folgen auf die Frage »Wer bin ich?«, die Fragen »Warum bin ich hier?« und »Was ist der Sinn meines Daseins?«. Viele Menschen glauben, daß Gott ihnen einen bestimmten Auftrag mit auf den Weg gegeben hat, und sie wollen unbedingt herausfinden, was für ein Auftrag das sein könnte. Bitte wißt, daß es keinen bestimmten Auftrag gibt, für keinen von euch. Gott hat keinen Plan aufgestellt, dem die Menschen folgen müssen. Er hat euch die Freiheit gegeben. Mit Hilfe eures höheren Bewußtseins könnt ihr euch einen eigenen Plan anfertigen, der euch auf dem schnellsten Weg unbeirrt zu eurem Glück begleiten wird. Das bedeutet allerdings nicht, daß ihr nicht hin und wieder mit kleineren oder größeren Schwierigkeiten konfrontiert werdet. Das hängt aber damit zusammen, daß ihr lernen sollt, Dinge vorübergehend loszulassen, obwohl ihr der Meinung wart, daß ihr sie unbedingt benötigt.

Die Tatsache, daß Gott keinen besonderen Plan für euch ausgearbeitet hat, mag auf den ersten Blick etwas ernüchternd wirken, aber so ist es. Lernt, daß ihr die Meister in eurem Leben seid. Ihr seid die Schöpfer. So hat Gott das Universum haben wollen. Er machte euch den freien Willen zum Geschenk (vgl. Kapitel 5).

Ihr seid hier, um die Vollkommenheit Gottes zu erfahren. Also werdet ihr auch nur Erfahrungen sammeln, die euch helfen, das zu verstehen. Vergeßt nicht, daß das, was euch wichtig und wertvoll erscheint, für einen anderen nicht unbedingt wichtig ist. Der andere Mensch hat die Erfahrung möglicherweise bereits in einem anderen Leben gemacht und daraus gelernt, oder vielleicht wird er es erst noch lernen. Das ist einer der Gründe, warum ihr alle so unterschiedlich seid.

Es gibt zwei Gründe, warum ihr leben wollt. Einer ist, weil ihr leben wollt. Der andere ist, weil ihr nicht sterben wollt, obwohl der Tod nichts ist. Er ist eine Illusion, denn ihr seid unsterbliche Wesen. Nun, nachdem das gesagt ist, muß man natürlich bedenken, daß es auch ewiglich langweilig werden kann, wenn man in einem ewigen Leben nichts Interessantes zu tun hätte, etwas, das einen fordert.

Ihr seid hier als ein Teil von Gott, ein Teil des göttlichen Wesens, ein Teil der Allmacht. Das seid ihr. Alles, was ihr tut, hat einen Wert für euch. Das ist alles, was zählt. Das ist auch der Grund, warum es nicht sonderlich gut ist, wenn ihr das, was eine andere Person in ihrem Leben tut, bewertet. Die Erfahrungen eines jeden von euch sind wichtig, da sie euch zu einem reicheren Menschen machen, erfüllt und voller Weisheit. Eure Seele wird dadurch von Leben zu Leben vollkommener.

Betrachtet eure Erfahrungen mit Liebe, denn sie sind ein Teil des großen Ganzen, ein Teil des Göttlichen, das ihr versucht, in euch Form annehmen zu lassen. Folglich sind alle eure Handlungen wichtig. Niemand vor euch hat genau das gleiche Leben gelebt wie ihr.

Es gibt Wesen, die ein Leben ohne Sonne, ohne Planeten, ohne Körper leben, um ihre Erfahrungen zu sammeln. Ihr habt euch diesmal aber für ein Leben in einer dreidimensionalen Welt mit physischem Körper entschieden. Ihr werdet so lange immer wieder in diese Welt zurückkehren, bis euch langweilig wird. Dann werdet ihr euch für eine neue Runde in einer anderen Dimension entscheiden und dort neue Erfahrungen sammeln.

Ihr habt so viele Möglichkeiten auf dieser Erde! Nehmt sie wahr. Lebt eure Wünsche. Solange ihr noch unerfüllte Wünsche habt, werdet ihr immer wieder auf die Erde oder ähnliche Planeten zurückkehren. Wenn andere euch sagen, daß eure Wünsche schlecht sind, nehmt das nicht hin. Die Idee, daß eure Wünsche schlecht oder falsch sein könnten, führt dazu, daß ihr euch eurer Wünsche schämt, und damit bringt ihr Schuld in euer Leben. Diese Schuld müßt ihr dann später wieder auflösen.

Wichtig bei allem, was ihr euch wünscht, ist, daß ihr es euch in liebender Absicht wünscht. Ich sprach einmal mit einer Frau, die anderen helfen wollte, indem sie sie heilte. Ich habe ihr gesagt, daß die Seelen, denen sie helfen könnte, nicht so wichtig seien, wie die Tatsache, daß ihre eigene Seele ihre Kraft entwickelt. Das zu erkennen ist viel wichtiger, als anderen zu helfen. Ich meine damit nicht, daß es nicht wichtig ist, anderen zu helfen. Ich bin nur der Meinung, daß es wertvoller für euch ist, die Kraft in euch selbst zu finden und zu lernen, sie in liebender Absicht einzubringen.

Wie findet man die innere Kraft und schafft die Verbindung zu den schöpferischen Energien? Damit das gelingt, müßt ihr die Energien in euch aktivieren. Ihr schafft das, indem ihr euch in euer Herz-Chakra* einfühlt. Es ist nicht notwendig, Astralreisen zu unternehmen, um sich mit der schöpferischen Energie in Verbindung zu setzen. Die Kraft ist bereits in jedem. Je mehr ihr euch mit euch selbst in Einklang bringt, um so mehr werdet ihr eure eigene Kraft spüren.

Der Sinn des Lebens

Den Menschen kommt es so vor, als schickte ihre Seele sie wie eine Marionette durch die verschiedenen Welten, damit sie Erfahrungen sammeln, zu denen sie noch gar nicht bereit sind. Zum Leben gehört aber sehr viel mehr als das. Nur könnt ihr es nicht erkennen, weil ihr euch von eurer Seele so weit entfernt habt. Um die wahren Motive der Seele zu verstehen, müßt ihr euch über die Motivation klarwerden, die hinter euren Handlungen steckt. Wenn ihr dazu in der Lage seid, könnt ihr auch eine Verbindung zu eurer Seele herstel-

---

*(Chakra: siehe Anhang)

len. Das Leben selbst ist der Sinn, und ihr seid es, die dem Leben Sinn geben. Leben bedeutet, Liebe und Freude zu erleben. Der Sinn des Lebens besteht also darin, die Fülle der euch gegebenen Möglichkeiten zu erfahren.

Der Sinn des Lebens ist bedeutungsgleich mit Erfahrungen. Erst wenn ihr aufhört, zu empfinden und Erfahrungen zu sammeln, dann hört ihr auch auf, eurem Leben einen Sinn zu geben, ihr hört auf zu wachsen. Ihr habt Angst vor schmerzvollen und negativen Erfahrungen. Wenn sie aber ein Teil eures Wesens sind und wenn euer tieferes Sein nach solchen Erfahrungen verlangt, dann ist es weise, diese Erfahrungen zu machen, anstatt sie zu bekämpfen, denn ihr bekämpft damit nur euch selbst.

Ich sage nicht, daß ihr keine Probleme haben werdet oder daß ihr keine schmerzvollen Erfahrungen machen werdet. Folgt ihr jedoch eurer Bestimmung und stellt eine harmonische Beziehung zwischen euch und dem universellen Bewußtsein her, dann werdet ihr das, was man als echten Schmerz bezeichnet, verhindern können. Denn der wahre Schmerz besteht in der Abspaltung von der Schöpferkraft; ihn verspürt ihr, wenn ihr euch von eurer inneren Göttlichkeit trennt.

Es gibt keine einfache Antwort auf die Frage »Was ist der Sinn des Lebens?«. Aber wenn ihr auf euer Herz hört, mutig seid und beobachtet, was um euch herum geschieht, werdet ihr erkennen, daß ihr ein Teil der Allmacht seid. Diese Erkenntnis bringt euch dem Sinn des Lebens so nah, wie ihr es als Menschen überhaupt sein könnt. Ihr werdet statt Schmerz nur kurz die kleinen Nadelstiche spüren, mit denen euch das Leben hin und wieder piesackt.

Die kleinen Nadelstiche des Lebens

Schmerz ist zwar nicht unbedingt notwendig, aber es gibt doch immer wieder Nadelstiche, die uns das Leben versetzt. Diese sind aber von kurzer Dauer. Ich werde euch erklären,

wie man Schmerz vermeiden kann und dafür nur die Nadelstiche spürt.

Wenn ihr eurer Bestimmung folgt und eure Gefühle
empfindet, aber trotzdem eure Umgebung nicht beachtet,
dann handelt ihr nicht im Einklang mit Gott. So ein Verhalten führt zu Konflikten. Aufmerksam seine Umgebung und
sein Inneres zu beobachten gehört zwar nicht unbedingt zum
Sinn des Lebens, da das Leben seinen eigenen Sinn hat. Aber
das aufmerksame Beobachten leitet den Fluß der Energie in
euch. Gefühle und Erfahrungen haben ebenfalls ihren eigenen Sinn. Es ist kaum möglich, in Worten auszudrücken,
worin der eigentlich besteht. Ich versuche es dennoch: Einfach
zu SEIN ist Sinn genug. Eines Tages werdet ihr diese Worte
verstehen.

Ich *weiß*, daß ihr glaubt, wenn ihr einen Zweck im Leben erfüllen würdet, dann hätte euer Leben einen Sinn. Ich
habe sehr wohl erkannt, daß ihr gerne so etwas wie einen Sinn
in eurem Leben sehen würdet. Da ihr nicht wißt, was der Sinn
überhaupt ist, fällt es euch leichter, an ihn zu glauben, wenn
ihr in eurem Leben nach etwas strebt und ihm dadurch einen Sinn verleiht. Ihr seht also, daß ihr euch in einem Teufelskreis der Verwirrung befindet, der euch nirgendwohin
bringt.

Diese Verwirrung herrscht überall, in eurem Privatleben
und in der Geschäftswelt. Ich bin hier, um euch mitzuteilen,
daß ihr eurem Leben nur einen scheinbaren Sinn verpaßt,
indem ihr in eurem Leben nach gewissen Dingen strebt. Ihr
lebt in einer Illusion.

Wahrheit

Das hört sich merkwürdig an, nicht wahr? Es scheint
euch vielleicht, daß ich euch des Sinns eures Lebens berauben
wollte. Aber dem ist nicht so. Wir selbst sind der Sinn in
unserem Leben. Wir können uns durchaus ein Ziel suchen,

das wir im Leben erreichen wollen, wir müssen nur erkennen, daß es sich dabei um eine Illusion handelt.

Wenn also das, was wir in unserem Leben als erstrebenswert erachten, nicht der Sinn unseres Lebens ist – was dann? Wir selbst geben uns Sinn. Wir wurden mit der Macht ausgestattet, Dinge zu erschaffen. Wir wurden als lebendige Wesen in physischen Körpern geschaffen. Wir sind nicht der Körper, und dennoch gehört der Körper zu uns. Er unterstützt uns und unsere Seele dabei, Erfahrungen zu machen und zu lernen. Setzt euer Herz ein, um meine Worte zu verstehen, dann werdet ihr auch erkennen, was »Sinn« bedeutet.

Vergeßt nicht, daß ihr eine Vielzahl von Erfahrungen in verschiedenen Leben und Universen sammeln werdet. Ihr werdet schmerzvolle, weniger schmerzvolle und wunderbare Erfahrungen sammeln. Die Welt, in der ihr euch zur Zeit befindet, ist nur ein Kindergarten, in dem ihr die Grundregeln lernt. In gewisser Hinsicht seid ihr wie kleine Kinder, die Erfahrungen im Leben machen, mit denen sie noch nichts anfangen können, weil sie sie nicht verstehen. Aber im Laufe der Zeit werden die Dinge klarer.

Ihr seid der Sinn in eurem Leben, und das Ziel, das ihr erreichen sollt, ist herauszufinden, wer ihr seid. Dabei wird euch Gott in seiner Weisheit führen.

Aufräumen

Ihr habt bereits zahllose Erfahrungen in unzähligen Leben gesammelt ... Ihr habt wunderbare Ehen und wunderbare Leben voll fließender harmonischer Energie gelebt, und trotzdem habt ihr die Grundregeln nie gelernt. Das ist der Grund, warum wir uns nun hier befinden. Ihr müßt eure Probleme zum Vorschein kommen lassen, damit ihr sie loslassen könnt. Es ist nicht gut, vor Problemen wegzulaufen. Das bedeutet nicht, daß ihr Situationen nicht ändern könnt, sondern euch einige Fragen stellen solltet, wie z.B.: »Warum passiert das? Was kann ich daraus lernen? Was sagt diese Situation über mich aus?« Situationen kommen ins Leben, damit ihr etwas daraus lernen könnt.

Es ist wichtig, daß ihr euch Gedanken darüber macht, warum gewisse Dinge im Leben geschehen. Ein Weg, wie ihr das herausfinden könnt, ist, euch Stift und Papier zu nehmen und alle Aspekte einer bestimmten Situation aufzuschreiben. Es ist nicht einfach, das zu tun, und es kann auch qualvoll sein. Wenn ihr euch aber einmal auf diese Art und Weise mit der Situation beschäftigt habt, wird dieser Schmerz nicht wiederkehren.

Echter Kummer entsteht nur dann, wenn ihr euch weigert, euer Leben näher zu beleuchten, eure wahren Gefühle zu fühlen und eure Ideen genauer zu betrachten. Ideen sind wie Wegweiser im Leben. Ich bin hier, um euch dabei zu unterstützen, weniger Schmerz und mehr Freude und Liebe in euer Leben zu bringen. Vergeßt nicht, ich bin Teil von euch, und ihr seid Teil von mir. Wenn ich euch also helfe, mehr Freude zu empfinden, so empfinde auch ich mehr Freude. Also, schreibt die Aspekte auf, die für euch eine Schwierigkeit darstellen.

Ein Beispiel:
* Fragt euch: Wie fühle ich mich? – Ich bin wütend, weil ich die Beförderung nicht erhalten habe.
* Stellt euch eine weitere Frage: Warum passiert das? Was kann ich dabei über mich lernen?
* Hört auf eure Antwort: Ich wollte die Beförderung wirklich. Ich brauche das Geld dringend. Ich weiß nicht, warum das passiert ist.
* In Ordnung, euer Kopf ist leer. Fragt noch einmal: Warum ist das passiert? Ich will es wirklich wissen. Dann kommt eure Antwort: Ich hatte Angst, daß ich für die Beförderung nicht ausreichend qualifiziert bin und ich mich lächerlich machen würde.
* Fragt euch weiter: Welche Qualifikationen fehlen mir,

um den Job gut zu machen? Hört wieder auf eure Antwort: Ich würde mehr Verantwortung tragen müssen. Ich möchte aber nicht mehr Verantwortung. Eigentlich will ich nur mehr Geld.

Großartig, ihr macht Fortschritte. Ihr habt in euch den Teil gefunden, der gar keine Beförderung wollte. Ihr wolltet sie nicht, weil ihr keine Verantwortung tragen wolltet. Ihr wolltet nur mehr Geld. Auf der einen Seite habt ihr genau das bekommen, was ihr wolltet. Auf der anderen Seite wart ihr mit euch selbst nicht ehrlich, was die Beförderung anbelangt. Ihr wolltet nicht die Beförderung, sondern die Gehaltserhöhung, die mit der Beförderung einhergeht. Jetzt wißt ihr die Wahrheit.

Die gleiche Vorgehensweise könnt ihr auch anwenden, was die Geldfrage betrifft. Fragt euch: Warum möchte ich mehr Geld haben? – Weil es so viele Dinge in meinem Leben gibt, die ich noch machen möchte. Erst muß ich meine Rechnungen bezahlen, dann möchte ich einen Monat nach Hawaii, um zu entspannen. Ich möchte einige Seminare besuchen, und ich möchte das Haus ausbauen lassen.

Großartig! Vielleicht wußtet ihr das alles bereits, aber durch das bewußte Aufschreiben ist es noch einmal an die Oberfläche gekommen, so daß ihr es genau untersuchen könnt. Findet heraus, warum ihr etwas wollt, fragt euch nach den Beweggründen, die dahinterstecken. Wenn ihr dann die Wahrheit herausgefunden habt, arbeitet mit Gott zusammen, um die Wahrheit in euch offenbar werden zu lassen.

Ihr könnt z.B. überlegen, wie ihr auf anderen Wegen zu mehr Geld kommen könnt. Vielleicht fragt ihr einfach nach einer Gehaltserhöhung, oder ihr könntet an den Samstagen arbeiten gehen, um das zusätzliche Geld zu verdienen. Oder ihr wechselt zu einem Arbeitgeber, der euch ein höheres Gehalt zahlt und bei dem es euch Spaß macht zu arbeiten. Vielleicht wollt ihr auch Lotto spielen. Alles ist möglich, es liegt nur an euch. Wenn ihr den Dialog mit euch selbst in dieser

Art fortsetzt, werdet ihr mehr über euch selbst erfahren.

Nicht jeder von euch wird gleich seine innere Stimme hören. Falls ihr sie nicht hören solltet, bittet Gott um Hilfe, euch von dem ganzen Ballast, den ihr in euch tragt, zu befreien. Wenn ihr einen Teil davon weggeräumt habt, könnt ihr euch euren Gefühlen wieder besser hingeben und euch auf die Antworten konzentrieren, die ihr auf eure Fragen erwartet.

Wenn ihr in der oben beschriebenen Art und Weise mit den unangenehmen Situationen in eurem Leben umgeht, werdet ihr nicht nur mehr über euch erfahren und eure Gefühle zum Vorschein bringen. Ihr werdet auch mit den Konflikten in eurem Leben aufräumen.

Spiegel

Wenn ihr euch über etwas oder jemanden im unklaren seid, dann setzt euch mit einem Stück Papier und einem Stift bewaffnet hin, und fragt euch, wenn es sich um eine Person handeln sollte, z.B.: »Was mag ich an Sam?« Die Eigenschaften, die ihr an Sam mögt, spiegeln die Eigenschaften wider, die ihr an euch ebenfalls mögt. Das gleiche gilt natürlich auch für den umgekehrten Fall, wobei es nicht unbedingt die gleiche negative Eigenschaft sein muß, die euch an ihm wie auch an euch mißfällt.

Ein Beispiel soll dies verdeutlichen: Eine Frau hatte ein gespaltenes Verhältnis zu ihrer Mutter. Einerseits mochte sie an ihr, daß es ihr leichtfiel, Freundschaften zu schließen und andere zu akzeptieren. Andererseits mochte sie an ihr nicht, daß sie unsicher und wenig zuversichtlich war. Daraus ist zu schließen, daß die Frau sich selbst sehr wohl mit sich fühlte und andere Menschen akzeptierte. Es gab jedoch einen Teil in ihr, der wenig Zuversicht empfand. Als sie anfing, sich selbst mehr zu vertrauen, begann sie auch, sich sicherer zu fühlen. Sie wußte, daß sie genauso »wertvoll« war, wie all die anderen Millionen von Seelen auf dieser Erde. Nachdem die Frau mehr Vertrauen entwickelt hatte, bemerkte sie, daß ihre Mutter sich in ihrer Gegenwart ganz anders verhielt. Sie zeigte ihrer Tochter gegenüber mehr Vertrauen.

Was soll euch das sagen? Es sagt, daß ihr euch die Qualitäten und Eigenschaften anderer Menschen, die ihr nicht mögt, bewußt machen sollt. Ihr solltet euch Gedanken darüber machen, was diese Qualitäten über euch selbst aussagen. Wenn ihr dann damit arbeitet, beginnt ihr euch zu verändern. Einmal mit der Veränderung begonnen, zieht ihr Menschen an, die ähnliche Eigenschaften aufweisen. Natürlich ist es euer freier Wille, euch zu verändern oder zu bleiben, wie ihr seid. Wenn sich jemand nicht ändern will oder kann, ihr euch aber verändert, wird dieser Mensch in eurem Leben nicht mehr so wichtig sein, da ihr euch in unterschiedliche Richtungen entwickelt.

Ich fasse noch einmal zusammen: Ihr seid der Sinn eures Lebens. Die unangenehmen Situationen in eurem Leben dienen dazu, euch bewußt zu machen, was ihr wirklich wollt. Solange euch eure Ideen nicht bewußt sind, wißt ihr auch nicht, wer ihr seid, und ihr werdet von eurem niederen Bewußtsein gesteuert. Das aber hat zur Folge, daß ihr voller Widersprüche seid, die sich mit der Zeit offenbaren. Habt ihr diese jedoch erkannt, so stellt ihr fest, daß die Situationen sich auf zauberhafte Art und Weise zu verändern beginnen. Euer Leben wird besser und angenehmer. Ich sage euch das in aller Aufrichtigkeit, weil ihr ein Teil von mir seid.

→ Bewußtseinsübung

1. Macht eine Liste der unharmonischen Situationen in eurem Leben. Fragt euch dazu folgendes: Was mag ich nicht? Was habe ich nicht bekommen, was ich gerne gehabt hätte? Lernt, mit euch selbst in einen Dialog zu treten. Sprecht so lange mit eurem inneren Selbst, bis ihr die Wahrheit herausgefunden habt. Wenn ihr die Wahr-

heit erkannt habt, stellt eindeutig fest, was ihr wollt.
Überlegt euch, wie ihr eurem Ziel näher kommen könnt.
Damit ihr das, was ihr euch wünscht, in euch umsetzen könnt, arbeitet mit dem göttlichen Wesen zusammen. Vertraut ihm und der Zusammenarbeit mit ihm. Wartet dann geduldig, in der Gewißheit, daß Gott das Universum mit euren Wünschen in Einklang bringen wird.

2. Schreibt euch die wichtigsten Menschen in eurem Leben
    auf – Mutter, Vater, Geschwister, Ehepartner, Arbeitge-
    ber etc. Was mögt ihr an ihnen? Was mögt ihr nicht an
    ihnen? Welche Schwingung in euch könnte mit den
    Schwingungen der anderen übereinstimmen?

Wenn ihr diese Übung voller Aufrichtigkeit durchführt,
werdet ihr wichtige Puzzlestücke sammeln können. Das Puz-
zle seid ihr. Wollt ihr eure Entwicklung der letzten Jahre
nachvollziehen? Seht euch die Menschen an, die noch vor einigen Jahren in eurem Leben waren, und betrachtet dann die
Menschen, die jetzt Teil eures Lebens sind. Schaut euch an, wie
sich eure Beziehungen verändert haben. Das wird euch Auf-
schluß darüber geben, inwieweit ihr euch verändert habt, da
wir immer nur Menschen in unser Leben ziehen, die Teile unserer selbst und Einstellungen widerspiegeln.

Kapitel 4

Wirklichkeit

Es gab einmal eine Zeit, da wart ihr lediglich eine Wahrscheinlichkeit im Herzen Gottes. Ihr wart einer seiner Gedanken. Glaubt ihr, daß Gott sich langweilte? Glaubt ihr, daß er einsam war? Nein, denn er hat sich selbst, und das ist die Allmacht. Viele von euch denken, je mehr ihr eure spirituelle Veranlagung ausbaut, desto einsamer werdet ihr. Das ist der Grund, warum ihr euch sagt: »Ich möchte mich nur langsam entwickeln. Ich glaube, ich werde noch ein wenig hierbleiben und mir einige der Lektionen, die ich noch zu lernen habe, für später aufheben.« Ihr geht davon aus, daß Veränderung und Entwicklung Einsamkeit und Schmerz bedeuten. Ihr denkt, daß ihr auf euch allein gestellt sein werdet, wenn ihr erst einmal allwissend seid. Ihr seid der Meinung, daß ihr, wenn ihr euch mit eurem Seelenpartner vereint, niemanden mehr treffen werdet, der für euch interessant sein könnte. Das ist aber nicht der Fall.

Leben bedeutet Veränderung und Entwicklung. Es ist aufregend und wunderbar. Es gibt Millionen von Universen, die Millionen von Erfahrungen für euch bereithalten. Dieses Leben ist nicht das einzige Leben. Dieses Leben, das ihr gerade lebt, soll euch lehren, was Zeit bedeutet. Ihr könnt beobachten, wie sich euer Denken und eure Ideen entwickeln und langsam in eurer Umgebung und eurer Wirklichkeit offenbaren. Ihr habt die Fähigkeit dazu, ganze Universen zu erschaffen.

Zunächst müßt ihr jedoch über dieses »Sandkastenstadium« hinauskommen, weg von diesem Kindergarten, der sich Erde nennt. Ihr arbeitet mit verschiedenen Energien, wobei ihr euch noch gar nicht bewußt seid, daß ihr mit diesen

Energien arbeitet. Es ist meine Aufgabe, euch zu lehren, wie
ihr die Ideen in eurem niederen Bewußtsein freilegen könnt,
um sie bewußt in eure Wirklichkeit einzubauen. Es wird
langsam Zeit, daß ihr lernt, vom unbewußten Erschaffen
eurer Realität zum bewußten Erschaffen überzugehen. Ich
verspreche euch, daß Veränderungen in jedem von euch stattfinden werden, wenn ihr sorgfältig die Übungen praktiziert,
die ich euch am Ende einiger Kapitel gebe. Ihr werdet mehr
mit euren Gefühlen in Einklang sein und euch eurer Ideen bewußter werden.

Auch wenn ich sage, daß ihr mit Energien arbeitet, bei
denen euch noch gar nicht bewußt ist, daß sie euch zur Verfügung stehen, so bedeutet das nicht, daß ihr aufhört, eure
Vorhaben umzusetzen. All das, was ihr euch vorgenommen
habt, solltet ihr auch weiterverfolgen. Wenn euch eure Vorhaben Freude bringen, solltet ihr sie weiter vorantreiben, denn
das ist der Beginn der Erschaffung eurer eigenen Wirklichkeit.
Indem ihr euch am Leben übt, lernt ihr, Maßstäbe zu setzen.

Das Leben, wie ihr es kennt, wird immer besser. Es wird
nie schlimmer. Ihr werdet in einem anderen Leben nie als Ele-
fant oder Hund zurückkehren, denn ihr seid menschliche
Seelen. Ihr entwickelt euch weiter. Alles, was ihr jetzt macht,
egal ob es sich dabei um Essen, Rauchen oder Lieben handelt,
es wird immer besser werden. Es wird erfüllender und berei-
chernder werden. Ihr werdet euch besser fühlen.

Viele sind der Meinung, spirituelle Weiterentwicklung
bedeute, die gute Fee vom Dienst zu sein. Das stimmt aber
nicht. Ich werde euch einmal etwas erzählen über eure Wirklichkeit, über die Realität, die ihr mit anderen teilen könnt,
und darüber, daß ihr niemals die Wirklichkeit einer anderen
Person verurteilen solltet:

Als Gott euch schuf, nahm er dazu einen Teil von sich
selbst. Das bedeutet, daß ihr in eurem Kern allwissend und
allgegenwärtig seid. Um auf diesem Planet leben zu können,
müßt ihr allerdings Scheuklappen aufsetzen, müßt euch einschränken, indem ihr euch physischer Körper bedient. Ihr seid

die Seele, und zwar nicht wie ein kleiner Gegenstand in einer Schachtel, sondern eure Gefühle und die Erfahrungen, die ihr jetzt erlebt, das ist die Seele. Ihr werdet nie sterben. Die Gefühle, die ihr jetzt habt, werden immer besser werden. Die Gefühle und Erfahrungen werden sich immer weiterentwickeln, bis ihr das Stadium der Weisheit erlangt habt.

Ihr könnt euch nicht an alles in eurer Vergangenheit, euren vergangenen Leben erinnern. Das hängt damit zusammen, daß die Welt hier nun mal so funktioniert. Ihr mögt glauben, daß es nicht fair ist, daß man sich nicht an alle anderen Leben erinnern kann. Aber könnt ihr euch allen Ernstes daran erinnern, was ihr am 13. November vor fünf Jahren unternommen habt? Es ist eher wahrscheinlich, daß ihr es nicht mehr wißt, es sei denn ihr verbindet mit diesem Tag einen Geburtstag, ein Jubiläum oder ein anderes besonderes Ereignis. Der Grund, warum ihr euch nicht an eure vergangenen Leben erinnert, ist der, daß ihr eure gesamte Energie dafür verwendet, euch auf den jetzigen Moment zu konzentrieren. Ihr benötigt all eure Energie für diese Dimension, und es würde zuviel für euch werden, sich auch noch auf andere zu konzentrieren. Sofern es notwendig sein sollte, werdet ihr euch jedoch an Erfahrungen aus anderen Dimensionen erinnern können.

Die Gefühle, die ihr auf der Erde erleben könnt, sind sehr intensiv. Ihr denkt, weil ihr eure Großmutter, euren Großvater, ein Kind oder den Ehepartner verliert, wäre das Leben grausam und es gäbe keinen Gott. Diese Erfahrungen sollen euch jedoch dabei helfen, eure Gefühle zu leben, und euch stärker machen. Ihr seid der Meinung, daß ihr alt werdet und dann von der Erde geht. Was für eine Freude, wenn ihr erkennt, daß, wenn ihr euren physischen Körper verlaßt, ihr so alt oder jung seid, wie ihr wollt! Ihr werdet nicht wirklich sterben, sondern es ist euer physischer Körper, der diese Veränderung erfährt, die ihr Tod nennt. Ihr seid unsterbliche Wesen, die weiterhin ihre Erfahrungen sammeln.

Es ist eure Aufgabe, auf der Erde soviel Liebe wie möglich zu erfahren. Ihr werdet diesen Planeten so lange nicht verlassen, bis ihr gelernt habt, alles hier zu lieben. Die Kristalle und Steine geben euch Liebe. Jede Pflanze auf der Erde hat Gefühle und ist besorgt um euer Wohlergehen. Die Tiere auf der Erde sind ebenfalls hier, um euch zu lehren, was Liebe bedeutet.

Es besteht die Möglichkeit, daß es einzelne unter euch gibt, denen es leichter fällt, Liebe zu Steinen, Pflanzen und Tieren als zu anderen Menschen zu entwickeln. Das mag schon sein, denn Menschen machen die Erfahrungen, die sie unbedingt zu machen wünschen. Ihr könnt viel über Liebe lernen, indem ihr euch einen Hund oder eine Katze zulegt. Es ist dennoch unvermeidbar, die Menschen auf diesem Planeten zu lieben, auch wenn ihr gewisse darunter nicht mögt. Bedenkt nur, daß es lediglich bestimmte Seiten an der Person sind, die ihr nicht mögt, wie z.B. ihr Verhalten oder ihre Persönlichkeit.

Soll ich euch ein Geheimnis verraten? Tatsächlich liebt ihr bereits jeden auf der Welt, ihr habt das bloß noch nicht erkannt. Es ist an der Zeit, euch an diese Liebe zu erinnern, weil sie die Verbindung zur Schöpferkraft, zur Allmacht ist. Ihr seid einfältig, wenn ihr meint, daß die Welt da draußen euch haßt. Ihr seid einfältig, wenn ihr der Meinung seid, daß diese Welt nur aus unglücklichen Zufällen besteht. Eine Welt, in der Kinder ohne Grund sterben, Busse von Klippen stürzen und Flugzeuge abstürzen. Alles hat einen Grund. Niemand darf einen anderen auf Dauer verletzen, obwohl ihr denkt, daß das geschieht.

Wann fangt ihr an, das zu fühlen, was zu fühlen ihr auf dieser Erde seid? Wann spürt ihr endlich, daß die Welt da draußen euch liebt? Wann werdet ihr Liebe in euer Leben treten lassen, anstelle von Haß und Schmerz? Wann werdet ihr den Mut finden zu sagen: »Ich glaube und vertraue darauf, daß die Welt mich liebt, denn die Welt ist ein Teil von Gott, und Gott liebt sich. Ich bin Teil der Allmacht, und die Allmacht liebt mich.« Wann werdet ihr darauf vertrauen, daß ihr nicht wirklich verletzbar seid, sondern das Leben euch lediglich mit einigen Situationen konfrontiert, die ihr euch eingehender anschauen sollt?

Die einfachen Dinge im Leben

Nehmt euer Leben nicht so ernst. Sucht nach Einfachheit und Freude, denn diese Dinge sind überall. Ihr neigt dazu, alles zu verkomplizieren, um eurem Leben eine gewisse Ernsthaftigkeit zu verleihen. Dann verliert ihr jedoch die Freude. Beobachtet die Kinder auf eurem Planeten, um etwas über die Einfachheit zu erfahren. Fragt einmal ein Kind, was ihm wichtig ist. Seine Antwort wird euch unter Umständen überraschen. Es wird euch vielleicht erzählen, daß es gerade wichtig ist, mit der Schaukel auf dem Spielplatz zu spielen oder die Blumen zu riechen oder Omas Kekse zu kosten oder eine Katze zu streicheln. So erfahren sie ihr Leben. Sie leben ihre Wahrheit. Ihre unglaubliche Neugierde ist wunderschön und grenzenlos. Sie lehnen Dinge nicht ab, wie es Erwachsene tun. Sie krabbeln unter Büsche, um Käfer zu beobachten, stecken ihre Finger in den Dreck, um herauszufinden, wie er sich anfühlt, manchmal riechen sie daran oder essen ihn sogar. Sie wollen das Leben erfahren, oder vielleicht wäre erfühlen die bessere Beschreibung. Kinder fühlen ihre Gefühle wirklich, und sie erinnern euch an die einfachen Dinge im Leben.

Habt ihr aufgehört, neugierig zu sein? Fangt wieder an, euch für das Leben zu interessieren. Stellt Fragen, sammelt Informationen, und erforscht die Meinungen anderer Menschen. Bei letzterem müßt ihr nicht unbedingt mit ihnen einer Meinung sein, es kann dennoch sein, daß ihr etwas von ihnen erfahrt, was euch zum Nachdenken anregt. Vielleicht werdet ihr mehr Verständnis für eine Sache oder eine Person entwickeln. So vervollkommnet ihr euch selbst und entdeckt dabei die Schätze, die in euch und eurer Welt stecken.

Die Welle des Lebens

Ihr lebt auf einer Welle des Lebens. Wenn ihr mit euch selbst in Einklang seid, spürt ihr, wie ihr auf einer Welle des Glücks und der Freude reitet. Sobald sich die Welle langsam ins Tal schwingt, lernt ihr, was jetzt zu tun ansteht. Wenn ihr schnell begreift, was zu tun ist, werdet ihr wieder den Wellenberg nach oben getragen und empfindet Freude. Wenn ihr euch aber weigert und sagt: »Das möchte ich mir zur Zeit lieber nicht ansehen«, wird euch der Sog der Welle immer tiefer ziehen. Schmerz und Leid werden stärker, und zwar so lange, bis ihr begreift, daß euch das Leben dazu bringen will, euch die Situation, die euch Probleme bereitet, näher anzusehen. Wenn ihr zu dem Punkt kommt, an dem ihr euch der Herausforderung stellt, wird die Welle sich wieder aufwärts bewegen. Wenn ihr empfänglich für die Gefühle in euch seid, werdet ihr spüren, wenn es wieder aufwärts geht.

Ihr müßt euch klarmachen, daß ihr, egal wieviel Spaß es euch gemacht hat, eure Zeit im Sandkasten zu verbringen, ihn irgendwann verlassen müßt. Eure Seele möchte sich entwickeln, möchte, daß ihr eure Fähigkeiten und euer Aufnahmevermögen ausbaut. Sie möchte, daß ihr euer Maß an Liebe, Sorge und Gemeinsamkeiten verstärkt.

Manchmal kommt es auch vor, daß einzelne von euch in ihrem Sandkasten verweilen. Das Leben liebt euch aber so sehr, daß es euch neues Spielzeug geben möchte, damit ihr beschäftigt seid. Oft schreit ihr und behauptet, daß ihr glücklich seid und kein neues Spielzeug braucht. Eines Tages werdet ihr dann erkennen, daß ihr euer altes Spielzeug gegen das neue eintauschen könnt, um weitere Erfahrungen sammeln zu können.

Ihr müßt lernen, zu reifen und zu verstehen, daß das Universum euer Zuhause ist. Es ist verständlich, daß ihr Angst davor habt, eure sichere Umgebung zu verlassen. Das ist aber nur eure Vorstellung von Sicherheit. Der größte Schritt ist es, euch in einen Bereich vorzuwagen, der euch unsicher erscheint. Natürlich kommt es bei so einem Schritt vor, daß ihr euch die Schienbeine aufkratzt, die Nase stoßt, euch den Kopf anschlagt, und trotzdem werdet ihr eure Freude verstärken. Ihr müßt es euch wie einen Abenteuertrip vorstellen: Man zieht sich Schrammen zu und ist dennoch froh dabeizusein. Verlaßt euren Sandkasten, und langweilt euch nicht weiter.

Ihr seid nicht auf dieser Erde, um zu leiden. Ihr seid aus zwei Gründen hier. Der erste ist, mehr über euch selbst zu erfahren und mehr Weisheit zu sammeln. Der zweite Grund ist, Gottes Geschenke mit Freude entgegenzunehmen sowie Liebe und Glück zu erleben. Ihr seid hier, damit ihr lernt, wie ihr eure eigene Wirklichkeit erschafft. Wie müßt ihr vorgehen, um euch eure eigene Realität zu erschaffen? Werdet euch eurer Gefühle bewußt, sammelt Erfahrungen und soviel Liebe und Freude wie möglich. Teilt diese Liebe und Freude mit anderen.

→ Bewußtseinsübung

Schreibt auf, wie ihr eure Wirklichkeit erlebt. Was geschieht in eurer Umgebung ... in eurem Land ... in eurer Welt? Was gefällt euch daran? Was gefällt euch daran nicht? Diese Fragen werden euch dabei helfen, die Leitmotive in euch zu finden und offenzulegen.

Gibt es Krieg in eurer Welt? Vielleicht zeigt das, daß ihr noch Krieger (vgl. Kapitel 8) seid. Möglicherweise spiegelt dieser Zustand nur die Konflikte in eurer Seele wider. Sobald ihr diese Konflikte beseitigt habt, wird die Welt ein friedlicherer Ort. Beginnt mit Veränderungen in euch, um sie außen sichtbar zu machen.

Herrscht Umweltverschmutzung in eurer Welt? Gibt es Probleme, Plätze zu finden, an denen der Müll der Wegwerfgesellschaft, in der ihr lebt, entsorgt werden kann? Vielleicht soll euch das nur widerspiegeln, daß ihr seit unzähligen Leben den Ballast vergangener Zeit mit euch herumschleppt.

Nach einer Weile fängt der Müll an zu stinken! Warum, meint ihr, habt ihr auf der Erde so viele Probleme mit Schadstoffen? Sie zeigen lediglich, wie giftig der verfaulende Abfall in euch ist. Wenn ihr damit beginnt, den Müllberg in euch abzutragen, wird sich das auch auf eure Welt auswirken.

Gibt es Straftaten in eurer Welt? Vergewaltigungen? Gewalt gegen Männer und Frauen? Mißbraucht ihr gar euer eigenes inneres Kind, indem ihr es nicht spielen laßt? Vielleicht soll euch das zeigen, daß es Probleme mit den männlichen und weiblichen Energien in euch gibt, oder den kindlichen.

Wenn ihr euch selbst diese Fragen stellt, werdet ihr euch euren Ideen näher bringen und die Verbindung zu ihnen herstellen können. Verändert ihr eure Ideen, dann verändert ihr auch eure Realität. So einfach ist das.

Kapitel 5

Freier Wille

Eine oft gestellte Frage ist: »Ist unser Schicksal vorherbestimmt?« Die Antwort lautet: Ja und nein. Nun, da ihr wißt, daß jeder von euch keine besondere Aufgabe im Leben zu erfüllen hat, möchte ich euch eine Botschaft überbringen, die man als größtes Geschenk an euch, die ihr Seelengeschöpfe seid, bezeichnen könnte. Zunächst gab euch die Allmacht das Leben. Weiterhin wurde euch das Geschenk des freien Willens zuteil. Das bedeutet, daß die Schöpferkraft euch so viel Liebe und so viel Vertrauen entgegenbringt, daß ihr die Möglichkeit habt, praktisch jede Erfahrung zu machen, die euch beliebt.

Es gibt allerdings zum jetzigen Zeitpunkt eurer Entwicklung gewisse Dinge, für die ihr noch nicht bereit seid ... Dinge, für die ihr mehr Verständnis und mehr Erfahrung benötigt, als euch zur Zeit zur Verfügung stehen. Ihr werdet sie aber spätestens dann erleben, wenn ihr mehr über die Einzigartigkeit des Seins wißt.

Einst seid ihr von der Allmacht erschaffen worden, zu einer Zeit, die euch Ewigkeiten her erscheinen mag. Die Schöpferkraft erschuf Abermillionen von Seelen mit einzigartigen Qualitäten und Eigenschaften. Sämtliche Entwicklungsmöglichkeiten, die euch innerhalb des Universums zustehen, wurden von Gott vorausgeplant. Entsprechend gibt es tatsächlich bestimmte Erfahrungen, die zwar theoretisch möglich sind, die ihr aber nicht machen werdet. Aber die Vielzahl der zu machenden Erfahrungen ist gerade durch die göttliche Bestimmung nahezu grenzenlos.

Hier kommt nun eure Seele ins Spiel. Die Seele an sich ist abenteuerlustig und hinterfragt vieles; auch die Menschen sind für ihre große Abenteuerlust bekannt. Ihr versucht euch immer wieder, und zwar in verschiedenen Leben und Körpern und in verschiedenen Wirklichkeiten. Ihr durchlauft einen Lernprozeß, und eure Seele genießt es. Denn durch den Lernprozeß verliert sie nach und nach die Kruste, die sich im Laufe der Zeit auf ihr gebildet hat.

Sobald ihr in eine Realität wie die hiesige eintretet, setzt sich eure Seele gewisse Ziele, die sie zu erreichen anstrebt. Bei diesen Zielen handelt es sich jedoch nicht um Ziele, die dem Leben einen Sinn geben sollen. Es handelt sich vielmehr um Ziele, die die Seele anstrebt. Und da es eure Seele fest vorhat, diese Ziele unbedingt zu erreichen, bedeutet das, daß es in eurem Leben gewisse Stürme einfach geben muß. Aus solch »stürmischen« Erfahrungen ergeben sich oft neue Einsichten, die euer Leben bereichern. Diese Stürme mögen zwar eure Gefühle durcheinander bringen, verschaffen euch allerdings auch neues Wissen. Diese Erkenntnisse sollen euch dabei helfen, euch zu fragen: »Was soll das bedeuten? Was soll ich dadurch lernen?«

Ja, eure Seele hat Ziele. Um ein kurzes Beispiel zu geben, wie es sich ungefähr verhält: Laßt uns einmal annehmen, daß ihr euch entschieden habt, verschiedene Städte in den Vereinigten Staaten zu besuchen – New York, Miami und Los Angeles. Ihr habt euch zwar bereits entschieden, daß ihr diese Reise antreten werdet, aber ihr wißt noch nicht, auf welche Weise ihr die einzelnen Ziele erreichen möchtet ... Vielleicht wollt ihr eine der Städte mit dem Auto erreichen, eine andere mit dem Flugzeug oder mit dem Zug ... Alle Möglichkeiten stehen euch offen. Erst wenn die Zeit gekommen ist, eine der Städte zu besuchen, werdet ihr euch entscheiden, auf welchem Wege ihr sie zu erreichen gedenkt.

Dieses Beispiel ist ein gutes Gleichnis für euer Leben. Voraussetzung ist zunächst, daß ihr die Hauptereignisse eures Lebens vorausplant. Wie ihr diese Ziele dann verwirklichen könnt, entscheidet ihr von Tag zu Tag. Diese Entscheidungen werden entweder in eurem Bewußtsein gefällt oder während eurer Tagesaktivitäten, aber auch während ihr schlaft. In diesen (Un-)Bewußtseinszuständen trefft ihr die Entscheidungen für den kommenden Tag.

Wie also tretet ihr mit anderen in Wechselbeziehungen, damit ihr eure Ziele verwirklichen könnt? Zunächst einmal: Ihr seid ein Energiemuster. Ihr seid Liebe und habt mehr Energie in euch gebündelt, als bei einer Kernspaltung entsteht. Diese Energie dient der Schöpfung eurer selbst, und sie ist es, die euch ausmacht.

Bei dieser Energie handelt es sich um bestimmte Schwingungsfrequenzen. Es sind diese Schwingungen, die euch kennzeichnen und die ihr aussendet. Sie ziehen Dinge, Situationen und andere Personen an. Ihr erschafft durch diese Schwingungen eine Aura [ein Energiefeld] um euch herum, die eng verbunden ist mit euch, aber auch mit den Menschen, die euch umgeben. Es führt dazu, daß ihr mit den Seiten an euch, die ihr als negativ betrachtet – ich ziehe es vor, diese Einschätzung als falsche Schlußfolgerungen zu bezeichnen –, Menschen in euren Bann zieht, die ähnliche falsche Schlußfolgerungen aus ihrem Verhalten ziehen. In eurer Aura kann nichts bestehen, was nicht irgend etwas mit euch zu tun hat.

Da ihr oft Menschen anzieht, die Probleme haben, die den euren sehr ähneln, werde ich häufig gefragt, ob man sich nicht gegenseitig helfen sollte. Ihr werdet feststellen, daß die Menschen mit ähnlichen Problemen in euer Leben treten, damit ihr von ihnen lernen könnt. Vielleicht könnt ihr einer Person helfen. Vielleicht könnt ihr Wege aufzeigen, wie sie ihr Leben einfacher gestalten kann. Vielleicht könnt ihr sie auch nur ein wenig lotsen. Die Frage ist: Solltet ihr eingreifen und ihnen Unterstützung anbieten? Oder solltet ihr ihnen nur heilende Energie schicken?

Nimmt meine Hilfe anderen
den freien Willen?

Zuerst müßt ihr erkennen, daß ihr einen Menschen niemals seines freien Willens berauben dürft. Dies ist eine Aussage von großartiger und wunderbarer Bedeutung, die sich jedoch nicht so ohne weiteres mit Worten vermitteln bzw. erklären läßt. Deswegen möchte ich den Begriff des »freien Willens« mit folgenden Worten umschreiben: lehren und lernen. Das bedeutet, wenn ihr jemandem etwas beibringt, lernt/ erfahrt ihr ebenfalls etwas.

Wenn ihr das Bedürfnis verspürt, jemandem zu helfen, woher kommt das? Am besten versuche ich, diese Frage anhand eines Beispiels zu erläutern. Man bat mich einmal um Hilfe. Der Fall soll zugleich das Konzept der (Wider-)Spiegelung erklären. Ihr werdet sehen, daß man Menschen in sein Leben einbeziehen kann, die einen etwas über sich selbst lehren. Hier das Beispiel:

»Ich sah ein kleines Mädchen draußen in der Kälte, sie fror. Sie tat mir leid, weil ich selbst wußte, wie schrecklich es sich anfühlt, zu frieren. Folglich wollte ich nur noch raus und ihr einen Mantel kaufen und sagen: ›Hier, das wird dich wärmen.‹ Aber ich kaufte keinen Mantel, sondern betete statt dessen für sie. Ich wußte nicht, wo meine Grenzen in dieser Angelegenheit sein sollten. Ich wollte weder sie noch ihre Familie durch meine Handlung verletzen oder verurteilen. Und trotzdem – ich wollte ihr unbedingt helfen.«

In dem Moment, in dem ihr jemandem helfen wollt, bekommt ihr es mit einer anderen Persönlichkeit zu tun. Ihr müßt euch im klaren darüber sein, daß es nur die Dinge an anderen Menschen sind, die euch ansprechen, die in irgendeiner Form auch etwas mit euch selbst zu tun haben. Korrekterweise wurde in dem Beispiel erwähnt, daß die Person, die gerne geholfen hätte, die Kälte, die das Kind spürte, selbst nachempfinden konnte. Das hängt damit zusammen, daß sie am eigenen Leibe erfahren hat, wie sich Kälte anfühlt. Diese Erfahrung ist in ihr gespeichert.

Wenn ihr also anderen helft, helft ihr auch euch selbst. Zunächst helft ihr euch selbst, indem ihr erkennt, daß dort draußen etwas für euch ist – eine Botschaft oder ein Gefühl, die bzw. das es zu erfahren gilt. Ihr wollt entdecken, welcher Teil eurer Seele euch etwas über euch selbst lehren will. Dann beginnt ihr darüber nachzudenken, was ihr unternehmen könnt, um dem kleinen Mädchen etwas beizubringen, während ihr selbst etwas lernt. Letztlich wollt ihr aber das Mädchen nicht zu sehr beeinflussen und sie auch nicht ihres freien Willens berauben. Nun, an diesem Punkt wird es etwas verzwickt.

Es ist gut möglich, daß ihr etwas über euch erfahrt, während ihr über die Situation nachdenkt. Da es keine Schuldzuweisungen gibt, wenn ihr anderen Menschen nicht helft, ist es durchaus in Ordnung, lediglich über eine bestehende Situation nachzudenken. Manchmal ist es aber auch einfacher, mit der Situation unmittelbar umzugehen, weil ihr so Dinge über euch selbst erfahrt, indem ihr anderen helft. Durch die Hilfe, die ihr anderen gebt, habt ihr die Chance, mehr über das zu erfahren, was in euch steckt und was ihr an euch verändern könnt.

Das geschilderte Beispiel läßt folgende Deutung zu: Falls das Mädchen frieren sollte, stellt die physische Kälte lediglich ein Symbol für die spirituelle Kälte in ihm dar. Vielleicht wäre in diesem Fall die Lösung des Problems nicht gewesen, dem Mädchen einen Mantel zu kaufen. Die Lösung wäre gewesen, zu ihr zu gehen und mit ihr zu reden. Andererseits hättet ihr ein gutes Gefühl gehabt, wenn ihr ihr einen Mantel gekauft hättet. Ich werde euch sagen, warum ihr letzteres nicht getan habt. Wenn ihr zu dem Mädchen gegangen wärt, um mit ihr über ihre spirituelle Kälte zu sprechen, hätte das zur Folge gehabt, daß ihr euren eigenen Gefühlen sehr nahe gekommen wärt. Eine solche Erfahrung wäre euch jedoch zu heftig gewesen. Deswegen seid ihr nicht zu dem Mädchen gegangen.

Wenn ihr doch in der Lage gewesen wärt zu handeln, dann wäre es das beste gewesen, mit dem kleinen Mädchen zu reden, unabhängig davon, welche Kälte sie in ihrem Leben erfahren hat. Es hätte euch dabei geholfen, ein Geheimnis über euch selbst zu lüften. Es wäre möglich gewesen, daß sie euch einen einzigen Satz gesagt hätte, der euch hätte erkennen lassen, wie sie denkt. Eure Absicht war, ihr zu helfen, und auch ihr hättet Hilfe von ihr erhalten. Genauso funktioniert das. Zuerst gebt ihr, und dann erhaltet ihr etwas zurück. Eure Furcht wird sich in dem Maße in Luft auflösen, wie ihr bereit seid, euch durch sie hindurchzuarbeiten.

Wenn ihr das nächste Mal jemandem helfen wollt, geht wie folgt vor:

- Erstens, empfindet das Gefühl, daß ihr helfen wollt.
- Zweitens, findet heraus, was in euch ist, was dem anderen ähnelt (wo ihr euch in ihm spiegelt).
- Drittens, trefft die Entscheidung, ob ihr dem anderen Menschen lieber helfen wollt oder ob ihr ihm das geben wollt, was er wirklich benötigt, dabei wissend, daß es euch traurig stimmen könnte (es kann aber auch ein anderes Gefühl sein).
- Viertens, handelt die ganze Zeit über in liebender Absicht, so daß ihr dem Menschen nicht seinen freien Willen nehmt.
- Fünftens, wartet ab, und hört dem Menschen zu.

Während eurer Unterhaltung wird es dazu kommen, daß der Mensch ein Wort oder einen Satz verlauten läßt, der euer Leben verändern wird. Es kann sich bei dieser Person um das nach euren sozialen Standards heruntergekommenste Geschöpf handeln. Eine Gestalt, mit der ihr euch im Leben nie unterhalten hättet, wenn ihr euch nicht dazu entschlossen hättet, zu helfen. Euer Entschluß, zu helfen, wird in eurem Gegenüber einen göttlichen Funken entzünden, dessen Reflex zu euch gelangt und euer Leben verändert. Es ist sehr gut, daß ihr lernt, anderen zu helfen, da ihr auf diese Weise lernt, euch selbst zu helfen. Ihr seid auf dem Weg herauszufinden, wer ihr seid, und dabei ist es immer gut, andere zu unterstützen. Eigentlich aber helft ihr euch selbst, und darum geht es im Leben.

Multidimensionalität

Eine Frage, die es immer zu stellen gilt, ist: Nehme ich jemandem seinen freien Willen, indem ich ihm helfe oder mit ihm rede? Meine Antwort darauf lautet: Nein, solange ihr in liebender Absicht handelt.

Ihr müßt verstehen, daß der andere Mensch eine multi-dimensionale Wirklichkeit besitzt. Ihr erinnert euch noch an das Thema Multidimensionalität der Universen (Kapitel 2)? Ich werde euch die Idee der Multidimensionalität noch einmal mit einem Gleichnis erläutern: Stellt euch ein Gebäude mit 27 Stockwerken vor. Ihr nehmt den Fahrstuhl und schaut euch jedes Stockwerk an, um zu sehen, was sich dort befindet. Die Stockwerke stellen alle Bereiche dar, aus denen sich das Gebäude aufbaut. Ein Mensch, dem ihr helfen wollt, setzt sich ebenfalls aus verschiedenen Facetten zusammen, die ihn aus-machen. Welche Teile ihr kennenlernt, liegt an euch. Da ihr es auf der Erde aber mit einem linearen Zeitgefüge zu tun habt, sucht ihr euch einen Aspekt nach dem anderen aus. Ihr wählt ein Leitmotiv aus, eine Möglichkeit unter vielen, und verfolgt es bis zu seinem Ende. Würdet ihr nicht in diesem linearen Zeitgefüge leben, so wäre es euch möglich zu sehen, wie aus einem Samen plötzlich ein riesiger Baum wird, und zwar in der Zeit eines einzigen Augenaufschlages. Das würde euch aber nicht die Möglichkeit geben, eure Gefühle zu fühlen. Das Gefühl, das ihr empfindet, wenn die ersten zaghaften Spros-sen durch die Erde stoßen oder wenn die Äste im Frühjahr zu blühen beginnen.

Wenn ihr euch also einen Aspekt eines Menschen, den ihr

kennenlernen wollt, ausgesucht habt, dann ändert ihr ihn nicht. Um beim Beispiel des Gebäudes zu bleiben: Vielleicht haltet ihr im 10. Stock, auf dem ihr eine zarte, liebevolle und mitfühlende Person trefft. Oder ihr haltet im 13. Stock, in dem ihr auf eine Person trefft, die mißgelaunt ist und alle unliebsamen Anteile in sich vereint. Es ist eure Wahl. Ihr werdet den Menschen nicht verändern. Ihr erlaubt ihm, das in seinem Leben zu verwirklichen, was er wünscht, denn ihr wißt ja: »Leben und leben lassen.«

Auch wenn es euch so vorkommen mag, daß ihr einem Menschen seinen freien Willen nehmt, so seid ihr doch weit davon entfernt. Nehmt ihr jemandem etwas weg, wenn ihr seine großzügige, freigebige Seite kennenlernen wollt? Nein, die anderen Facetten seiner Persönlichkeit sind immer noch vorhanden, ihr hattet euch nur gerade diese eine ausgesucht. Lehnt ihr die anderen Aspekte ab, nur weil ihr euch für einen oder zwei andere entschieden habt? Nein, und genau das gleiche gilt für die Vorgehensweise beim Gestalten der eigenen Wirklichkeit. Wenn also Menschen in euer Leben treten, dann seid ihr es, die darüber entscheiden, welche Seite eines Menschen ihr kennenlernen möchtet.

Das bedeutet nicht, daß es keine weiteren Aspekte gibt, die diese Person ausmachen. Natürlich sind alle weiteren Facetten immer noch vorhanden. Die Entscheidung, bestimmte Seiten einer Persönlichkeit kennenzulernen und andere nicht, läßt sich durch ein Beispiel verdeutlichen: Vanilleeis verschwindet nicht, weil ihr euch für Erdbeergeschmack entscheidet. Das Vanilleeis hat für euch weiterhin seine Existenzberechtigung. Denn an einem anderen Tag werdet ihr euch vielleicht für das Vanilleeis entscheiden wollen. Diese Art der Sichtweise nennt man »gewährenlassen« oder »leben und leben lassen«.

Also denkt daran: Je besser ihr das Gesamtbild erkennt und euch vorsichtig aussucht, was ihr wollt, desto mächtiger werdet ihr werden. Die Kraft, die ihr sucht, steckt in euch. Es ist immer erst der Wunsch des einzelnen, etwas zu verändern, der die in ihm ruhenden Kräfte in Einklang mit sich bringt. Dieser Wunsch allein bringt den Prozeß des Sich-in-Einklang-Bringens erst in Gang. Die Kraft, die in euch ist, besteht aus euren Ideen – das ist eure Macht.

Eure dreidimensionale Welt ist für euch etwas Solides und wird durch Gegenstände bestimmt bzw. gestaltet. Diese Gegenstände sind jedoch nur Symbole für die Ideen, die sich dahinter verbergen. Ideen können nicht sterben und lösen sich auch nicht einfach auf. Allerdings kann die materielle Form einer Idee sterben, verblassen oder sich verändern, die Idee selbst aber wird immer existieren. Ideen leben in einer Welt, die man auch als höhere Bewußtseinsebene bezeichnen mag. Sie erreichen euch über euer höheres Bewußtsein oder das Tagesbewußtsein. Das Reich der Ideen ist ein Reich der Ewigkeit, weshalb auch ihr unsterbliche Wesen seid. Ihr seid in der Lage, eure Ideen ständig an andere transzendente Ebenen weiterzuleiten, wo sie sich dann verwirklichen und eine Art Eigenleben führen. Die Ideen offenbaren sich auf verschiedene Art und Weise ... als eine andere Person, andere Erfahrungen ... aber jedes Mal seid ihr es, die diese Form gewordenen Ideen in sich beherbergen.

Also, meine Lieben, denkt einmal darüber nach. Entdeckt die Macht der Ideen, und ich garantiere euch, daß ihr, wenn ihr erst einmal damit angefangen habt, eine Menge Freude daran haben werdet. Versucht, jemandem diese Ideen zu erklären; dann werdet ihr wissen, wie gut ihr eure eigenen Ideen kennt. Ihr müßt ein wenig üben, indem ihr den anderen erklärt, was in euch vorgeht. Auf diese Art und Weise könnt ihr den Menschen in eurem Leben helfen. Es ist auch euer Schicksal, euer Licht der Welt zu zeigen. Wie viele Menschen schlagen sich dort draußen mit wahr gewordenen Ideen herum, anstatt sich mit ihnen auseinanderzusetzen? Die Manifestation würde gar nicht existieren, wenn die Idee sie nicht zuerst geschaffen hätte. Glück besteht darin zu erkennen, daß die wahre Kraft im Reich der Ideen entsteht.

→ Bewußtseinsübung

I. Wählt einen Menschen in eurer Umgebung aus, mit dem ihr euer Verhältnis ändern möchtet. Schreibt zunächst auf, wie eure Beziehung zur Zeit wirklich aussieht. Was mögt ihr an dieser Beziehung? Was mögt ihr nicht? Schreibt auf, wie ihr euch die Beziehung vorstellt. Sendet diese Ideen an das Universum. Ihr könntet sogar die Seele der betreffenden Person anrufen, um ihre Ideen auf diese Art und Weise zu teilen. Alle Menschen sind telepathisch miteinander verbunden, obwohl sich viele mit Scheuklappen vor den Augen nicht an diese Fähigkeit erinnern.

Beispiel: Ich möchte meine Beziehung zu Stephen verändern.

Was ich an meiner Beziehung zu Stephen mag:
1. Er liebt mich.
2. Es macht mir Spaß, wie er diese weiterentwickelt und mir somit zusätzliche Möglichkeiten aufzeigt, wie ich an die Dinge herangehen kann, wenn ich ihm von einer Idee erzähle.
3. Ich mag es, daß er immer pünktlich ist, wenn wir uns treffen.

Was ich an meiner Beziehung zu Stephen nicht mag:
1. Er will immer die Kontrolle über mich haben. Er sagt mir, was ich und wie ich es zu tun habe.
2. Wenn er meine Idee weiterentwickelt hat, erwartet er von mir, daß ich sie genauso umsetze, wie er es geplant hat.
3. Er redet immer über mein Verhalten, sagt mir, daß ich mich hätte anders verhalten sollen. Er gesteht mir nicht zu, die Dinge so zu tun, wie ich sie für richtig halte. Seine Vorgehensweise ist immer die bessere.

II. Als nächstes klärt ihr, was ihr wollt, so daß ihr eure Beziehung nach eurem Geschmack gestalten könnt.

Erster Teil

1. Ich möchte die liebevolle Art und Weise, wie wir beide miteinander umgehen, beibehalten.

2. Ich möchte, daß Stephen weiterhin meine Ideen entwickelt. Ich möchte, daß ihm klar wird, daß mir seine ausufernden Abweichungen vom Kern meiner Idee
lediglich verschiedene Ansätze bieten, wie ich meine
Idee umsetzen könnte (mit seinen Vorschlägen). Es
bedeutet jedoch nicht, daß ich sie genauso umsetzen
muß, wie er das gerne hätte. Wir leben in einem unendlichen Universum, so daß alle Ideen lediglich
Möglichkeiten darstellen, die zu verwirklichen keiner gezwungen ist. Ich kann selbst wählen. Ich kann
entscheiden, welche Möglichkeiten ich gerne in Anspruch nehmen und welche ich lieber außer acht lassen würde.

3. Ich möchte, daß Stephen lernt zu vertrauen, und zwar
erst einmal sich selbst und dann mir, so daß er nicht
ständig das Gefühl hat, alles kontrollieren zu müssen. Ich möchte, daß er begreift, daß ich als Mensch
genauso wertvoll bin wie er und daß ich ihn nicht
verletzen werde. Ich werde keinen Mist bauen oder irgend etwas falsch machen.

4. Ich möchte, daß Stephen mich erst um Erlaubnis bittet, bevor er mein Verhalten kommentiert. Vielleicht
möchte ich seine Meinung hören, vielleicht aber auch
nicht. Sofern ich bereit bin, mir seine Kommentare an-
zuhören, möchte ich, daß er begreift, daß es sich bei
dem, was er sagt, um seine Wirklichkeit handelt und
nicht um meine. Falls ich erkenne, daß es eine andere
Art und Weise gegeben hätte, wie ich mich in einer
bestimmten Situation hätte verhalten können, dann

werde ich dieses Verhalten beim nächstenmal vorziehen. Ich werde seinen Wunsch, mir Schuldgefühle einzureden, nicht länger hinnehmen. Ich arbeite daran, alle Schuldgefühle aus meinem Leben zu verbannen, so daß ich es nicht gebrauchen kann, daß er andere Wege findet, um mir neue Schuldgefühle einzureden. Wenn ich mich auf eine bestimmte Art und Weise verhalten habe, möchte ich, daß er akzeptiert, daß ich es einfach so getan habe, wie ich es eben getan habe ... Punkt. Natürlich hätte ich es auch anders machen können. Aber das habe ich nicht. Es ist einfach so, wie es ist.

Nachdem ihr, wie im oben geschilderten Beispiel, dargelegt habt, wie eure Beziehung in Zukunft aussehen soll, habt ihr eine Reihe von Möglichkeiten, unter denen ihr auswählen könnt, was ihr als nächstes tut. Zunächst aber sendet eure Ideen ins Universum und sprecht dabei folgende Worte: »Das ist, was ich will. Das sind die Seiten an [Name], die ich verstärken möchte.« Möglicherweise möchtet ihr mit eurem Freund über eure Ideen reden. Ich habe einmal mit einer Frau gearbeitet, die ebenfalls ihre Beziehung zu einem Menschen verbessern wollte. Sie tat dies jedoch nicht mit ihm direkt, in Worten oder in geschriebener Form, sondern sie schilderte lediglich dem Universum, was sie wollte. Ungefähr einen Monat danach bemerkte sie, daß die Person sich genauso verändert hatte, wie sie es gewollt hatte! Überrascht und glücklich erzählte sie mir: »Das funktioniert ja wirklich, Akanthos! Danke!«

Ihr könnt eure Kommunikation mit dem Universum gestalten, wie ihr wollt, genauso wie jene Frau. Ebenso könnt ihr mit der Person reden, deren Eigenschaften ihr herausstreichen möchtet. Dabei habt natürlich die Möglichkeit, auch die Eigenschaften ins Gespräch zu bringen, die es zu unterdrücken gilt. Oder ihr möchtet vielleicht mittels eines Briefes klären, welche Seiten ihr in der Person hervorholen bzw. zurückdrängen wollt. Vergeßt nicht, daß die betreffende Person immer einen freien Willen hat; sie kann euch bei eurem Vorgehen gewähren lassen oder es abweisen.

Ihr könnt eure Beziehung auch erfolgreich verändern, indem ihr alle drei Methoden miteinander verbindet. Zuerst sendet ihr eure Ideen ins Universum, dann kommuniziert ihr schriftlich mit der Person, und schließlich redet ihr mit ihr. Entweder ihr habt Erfolg oder nicht. Falls eure Vorgehensweise nicht erfolgreich sein sollte, versucht, eure Energie zu sammeln und euch auf die Eigenschaften der Person zu konzentrieren, die ihr verstärken möchtet, so daß ihr die Beziehung führen könnt, die ihr wollt. Erkennt, daß ihr zwar in eurem Kern vollkommen sein mögt, nicht jedoch auf der Ebene der Existenz, auf der ihr euch gerade befindet. Verurteilt euch deswegen nicht. Laßt euren Gefühlen ruhig freien Lauf. Laßt die Traurigkeit darüber zu, daß ihr nicht in der Lage wart, die Beziehung zu dem Menschen so zu verändern, wie ihr das gerne gewollt hättet. Denkt immer daran, daß es noch ein anderes Leben gibt ... eine weitere Chance, in diesem unbegrenzten Universum das zu erschaffen, was ihr wollt!

Zweiter Teil

1. Wann habt ihr den freien Willen eines anderen nicht respektiert?
2. Wann habt ihr euch selbst den freien Willen verweigert, versucht, euch zu etwas zu zwingen, anstatt eurer kosmischen Bestimmung zu folgen? (Bereiche, die es zu untersuchen gilt: Diäten, Fitneß, Zielsetzungen etc.)
3. Wann habt ihr versucht, auf einen anderen Menschen Einfluß zu nehmen, damit er die Dinge so macht, wie ihr es wolltet, anstatt seine Integrität zu achten?
4. Wie könnt ihr eine Eigenschaft einer Person verstärken, während ihr euch gleichzeitig bemüht, dem Fluß des Lebens zu folgen?

Kapitel 6

Polarität

Alles in dieser dreidimensionalen Welt hat positive und negative Energien. Das gilt für physische Wesen, Ideen, menschliche Eigenschaften, Gefühle und vieles mehr. Sie alle bekommen ihre »Ladung« durch die Situation selbst und durch die Art und Weise, wie ihr sie betrachtet. Zu verschiedenen Zeiten in eurem Leben werdet ihr die gleiche Situation als positiv oder negativ betrachten. Ihr selbst weist der Polarität dabei die Richtung.

Die meisten von euch glauben, daß sich die Energie im Gegenstand selbst befindet. Zum Teil stimmt das auch, wobei das menschliche Auge jedoch nicht das Ganze erkennt. Ihr habt noch nicht gelernt, euren Scharfblick vollauf zu entwickkeln. Dieser ermöglicht es euch zu erkennen, wie sich eure Wirklichkeit offenbart. Ihr glaubt noch nicht, daß die Realität weder positive noch negative Energien besitzt; sie hat aber genau die Form von Energie, die ihr ihr durch eure Wahrnehmung verleiht. Eure Wahrnehmung ist abhängig von mechanischen und biochemischen Vorgängen in euch, so daß ihr dazu neigt, negative oder positive Energie, abhängig von der jeweiligen Situation, zu erschaffen.

Alles auf der Erde teilt sich in polare, gegensätzliche, Einheiten: Mann/Frau, Nacht/Tag, hell/dunkel, positive und negative Ladung, positive und negative Zahlen. Alles ist polar veranlagt. Das gleiche gilt auch für Gedanken und Ideen. Aber jede Polarität besteht aus der gleichen Energie. Ihr sagt zum Beispiel über einen Menschen: »Ist er nicht stur? Er besteht auf seinem Recht, obwohl es klar ist, daß er im Unrecht ist.« Es gibt aber auch eine andere Möglichkeit. Man sagt über einen Menschen: »Oh, seht, er hat sein Abitur geschafft. Er war ganz schön ausdauernd.« Es gibt also Ausdauer und Sturheit.

Wenn ihr euch im Einklang mit dem Fluß des Lebens befindet und die Dinge funktionieren nicht so, wie ihr sie euch vorstellt, und ihr probiert immer wieder, die Sache ins laufen zu bringen, versucht ihr etwas zu erzwingen. Ihr bedient euch in diesem Fall der Energie, die Sturheit vermittelt. Sobald ihr eure Energie auf etwas richtet, was euch oder anderen Schmerz bereiten könnte, seid ihr stur. Richtet ihr eure Energie aber auf ein Ziel, das von Wert für euch ist und euch Freude bringt, so seid ihr lediglich ausdauernd. Es ist die gleiche Energie, die ihr verwendet, ihr müßt nur auf eure Beweggründe achten.

Die Polarität ist von den Beweggründen abhängig

Es sind die Beweggründe, die für die Energie richtungsweisend ist. Diese ist immer die gleiche, nur die Beweggründe verleihen ihr eine positive oder negative Ladung. Sturheit kann also als negative Energie betrachtet werden und Ausdauer als positive.

Man sieht: Sturheit und Ausdauer sind in Wirklichkeit eins, und trotzdem sind sie in sich in positiv und negativ geteilt. Ihr selbst nehmt diese Teilung durch eure Wahrnehmung vor. Das geschieht, weil ihr automatisch alles beurteilt oder einstuft. Wenn ihr nun versucht, das Beurteilen zu unterlassen, seid ihr in der Lage, beide – Sturheit und Ausdauer – als eine Einheit zu sehen.

Sollte es nun so sein, daß ihr diese Vorgehensweise des Aufteilens ständig vornehmt, bedeutet das, daß ihr die Aspekte, die euer Leben ausmachen, in positiv und negativ aufteilt. Dann habt ihr euch euren eigenen Kriegsschauplatz geschaffen. Es ist wie das große Armageddon [*hebr.*; nach Offenb. Joh. 16,16 der mythische Ort, an dem die bösen Geister die Könige der ganzen Erde für einen großen Krieg versammeln; auch:

(politische) Katastrophe; vgl. Kapitel 8], das sich sozusagen in eurer Brust eingenistet hat. Es zerschlägt alle Aspekte eures Seins, die euch gegeben wurden, damit ihr Erfahrungen sammeln könnt, in zwei Kriegslager.

Sturheit und Ausdauer

Sturheit und Ausdauer bilden eine Einheit. Versucht nicht, beide voneinander zu trennen. Denn wenn ihr bewertet, indem ihr das eine Verhalten als stur einschätzt und das andere Verhalten als ausdauernd, bewegt ihr euch auf unsicherem Boden. Ihr beginnt Krieg zu spielen (vgl. Kapitel 8).

»Nun«, werdet ihr mich fragen, »wie soll ich dann je etwas beurteilen können?« Die Antwort darauf ist: Ihr sollt überhaupt nicht bewerten. »Wie kann ich dann mit einer Situation zurechtkommen? Woher soll ich wissen, wie ich mich zu verhalten habe, wenn ich nicht weiß, was gut ist und was schlecht? Wenn ich nicht weiß, was richtig ist und was falsch?« Dazu müßt ihr wissen, daß es weder schlechte noch gute Handlungen gibt. Da es nichts Schlechtes gibt, gibt es auch keine Schuld, ebensowenig wie gute Handlungen. Es gibt keine letztgültigen ethischen Regeln, denen ihr zu folgen habt. Es gibt nur die Allmacht eures Seins, und das bedeutet ultimative Freude.

Ihr lebt in euren physischen Körpern, mit all euren Wünschen, die es zu erfahren gilt. Das ist alles. Ihr lebt ..., ihr fühlt ... ihr sammelt Erfahrungen ... ihr lernt zu lieben. Eure Existenz ist wunderschön. Ihr könnt nichts falsch machen, und ihr könnt nichts richtig machen. Alles, was ihr tun könnt, ist, Erfahrungen zu sammeln und zu fühlen ... und euch eure nächste Erfahrung auszusuchen. Probleme entstehen erst dann, wenn ihr beginnt, eure Handlungen zu bewerten. Das spaltet die Polarität in ihre Ladungen. Versucht, soweit euch das möglich ist, nicht zu bewerten. So werdet ihr eure Energien vereinen. Vereint eure Energien, anstatt sie zu spalten.

Vollständigkeit und Unvollständigkeit

Weitere Polaritäten sind Vollständigkeit und Unvollständigkeit. In eurer Welt der Gegensätze spaltet sich die Vollständigkeit in Vollständigkeit und Unvollständigkeit. Ein Beispiel soll das verdeutlichen: Wenn ihr einen Apfel in der Hälfte durchschneidet, so habt ihr ihn auf der spirituellen Ebene nicht geteilt, da er dort ein ganzer Apfel bleibt. Das Interessante daran ist, daß der ganze Apfel sich somit in jedem Teil des Apfels befindet, den ihr als zwei Hälften seht. Überrascht? Es gibt eben nichts, was in der Welt der Gedanken unvollständig wäre. Wenn ihr euch nun die zwischenmenschlichen Beziehungen anseht, so können sie vollständig oder unvollständig sein. Erfahrt ihr eine Beziehung als unvollständig, so birgt die Unvollständigkeit dennoch den Gedanken der Vollständigkeit.

In der Dimension der Gegensätze gibt es so etwas wie ein Gleichgewicht. In eurer Dimension spaltet sich jeder Gedanke in zwei Teile, die augenscheinlich gegensätzlich sind, und trotzdem sind sie Teil eines Ganzen. Sie sind eine Einheit, nur seht ihr sie nicht als solche. Wenn ihr also eine Idee entwickelt, spaltet ihr sie in negative und positive Energie, weil das Gleichgewicht eingehalten werden muß. Ihr meint, es selbst erhalten zu müssen. Wenn ihr versucht, die Dinge in eurem Leben auszugleichen, kommt ihr in der Regel noch mehr ins Schwanken. Ihr seid der Meinung, daß ihr, wenn ihr in einem Teil eures Lebens viel Freude erfahren habt, in einem anderen viel Schmerz erfahren müßt. Oder daß ihr, wenn ihr viel Schmerz erdulden mußtet, einen Anspruch auf Freude habt.

Es ist aber nicht möglich, genau einzuschätzen, wieviel Negatives benötigt wird, um das Positive auszugleichen, oder umgekehrt. Ihr solltet euch gar nicht erst daran versuchen, weil diese Aufgabe nie korrekt zu lösen ist. Diese Aufgabe ist eine Aufgabe Gottes, die er löst, wenn ihr ihn laßt. Es ist gut möglich, daß ihr einen ganzen Tag voller Freude mit sehr wenig Traurigkeit ausgleichen könnt oder mit einer negativen Kleinigkeit, die nur fünf Minuten währt. Wißt ihr noch, was ich euch über »die Nadelstiche, die euch das Leben versetzt« erzählt habe? Ihr braucht nur einen klitzekleinen Nadelstich, der Schmerz verursacht, um die Freude auszugleichen.

Es kommt oft vor, daß ihr, wenn ihr Freude erlebt habt, erwartet, daß etwas Schlimmes passiert, weil es einfach nicht sein kann, daß ihr glücklich seid. Wenn ihr z.B. 10.000 Euro im Lotto gewinnt, erwartet ihr dann, daß euer Haus abbrennt oder ihr euren Job verliert? Wenn ihr eine wunderbare Beziehung erlebt, erwartet ihr dann, daß ihr euch trennt oder ein Streit ausbricht? Wenn das passieren sollte, bedeutet das, daß ihr ebendiese Dinge und Situationen in eurem Leben selbst erschafft durch die Energien, die ihr aussendet. Wenn ihr euch verliebt, fragt ihr euch dann: »Wie lange das wohl gutgeht? Es wird bestimmt nicht lange dauern, bis er/sie herausfindet, wie schrecklich ich bin.« Oder ihr meint: »Das kann nicht lange halten, das hat es bis jetzt nie getan.« Merkt ihr, wie ihr selbst zur Gestaltung der Situationen beitragt?

Keine Angst vor dem Negativen!

Einige Menschen, insbesondere die, die sich mit der New-Age-Thematik befassen [New Age: seit den 1980er Jahren von den USA ausgehende religiöse Bewegung; verknüpft bestehende Heilserwartungen und sieht die Gegenwart als kosmische Wendezeit, erwartet die Umgestaltung der Welt zu einer überkonfessionellen, spirituellen Einheit mit neuen Lebens- und Technologieformen in einem neuen Zeitalter; auch Wassermannzeit genannt], kennen die Wahrheit über die Polarität, die in dieser dreidimensionalen Welt besteht. Aber auch sie haben nicht erkannt, wie man seine Energien einsetzt. So gestaltet sich euer Leben immer schwieriger, und wie gerissen ihr auch immer vorgeht, ihr unterminiert letztlich euer eigenes Leben.

Wie nun könnt ihr diese »Eigensabotage« verhindern? Wie könnt ihr damit aufhören, die Einheiten in ihre Ladungen aufzuspalten? Ein einfaches Beispiel soll als Einführung dienen: positive Energie und negative Energie. Gerade die Menschen, die eine spirituelle Veranlagung haben, umgeben sich mit soviel positiver Energie wie möglich und lehnen negative heftig ab. Wenn ihr verstehen würdet, daß negative Energie nicht schlecht ist, würdet ihr in eurer Entwicklung sehr schnell in ungeahnte Höhen emporsteigen. Negativ ist einfach nur die andere Seite von positiv. Wenn ihr erst einmal die Logik, die sich dahinter verbirgt, versteht, braucht ihr auch keine Angst mehr vor Negativität zu haben. Wenn ihr keine Angst mehr vor ihr habt, dann besteht die Möglichkeit, daß euer Herz sich öffnet und ihr die Gefühle empfindet, die in euch sind. Nur durch das Empfinden eurer wahren Gefühle könnt ihr Weisheit erlangen.

Die Eigensabotage, von der ich zu Anfang sprach, könnt ihr nur verhindern, indem ihr die gegensätzlichen Polaritäten vereint. Wenn euch also etwas Wunderbares geschieht, dann habt Freude daran und beobachtet, ob irgend etwas Negatives damit verknüpft ist. Falls ja, dann nehmt den negativen Anteil bewußt wahr. Achtet darauf, daß ihr keine Angst zeigt. Es ist eure Einstellung, welche die Negativität anzieht. Abhängig davon, wieviel Angst ihr habt, werdet ihr das Negative anziehen.

Wenn euch etwas passiert, was ihr als negativ empfindet, dann sucht nach der positiven Seite. Nichts, was ihr als negativ deutet, kann nur negativ sein, es muß einen gleichen Teil Positives enthalten. Sosehr ihr auch darüber verzweifeln mögt, eine Sache verloren zu haben, sosehr werdet ihr euch darüber freuen, eine andere Sache gefunden zu haben. Menschen, die sich nur an eine Energie klammern und dadurch hoffen, die andere Energie auszugrenzen, werden eine Überraschung erleben. Es gibt im Universum ein Gleichgewicht.

Als weiteres Beispiel sollen uns die Begriffe »gut« und »schlecht« dienen: Ein Mensch verliert seinen Job und findet gleich darauf einen neuen – besseren. Um den neuen Job zu bekommen, mußte er aber erst den alten Job verlieren. Der neue Job macht ihn glücklich, damit handelt es sich um etwas Gutes. Der Gedanke hingegen, den alten Job zu verlieren, war schrecklich, und damit schlecht. Das, was der Mensch als schlecht empfunden hat, war aber lediglich das Loslassen von etwas, das ihn davon abgehalten hat, etwas Neues anzufangen. Ihr seht also, Energie enthält Positives und Negatives, doch das sind nur Formen von ihr. Letztlich läßt sich folgern, daß es nur eine große positive Energieform gibt. Auf eurer Ebene aber wird die Energie in positiv und negativ gespalten.

Wenn ihr euch also den Erfahrungen in eurem Leben hingebt und nicht sagt: »Oh, es ist schlecht, daß ich meinen Job verliere, das wird mir weh tun«, dann wird es euch auch nicht weh tun. Wenn ihr jedoch sagt: »Oh, es ist zwar nicht toll, daß ich meinen Job verliere, aber wie könnte mich das weiterbringen?«, dann sucht ihr nach dem Ausgleich zwischen beiden Energien. Ich muß mich an dieser Stelle wiederholen: Nichts, was ihr als negativ empfindet, kann nur negativ sein; es muß einen gleichen Anteil positiver Energie haben. Sosehr ihr euch auch über den Verlust der einen Sache grämen mögt, um so mehr werdet ihr euch freuen, wenn ihr eine andere Sache bekommt. Der Verlust bringt euch in eurer Entwicklung weiter, oder er verschafft euch etwas Neues. Menschen, die sich an der positiven Energie festklammern und sich sagen: »Nein, mir kann nichts Schlechtes passieren«, sind nicht auf das vorbereitet, was sie schlecht nennen. Ihr, die ihr bewertet aber gar nicht wißt, welche Maßstäbe gelten, solltet euch merken, daß es keine Einstufung oder Verurteilung gibt. Es existiert nur ein Abwägen von Polaritäten, und auch dieses Vorgehen liegt nicht in eurem Ermessen.

Wenn euch euer Onkel, der Millionär ist, zwei Millionen Euro schenkt, dann sagt ihr: »Jetzt muß ich etwas Negatives in gleicher Höhe erwarten.« Das stimmt letztlich, doch ihr wißt nicht, wie man die gleichen Teile positiver und negativer Energie mißt. Es besteht die Möglichkeit, daß die gleichwertige negative Komponente darin besteht, daß ihr beim Kochen ein Glas zerbrecht, das euch sehr am Herzen gelegen hat. Ihr seid vielleicht der Meinung, daß ihr das Glas nur zufällig zerbrochen habt, dabei handelte es sich bei diesem Vorgang um einen der »Nadelstiche«, über die ich weiter vorne geschrieben habe. Möglicherweise ist diese Kleinigkeit der Ausgleich für die Freude über das Geldgeschenk eures Onkels.

Der Wert oder die Qualität des Ausgleichs besteht in den Emotionen und nie in der Bewertung, der auf eurem Planeten so viel Bedeutung beigemessen wird. Seid auf das Negative im Positiven sowie das Positive im Negativen vorbereitet. Laßt es geschehen, und beurteilt es nicht.

Ihr mögt euch fragen, ob es einige Menschen unter euch gibt, die ein Leben frei von Unglücksfällen und Problemen leben. Das ist möglich, und zwar indem ihr die Fülle von dargebotenen Erfahrungen akzeptiert und in euren Gedanken das Negative erfahrt, was das Positive wieder ausgleicht. Durch die Fülle der Erfahrungen wird das Positive feiner und feiner. Diese feineren, höheren Schwingungen können die tieferen Schwingungen stets über das Millionenfache hinaus ausgleichen. Aufgrund dieses für euch ungleichen Verhältnisses ist es für euch so schwer, den Wert der Dinge in der Polarität zu bemessen.

Es gibt Meister auf eurem Planeten, die Erfahrungen sammeln, die für euch keine Erfahrungen sein würden, und trotzdem sind ihre Erfahrungen vielfältiger als die Erfahrungen, die ihr macht. Das hängt damit zusammen, daß sie ihre Erfahrungen auf besonders intensive Art und Weise erleben. Sie spalten die positiven und negativen Energien nicht auf und sind in der Lage, bewußt die Feinheiten, die das Negative ausmachen, zu kontrollieren. Ihr müßt euch das einfach wie ausatmen vorstellen. Sie sind wahre Meister und leben in einem Zustand ständiger Glückseligkeit.

Es ist nicht notwendig, daß ihr euch zu Märtyrern macht. Das gilt auch für Beziehungen. Wenn jemand in euer Leben

tritt, dann wird dieser Mensch euer Leben bereichern und euch
Freude bereiten. Auf eurer Ebene spaltet sich die Erfahrung,
daß jemand in eurem Leben ist, in gut und schlecht. Eigentlich bringt euch diese Person nur Freude in eurer Beziehung.
Ihr müßt die Freude mit ihren beiden Anteilen akzeptieren.
Ich meine damit nicht, daß ihr füreinander die Freude aufgeben oder nur nach dem Schmerz in der Beziehung suchen
sollt. Ich sage euch nur, daß ihr die Freude in ihrer Gesamtheit in euer Leben lassen sollt, in dem Wissen: Je feiner sich
der negative Aspekt gestaltet, desto schneller wird er verschwinden, und desto schneller könnt ihr durch ihn lernen.

Ihr könnt den negativen Aspekt noch feiner gestalten, indem ihr akzeptiert und wißt, daß er nicht stark und schmerzvoll sein muß. Ihr erfahrt den Schmerz auf eurer Ebene in
polarer Form, aber ein Nadelstich kann den gleichen Wert besitzen wie alle Foltergeräte der Inquisition. Es gibt bei euch
ein Sprichwort, das heißt: »Was uns nicht umbringt, macht
uns nur noch härter.« Das stimmt, aber nicht so, wie ihr es
versteht. Wenn ihr Menschen an Schmerz denkt, der euch widerfahren kann, dann denkt ihr an ungeheuren Schmerz. Ich
meine jedoch den Schmerz, der so nah an Freude und Glück
ist, weil er eine so feine, hohe Schwingung besitzt, daß ihr
ihn nicht als Schmerz betrachten würdet. Und es ist gerade
dieser Schmerz, der für den Ausgleich der gegensätzlichen Polarität zuständig ist. Er ist der Ausgleich für die Freude.

Wie kann Freude jemals schmerzvoll sein? Es geht nicht
darum, wie ihr den Schmerz wahrnehmt, sondern darum,
wie ihr Freude wahrnehmt, und darum zu lernen, die Freude oder positive Energie nicht zu bewerten oder ihr den Deck-
mantel der Illusion überzustülpen. Ihr werdet der Versuchung
ausgesetzt sein, die Freude in eurem Leben einzustufen. Vergeßt nicht, daß ihr, je weniger ihr beurteilt, desto weniger
Schmerz in eurem Leben empfinden werdet und um so mehr
Freude.

Demut und Ego

Demut und Ego sind ein und dieselbe Energie. Doch ihr Menschen bemerkt es nicht, da ihr in eurer Dichotomie [in der Philosophie die Unterteilung eines Begriffs in ein zweipoliges Begriffspaar, z.B. Seele = Bewußtes + Unbewußtes] gefangen seid. Die Tatsache, daß Sturheit und Ausdauer aus derselben Energie bestehen, war noch zu verstehen. Wenn ich euch nun aber erkläre, daß Demut und Ego ebenfalls Teile ein und desselben sind, werdet ihr denken, daß das nicht sein kann. Es ist dennoch so. Das Ego ist die göttliche Energie, die sich in euch offenbart. Der Grund, warum ihr auf der Erde seid, ist zu lernen, wie ihr aufgeklärtere Menschen werdet und die Gegensätze in der hier bestehenden Polarität miteinander vereint.

Meint ihr, daß ihr hier seid, um zu erfahren, wie es ist, eine Frau zu sein, oder, um zu erfahren, wie es ist, ein Mann zu sein? Ihr seid hier, um beides zu lernen und um eure Erfahrungen zu integrieren, weil sie das sind, was euch ausmacht. Meint ihr, daß ihr etwas über Demut und Ego lernen sollt? Ja, ihr sollt lernen, sie zusammenzuführen, und wenn es dann in eurem Kopf »Klick« macht, dann wißt ihr, daß es sich bei beiden um ein und dieselbe Energie handelt. Demut besteht aus der gleichen Energie wie das, was es dem Ego ermöglicht, sich selbst auszudrücken. Ich werde nicht näher darauf eingehen, warum beide aus derselben Energie bestehen, da ich euch nicht die Freude bei der Entdeckung nehmen möchte. Ich werde euch allerdings jetzt nicht hängenlassen, sondern euch einen Tip geben, damit ihr euch bei eurer Entdeckungsreise auf den richtigen Weg begebt. Wenn ihr den Spaß und die Freude empfindet, die darin liegen, eurer Persönlichkeit Ausdruck zu verleihen, habt ihr die Verbindung zwischen Demut und Ego gefunden.

Gedanken und Gefühle

Gedanken und Gefühle sind Energien, die ihr jeden Tag einsetzt. Beide bestehen aus der gleichen Energie. Wenn ihr ein Gefühl empfindet, solltet ihr sicherstellen, daß ihr dabei auch einen Gedanken hegt. Wenn ihr das beachtet, kann das eure spirituelle Entwicklung ungemein fördern. Mit spiritueller Entwicklung meine ich, die Gegensätze in euch in der Allmacht zusammenzuführen.

→ Bewußtseinsübung

1. Nehmt euch eure Notizen aus der Übung von Kapitel 4 vor, und seht nach, welche Ideen und Gedanken ihr aufgeschrieben habt. Hört in euch hinein, und schreibt auf, was ihr jetzt fühlt. Habt ihr eure Gefühle notiert, dann formt dazu einen Gedanken, und notiert auch diesen. Das wird euch dabei helfen, die Gegensatzpaare in euch zu entdecken.

2. Überprüft, ob ihr bestimmte Seiten an euch ablehnt. Lehnt ihr etwas ab, indem ihr etwas anderes vorzieht? In welchem Bereich eures Lebens gibt es Konflikte? Das sind die Bereiche, in denen unharmonische Energien herrschen. Ihr müßt herausfinden, wo ihr spaltende Energien aussendet und wo ihr vereinende Energien benötigt.

Kapitel 7

Vertrauen

Nachdem wir nun darüber gesprochen haben, wer ihr seid, was der Sinn in eurem Leben ist und wie eure Welt funktioniert, möchte ich über Sicherheit und Gefahr sprechen. Auch in diesem Zusammenhang dürfen wir den Aspekt der Dualität nicht vergessen.

Tatsächlich handelt es sich bei Gefahr um eine Illusion. Normalerweise verspürt ihr Furcht, wenn ihr eine Gefahr untersucht. Die Seele meint also, daß die Gefahr real ist. Es gibt einen englischen Spruch zum Thema Furcht. Auf englisch heißt Furcht FEAR. Der sich daraus ergebende Spruch leitet sich aus den Buchstaben des Wortes FEAR ab, und er lautet: False Evidence Appearing Real, was soviel bedeutet wie: Falsche Beweise, die wahr erscheinen. Diese Aussage stimmt. Furcht ist eine Illusion. In einer Situation Furcht zu haben bedeutet lediglich, daß ihr nicht wißt, was das Ergebnis sein wird. Die niedere Bewußtseinsebene, deren Aufgabe es ist, euch zu schützen, projiziert etwas in die unbekannte Situation hinein. Sie mutmaßt, daß etwas Schreckliches passieren wird. Die höhere Bewußtseinsebene hingegen projiziert eine andere Erwartung in die Situation. Sie mutmaßt, daß etwas Wunderbares passieren wird. Ihr müßt diese Projektionen zusammenführen und die Wahrheit herausfinden.

Natürlich ist das Positive stärker als das Negative. Aber ihr seid es so gewohnt, auf eure niedere Bewußtseinsebene zu hören, daß es euch leichter fällt, das Negative oder, um bei der gefährlichen Situation zu bleiben, den schlimmen Ausgang vorzuziehen. Wenn ihr euch verletzbar glaubt, seid ihr gegenüber dem Negativen, das vom Massenbewußtsein ausgeht, offener. Dann müßt ihr Vorsicht walten lassen, um diese Negativität nicht in euer Leben zu ziehen. Denn sie schürt nur das Feuer, bestätigt euch darin, daß es tatsächlich Gefahr in eurer Welt gibt. Ohne Furcht könnten euch negative Schwingungen nichts anhaben. Denkt daran: Wenn ihr soviel Freude wie möglich erlebt und dadurch eine Verbindung mit den schöpferischen Energien herstellt, kann Gefahr euch nicht schaden.

Schutz ist nur eine Illusion

Ich werde immer wieder gefragt, wie ihr euch vor dem Negativen oder der Gefahr schützen könnt. Meine Antwort darauf lautet, daß ihr, wenn ihr meint, daß ihr des Schutzes bedürft, euch der Vorstellung hingebt, daß euch Schaden zugefügt werden kann. Diese Vorstellung ist eine Illusion. Wenn ihr aber daran glaubt, wird das mit großer Wahrscheinlichkeit auch Menschen in euer Leben holen, die euch schaden wollen. Wenn ihr aber das Gefühl habt, daß euch nichts angetan werden kann, dann könnt ihr auch nachts durch die Straßen von New York gehen, ohne daß euch ein Haar gekrümmt wird. Ihr müßt allerdings wirklich spüren, daß euch nichts passieren wird. Viele von euch sind noch nicht so weit, und ich bin hier, um euch dabei zu helfen, den Glauben und das Gefühl zu entwickeln, daß die Welt ein sicherer Ort ist. Wenn ihr, zumindest auf der geistigen Ebene, erkennen könnt, daß ihr beschützt seid, dann ist das der erste Schritt.

In eurem Leben übt das Negative eine magische Anziehungskraft auf euch aus. Ihr seid der Meinung, daß es so etwas wie das Böse gibt und ihr euch dagegen schützen müßt. Das bedeutet, daß ihr Menschen, die ihr nicht in eurem Leben zu haben wünscht, mit einem Fluch belegen wollt, um euch vor ihnen zu schützen. Ihr habt damit ein persönliches Interesse am Bösen, da ihr es für eure eigenen Zwecke einsetzen wollt. Das ist aber nicht ganz einwandfrei. Es ist nicht

in Ordnung, einen anderen zu verletzen, obwohl es mensch-
lich ist, das Gefühl zu verspüren, jemanden umbringen zu
wollen. Wir reden in diesem Zusammenhang allerdings nur
über das Gefühl.

Ich werde euch zwei große Geheimnisse verraten und
möchte euch bitten, einige Tage darüber nachzudenken. Sie
werden euch in eurer Entwicklung besser weiterhelfen als die
Frage, wie ihr euch vor Gefahr schützen könnt.

Das erste Geheimnis besteht darin, daß ihr euch für nichts
schuldig fühlen müßt. Das bedeutet, daß, selbst, wenn ihr
eine Handlung begeht, die im Sinne der Gesellschaft als ver-
achtenswert eingestuft wird, es für euch einen Grund gegeben haben muß, so zu handeln. Eine umgangssprachliche Beschreibung hierfür wäre, daß die Person, der ihr das angetan
habt, es so gewollt hat. Das ist natürlich eine sehr provokante
Aussage, und ich möchte euch nicht dazu verleiten, Gericht
und Schiedskommission zu spielen. Ich möchte nur, daß ihr,
egal was ihr tut, versteht, daß – ob ihr nun nicht ehrlich zu
euch selbst seid oder ob ihr etwas unternehmt, wobei das
soziale Bewußtsein aufheult – euch der Schöpfer nie gestattet haben würde, seine Macht zu mißbrauchen, wenn es nicht
einem guten Zweck dienen würde.

Das zweite große Geheimnis besteht darin, daß es darum geht, soviel Freude und Liebe in euer Leben zu bringen wie
nur möglich. Wenn ihr einen Gedanken der Freude oder Liebe aussendet – an eine andere Person, an eine Blume, an ein
Tier –, wird diese Energie zu euch zurückkehren. Jedes Mal,
wenn ihr einen Gedanken der Liebe empfindet oder einen positiven Gedanken habt, entsteht ein Trichter in der Aura, der
sich erst dann wieder schließt, wenn die Liebe oder die Freude
in die Aura zurückkehrt. Es ist möglich, das anhand eines
einfachen Beispiels zu erklären: Wenn z.B. jemand seine Gar-
tenarbeit liebt und darin aufgeht, dann macht er sich selbst
viel Freude. Der Garten selbst wird euch nichts zurückgeben,
das Gedeihen der Pflanzen sei hier einmal ausgenommen. Es
besteht aber die Möglichkeit, daß ihr vielleicht unerwarteten

Besuch von einem Freund bekommt, den ihr bereits seit Jahren gesucht habt.

Weg mit den Schuldgefühlen!

Der beste Schutz vor Gefahr besteht darin, Schuldgefühle aus der Seele zu verbannen. Wenn ihr euch nicht schuldig fühlt, habt ihr nicht das Bedürfnis, euch für etwas zu bestrafen. Viele Situationen in eurem Leben, die ihr als schlimm empfindet, z.B. ein Autounfall, sich eine Verbrennung zuzuziehen oder eine Krankheit zu bekommen, sind Ereignisse, mit denen ihr euch bestraft, weil ihr euch schuldig fühlt. Haltet die Schuld aus eurem Leben heraus. Ihr seid die Söhne und Töchter Gottes. Ihr werdet von Gott nicht verurteilt, warum solltet ihr euch dann selbst verurteilen?

Ich habe euch gelehrt, immer in liebender Absicht zu handeln. Diese Lektion solltet ihr auch auf euch selbst anwenden. Alles, was ihr tut, selbst wenn die Beweggründe die falschen sein sollten, wird immer gut enden. Ihr müßt euch für nichts schuldig fühlen.

Geschenke des Universums

Wir sind es nicht gewohnt, nach den Geschenken des Universums Ausschau zu halten, weil wir mit Schuld, der Vorstellung von Sünde und dem Zwang, uns und andere zu bewerten, beladen sind. Deshalb sind wir blind dafür, daß das Universum uns mit Überraschungen und Geschenken überschüttet.

Da ihr noch nicht ganz vollkommene Wesen seid, gibt es immer noch negative Schwingungen in euch. Sie werden von Menschen in eurer Umgebung (die ihr als negativ einschätzen würdet) aufgenommen. Die negativen Schwingungen stören den Strom eures Lebens und den Fluß der Energie in euch. Mittlerweile gibt es Menschen auf der Erde, Schamanen und Heiler, die euch Rituale lehren können, mit denen ihr euch vor negativen Schwingungen schützen könnt. Solange ihr euch spirituell weiterentwickelt, werdet ihr Unterstützung und Schutz erfahren.

Es gibt verschiedene Rituale, die ihr ausführen könnt, um euch vor negativen Schwingungen zu schützen. Ihr könnt euch z.B. vorstellen, von einem Kreis aus strahlendem, gleißendem Licht umgeben zu sein, das euch schützt. Der Einsatz von Kristallen und Kräutern ist ebenfalls denkbar. Am einfachsten ist es, ein Gebet zu sprechen, das sich folgendermaßen anhören könnte: »Laß nur die Dinge in mein Leben treten, die meine Entwicklung positiv beeinflussen, und nimm die Dinge von mir, die mich in meiner Entwicklung behindern.« Ihr werdet spüren, wie die negative Energie zurück zu Mutter Erde fließt, wo sie vorübergehend gespeichert wird, bis Mutter Erde sie umwandelt. Es gibt auch noch weitere Übungen, die ihr durchführen könnt. Zuerst solltet ihr aber mit dem zuvor beschriebenen Gebet beginnen. Ihr könnt zudem die Bewußtseinsübungen machen, die ich euch beschrieben habe, oder ihr könnt mich bitten, euch in euren Träumen zu besuchen, damit ich euch unterstützen kann.

Gott möchte, daß ihr Vertrauen habt. Oft wird dagegengehalten, daß die Welt kein sicherer Ort ist. Von eurem Standpunkt aus ist die Welt kein sicherer Ort. Menschen sterben, haben Autounfälle, werden von Hunden gebissen, fallen von Bergen und stürzen mit Flugzeugen ab. Wenn nun ein Flugzeug abstürzt, weiß das jede Seele, die dieses Flugzeug besteigt, von vornherein. Einige Seelen entscheiden sich, einen späteren Flug zu nehmen. Sie nehmen ein Taxi, das im Stau steckenbleibt, oder sie stornieren ihren Flug oder was auch immer. Alle haben die gleiche Wahl.

Es gibt keinen Zufall, auch wenn euch das so vorkommen mag. Ihr prangert an, daß die Welt voller Gefahr sei. Ihr seid der Meinung, daß eure Welt voller gefährlicher Ideen ist, die ihr nicht sehen könnt. Es ist eine Sache, die Ideen, die eure

Welt ausmachen, nicht zu erkennen, es ist aber eine andere, zu behaupten, die Welt sei gefährlich wegen der Ideen, die ihr nicht seht. Deswegen müssen die Menschen, die bis jetzt nicht erkannt haben, wie die Welt funktioniert, lernen zu vertrauen.

Vertrauen lernen

Wie lernt ihr zu vertrauen? Zuerst müßt ihr eurem Herzen vertrauen, bevor ihr euch an Orte begebt, die ihr fürchtet. Das ist der Grund, warum Furcht in eurem Leben sehr wichtig ist. Die Furcht zeigt euch die Bereiche in eurem Leben, die ihr weiterentwickeln und in denen ihr mehr Vertrauen schaffen müßt. Wie sollt ihr wissen, in welchen Bereichen ihr Vertrauen entwickeln sollt, wenn nicht die Furcht ein Licht auf diesen Bereich werfen würde? Furcht zeigt euch sehr genau, wo es notwendig ist, Vertrauen zu entwickeln, und hält euch davon ab, einen großen Sprung zu wagen. Ihr solltet nicht zwanghaft versuchen, die Furcht zu verbannen oder sie mit einem Schlag zu besiegen, sondern Schritt für Schritt vorgehen, dann wird die Furcht allmählich weniger werden.

Sucht euch einen Bereich aus, in dem ihr Furcht empfunden habt. Wartet ab, wie Gott reagieren wird. Euer Leben wird interessanter werden, weil ihr gespannt darauf wartet zu sehen, was Gott unternehmen wird. Vertraut Gott, daß er etwas Wunderbares für euch geschehen lassen wird. Was wird es sein? Ihr habt eure Arbeit gemacht. Ihr habt eure Furcht an das Universum abgegeben. Wann und wo eine Reaktion kommt, bestimmt Gott.

Vertrauen zu lernen macht das Leben lebenswerter. Ihr freut euch auf jeden neuen Tag, an dem ihr weiter an euch arbeitet und auf die Reaktion des göttlichen Wesens wartet. Wenn ihr Vertrauen zeigt, werden euch die Dinge, die ihr euch gewünscht habt, zufliegen.

Das Leben wählen

Einige Menschen sind so verzweifelt, daß sie über Selbst-
mord nachdenken, um ihrem erbärmlichen Leben zu entkommen. Wenn ihr nur wüßtet, wie viele Seelen es gibt, die nur
darauf warten, in einen physischen Körper zu gelangen, um
eure täglichen Herausforderungen erleben zu können! Wenn
ihr in eurer Verzweiflung darüber nachdenkt aufzugeben, bezieht ihr das Sterben in eure Gedanken ein. Das bedeutet nicht
zwangsweise, daß ihr sterbt, sondern daß ihr das Sterben in
eurem Alltag auf verschiedene Art und Weise erlebt, z.B. als
Herzinfarkt, Taubheitsgefühl in den Gliedern, emotionale
Empfindungslosigkeit oder sogar als spirituellen Tod.

Wacht auf und erlebt das Leben! Wählt das Leben und
nicht den Tod. Macht euch das Göttliche in euch bewußt. Bedenkt, der Tod ist niemals eine Lösung für eure Erdenprobleme,
denn der Tod besteht nur darin, einen Raum zu verlassen, um
einen neuen zu betreten. Der neue Raum, den ihr betretet, befindet sich im gleichen Haus in einer ähnlichen Straße. Vielleicht befindet ihr euch in einer anderen Straße, aber auf jeden
Fall werdet ihr euch in der gleichen Stadt wiederfinden. Ich
meine damit natürlich nicht eure Städte, sondern jene, die sich
auf der spirituellen Ebene befinden und in der materiellen Wirklichkeit viele Städte und weite Gebiete umfassen.

Was wollt ihr vom Leben? Spirituelle Weiterentwicklung?
Liebe geben und empfangen? Warum seid ihr noch nicht soweit? Weil eure Seele über Tausende von Jahren falsche Schlußfolgerungen gezogen hat. Ihr müßt euch das so vorstellen, als
wenn das Göttliche in einem Menschen mit einer Rußschicht
bedeckt wäre. Ihr habt euren göttlichen Ursprung vergessen,
weil ihr zu sehr mit Niederungen der dreidimensionalen Wirklichkeit in Berührung gekommen seid. Das ist der Grund,
warum ihr euch mit den Illusionen auf eurer Erde identifiziert
– ihr verwechselt die Illusion mit der göttlichen Schöpfung.

Das zu bekämpfen, was euch unterdrückt, führt nur zur
Niederlage. Das bedeutet nicht, daß ihr die andere Wange hin-

halten sollt. Ich weiß, daß dies zu schwer für euch wäre. Ich sage euch nur, daß das, was euch auf eurer Ebene widerfährt, lediglich eine Spiegelung dessen darstellt, was in euch ist. Versteht ihr, was ich damit meine? Nehmt meine Worte und verdreht nicht ihre Bedeutung, sondern nehmt sie unverfälscht in eure Seele auf, und laßt sie dort nachhallen.

Natürlich ist es für euch Wirklichkeit, wenn ihr von einem tollwütigen Hund oder einer verrückten Person angegriffen werdet. Nach den göttlichen Gesetzen ist es aber nur eine Illusion, daß ihr wirklich verletzt werden könnt.

Wie ist es möglich, daß euch etwas Negatives widerfährt? Es kann nur bedeuten, daß es sich bereits in euch befindet. Eine Lösung mag sein, mit eurer Aura zu arbeiten, sie zu schließen. Das ist aber nur eine vorübergehende Lösung, denn die falschen Schlußfolgerungen, die ihr in euch manifestiert habt, werden so lange wiederkehren, wie ihr euch fürchtet. Die Furcht in euch sendet negative Schwingungen in die Außenwelt und zieht genau das an, was ihr verhindern wollt. Was also könnt ihr tun? Keinesfalls solltet ihr euch zurückziehen und aufgeben und ebensowenig zurückschlagen, denn das Negative will euch lediglich auf einen blinden Punkt in eurer Seele hinweisen, den es sehend zu machen gilt.

Ich möchte noch einmal auf das Thema Bewertung eingehen. Bewertung beweist nichts und unterbindet nur den göttlichen Energiefluß, der zu euch führt. Ist euch schon einmal aufgefallen, daß die Menschen, die andere am häufigsten bewerten, die unbeliebtesten und ungeliebtesten Menschen sind? Das hat vielerlei Gründe. Einer davon ist, daß sie sich selbst nicht lieben. Liebt ihr euch selbst? Liebt ihr euer Gewicht, die Form eurer Ohren, Augen und Nase, eure Hautfarbe, alle eure Eigenschaften, selbst die, die ihr als negativ betrachtet, und eure kleinen Schönheitsfehler? Könnt ihr das alles an euch lieben? Ihr solltet dazu in der Lage sein, denn ihr seid ein Teil Gottes, der das Leben erfährt, ihr seid ein Teil Gottes, der Liebe erfährt, ihr seid ein Teil Gottes, der sich selbst erfährt, ihr seid wahrhaftig unsterbliche Wesen.

Wenn ihr euch etwas ernsthaft wünscht, neigt ihr dazu, es euch einfach zu nehmen. Das ist gut und schön, aber ihr solltet zuvor einige spirituelle Übungen machen. Setzt positive Gedanken ein, und handelt stets in liebender Absicht, um das zu erreichen, was ihr euch wünscht. Wenn ihr euch das nehmen wollt, was ihr euch wünscht, dann tut dies lieber, ohne zu bewerten. Denn selbst wenn ihr in guter Absicht handelt und nicht bewertet, wird das Negative darin überhand nehmen und euch verschlingen. Wenn ihr euch davor fürchtet, daß sich euer Wunsch nicht in positiver Weise offenbart, wird sich das verwirklichen, was ihr nicht gewollt habt. Ihr könnt dem Karma eurer Gedanken nicht entgehen. Eure Gedanken sind immer bei euch.

Ist es nicht traurig, wenn ihr eine Situation oder Person bewertet und euch dabei die Liebe in der Person oder der Situation entgehen laßt? Wissen ist Macht, aber seine Umsetzung ist eine andere Sache.

Die meisten glauben zu wissen, daß die Welt kein sicherer Ort ist. Dieser Glaube mag mit der Erziehung oder der sozialen Umgebung zu tun haben, in der ein Mensch aufwächst. Böse Zauber, Flüche und Gefahr können sich nur dann in eurem Leben offenbaren, wenn ihr an sie glaubt und ihnen somit Macht verleiht. Wenn sie in eurem Leben erscheinen, ihr aber dennoch behauptet, ihr glaubtet nicht daran, dann solltet ihr dies genauer untersuchen. Denn wenn ihr Liebe und Freude in eurem Leben verwirklicht habt, könnt ihr keinen Schaden nehmen. Erleidet ihr dennoch Schaden, so bedeutet das, daß ihr eure Liebe und Freude für etwas anderes aufgegeben habt.

Durch eure ständige Bemühung, die Gegensätze zu vereinen und im Zustand der Freude zu verweilen, könnt ihr nicht mehr verletzt werden. Wenn ihr die Schuld aus eurem Leben verbannt und aufhört zu beurteilen, dann werdet ihr feststellen, daß die Welt durchaus ein sicherer Ort ist, auf dem es sich zu leben, zu lieben und zu verweilen lohnt.

→ Bewußtseinsübung

Schreibt auf, was euch zum Thema Gefahr und Sicherheit in eurer Welt einfällt. Wovor fürchtet ihr euch? Am besten fangt ihr damit an, euch bewußt zu machen, wovor ihr euch fürchtet. Tut ihr das nicht, dann werdet ihr unbewußt genau solch eine Situation anziehen, wie ihr sie fürchtet. Wenn ihr in der Lage seid, euch klarzumachen, wovor ihr euch fürchtet, ist es nicht mehr notwendig, die entsprechende Situation zu durchleben. Vielleicht ist es dann möglich, diese Situation durch Berichte oder Erfahrungen eines Freundes aufzunehmen, ohne sie selbst tatsächlich erleben zu müssen.

Ich habe einmal mit einem Menschen gearbeitet, der eine Firma gründen wollte, aber Angst davor hatte, daß sein Vorhaben fehlschlagen würde. Er versuchte, ein Grundstück zu kaufen, aber auch das schlug fehl. Ursprünglich war er sehr enttäuscht darüber, daß es nicht geklappt hatte. Sechs Monate nachdem er sich mit dem Gedanken getragen hatte, ein eigenes Geschäft aufzumachen, bekam er die Möglichkeit, die Firma eines Freundes zu leiten, der krank geworden war. Die Firma hatte bereits wirtschaftliche Schwierigkeiten, als er sie übernahm, und er erlebte das Ende eines wirtschaftlich maroden Unternehmens. Das Geschäft an sich war nicht unbedingt ein Fehlschlag, denn das Ziel der Firma war, Menschen dabei zu unterstützen, sich selbst zu helfen. Trotzdem standen jeden Tag Gläubiger vor der Tür und verlangten ihr Geld. Es war für den Menschen eine schwierige Prüfung, aber er war in der Lage, die Situation zu meistern, weil er wußte, daß es sich nicht um seine Firma handelte. Er gewann also die Erfahrung, vor der er sich gefürchtet hatte, ohne sein Geld oder seinen Ruf zu riskieren. Was für eine großartige Erfahrung!

Kapitel 8

Abenteurer und Krieger

Es gibt zwei Sorten Menschen – Abenteurer und Krieger. Unter den Kriegern wiederum gibt es Gewinner und Verlierer. Ehrlich gesagt, sind aber alle Krieger Verlierer, da es nichts zu gewinnen gibt, wenn ihr die Energie, die von Gott zu euch fließt, aufspaltet und nur eure männlichen Energien (vgl. Kapitel 9) einsetzt.

Ein Abenteurer hingegen kann nur gewinnen, weil er, egal von welcher Seite ihr die Medaille betrachtet, immer neue Erfahrungen sammelt. Die Erfahrung ist das Abenteuer. Es bringt mehr Freude, ein Abenteurer zu sein als ein Krieger. Ein Abenteurer, der einen Berg besteigt, den niemand zuvor bezwungen hat, sammelt Erfahrungen. Er steht außerhalb der Norm. Er braucht niemanden zu bekämpfen, weil er seine eigene Sache durchzieht. Er hat einen eigenen Standpunkt. Abenteurer kämpfen nicht, und sie verlieren nicht. Sie »gewinnen« immer. Sie erfahren vielleicht einigen Schmerz, aber sie gewinnen immer, weil sie nichts bekämpfen müssen. Sie erleben ihr Leben einfach als Abenteuer.

Ihr könnt lernen, Abenteurer zu werden, indem ihr nicht gegen Menschen, Situationen oder Ideen ankämpft. Manchmal genügt es schon, wenn ihr die positiven Energien durch eure liebende Absicht mobilisiert. Denkt daran, es ist eure Absicht, die euch Kraft verleiht. Abenteurer sind voll liebender Absicht, während Krieger aus Furcht handeln.

Wenn ein Mensch ein Krieger ist, dann probiert er, auf andere Menschen einzuwirken, indem er sie in langatmige Debatten verwickelt und sie zu zwingen versucht, seinen

Standpunkt als richtig zu betrachten und ihren eigenen als falsch zu verwerfen. Er ist der Meinung, daß es nur Gewinner und Verlierer gibt, und er will natürlich der Gewinner sein! Wenn ein Mensch ein Abenteurer ist, dann beobachtet er andere Menschen und ihre Ideen, ihre Vorstellungen von der Welt. Er fühlt in sich hinein, ob ihre Ideen, Vorstellungen oder Gefühle mit den seinigen in Einklang zu bringen sind. Wenn dies der Fall ist, nimmt er die Vorstellungen, Ideen oder Gefühle in sich auf und macht sie zu einem Bestandteil seiner Weltsicht. Wenn er spürt, daß die Vorstellungen und Gefühle eines anderen mit seinen Gefühlen nicht harmonieren, verwirft er sie einfach wieder.

Ihr könnt dies mit einem Einkaufsbummel vergleichen. Wenn ihr einkaufen geht, kauft ihr ja auch nicht alles ein, was ihr seht. Ihr schaut euch viele Sachen an und begutachtet sie, dann sucht ihr euch die Gegenstände aus, die ihr kaufen und mit nach Hause nehmen möchtet. Ihr müßt die Gegenstände, die ihr nicht kauft, deswegen nicht ablehnen oder sie als schlecht oder falsch beurteilen. Ihr belaßt die nicht gekauften Gegenstände dort, wo sie sind, und wißt, daß ein anderer sie an einem anderen Tag kaufen wird.

Krieger glauben, daß sie Regeln befolgen und ein bestimmtes Verhalten an den Tag legen müssen. Krieger kämpfen, und wenn ihr keine Krieger sein wollt, müßt ihr aufhören, mit anderen Krieg zu führen. Ihr solltet niemanden in eurem Leben bekämpfen. Es lohnt sich nicht. Als Krieger müßt ihr so lange auf der Lauer liegen, bis ihr angegriffen werdet, dann kämpft ihr, und vielleicht verliert ihr. Doch auf diese Weise vergeudet ihr nur eure Energie und werft eure ganze Freude zum Fenster hinaus.

Jeder Krieger fürchtet sich vor Vertrauen, weil einem anderen zu vertrauen bedeutet, daß er gestürzt werden kann und ein anderer König wird. Das stimmt sogar, denn wenn ihr Gott vertraut und seiner Welt, seinem Plan und seiner Wahrheit, werdet ihr überwältigt sein. Ihr werdet dann zu dem, was ich einen »Mitschöpfer« nenne. Ein »Mitschöpfer«

ist jemand, der dem göttlichen Wesen vertraut und mit ihm zusammen an seiner spirituellen Weiterentwicklung arbeitet. Es gibt jedoch sehr viele Seelen, die diese Art von Zusammenarbeit ablehnen. Sie wollen alles, und sie sagen: »Ich bin Gott.« Glaubt mir, diese Einstellung wird ziemlich schnell arg langweilig, und führt ganz schnell zur Einsamkeit.

Zur Zeit sind noch eine große Zahl von euch Krieger. Ein Krieger braucht einen Feind oder einen Gegner, den er bekämpfen kann. Wenn er keinen Feind hat, sucht er sich einen Menschen aus, der ihm nahesteht, und macht ihn sich zum Feind. Wer steht einem näher als der Partner? Oft werden Beziehungen zu Kriegsschauplätzen, auf denen es augenscheinlich Gewinner und Verlierer gibt.

Ein Abenteurer betritt den Kriegsschauplatz gar nicht erst. Die Beziehungen von Abenteurern sind voller Befriedigung und von Entwicklung geprägt. Abenteurer sind leidenschaftlich und stark. Sie sind extrem verletzlich. Sie begeben sich in Beziehungen, ohne vorher danach zu fragen, wie diese sich wohl entwickeln mögen. Sie sind dazu bereit, ihre Energien in die Beziehung fließen zu lassen, um so eine glückliche und erfolgreiche Beziehung zu erschaffen.

Viele Männer waren in ihren früheren Leben Krieger und unterdrückten damals ihre Gefühle, weil sie glaubten, daß Gefühle etwas für Frauen sein. Sie entschieden sich, keinerlei Gefühle mehr zu empfinden, die sie schwächen konnten, so wie das bei Frauen der Fall war. Ein Krieger konnte es sich nicht leisten, schwach zu sein. Wenn ein Krieger schwach war wie eine Frau, wurde er wie ein Schwächling behandelt oder wie eine Frau. Es gab nichts Schlimmeres für einen Krieger, als wie eine Frau behandelt zu werden! Ein wahrer Krieger würde in so einem Fall sein Schwert ziehen und sich umbringen, bevor er sich wie eine Frau behandeln lassen würde. Um das zu umgehen, um zu vermeiden, daß er seinen Stolz verlor, und um sein Gesicht zu retten, entschieden sich Krieger, die Verbindung zu ihren Gefühlen zu unterbrechen, was sie natürlich zu besseren Kriegern machte, aber nicht zu Abenteurern.

105

Obwohl Frauen ihre Gefühle intensiver empfanden als Männer, gab es auch Frauen, die Kriegerinnen waren. Oft bekämpften sie gar ihre kriegerischen Ehemänner! Frauen benötigten ihre Gefühle für das Aufziehen der Kinder, und so waren sie von Natur aus mehr in Einklang mit ihrer Umgebung. Sie waren aber dennoch Kriegerinnen, weil sie die Opfer der Männer waren. Sie erlaubten den Männern, ihnen ihre Seele wegzunehmen. Sie ließen zu, daß die Männer sie als manipulierbare Objekte betrachteten. Frauen taten das, was ihnen gesagt wurde, denn sie hatten das Gefühl, daß sie keine Macht hätten, daß sie ohne ihre Männer nichts seien. Nach zahlreichen Leben des Opferdaseins fingen die Frauen an, den Männern Wut und Ärger entgegenzubringen.

Es ist an der Zeit, daß Frauen ihre Macht zurückerlangen, die schöpferische Macht des Universums. Es ist an der Zeit, daß Frauen die Abenteurerin in sich entdecken und aufhören zu kämpfen. Sie müssen den Frieden und die Harmonie wiederentdecken. Frauen haben im Laufe der Zeit sehr viel Wut in sich angestaut, was Männer anbelangt, genauso wie Männer sehr viel Wut auf Frauen in sich angestaut haben. Das ist in Ordnung! Als Abenteurer sollt ihr diese Gefühle nicht verdrängen, sondern sie spüren. Erfahrt eure Gefühle der Wut, dann laßt sie los, und setzt euer Leben fort.

Ich verurteile Krieger nicht, da ich selbst einst ein großer Krieger war. Nach einer Weile wurde ich dessen aber müde, weil ich keine Verbindung mehr zu mir, meinen Gefühlen, zu Gott hatte. Ich vermißte die weibliche Energie in mir. Langsam begann ich, mich von der Idee des Kriegerdaseins zu lösen, und ließ es zu, daß meine männlichen und weiblichen Energien sich vereinten. So wurde ich zu einem großen Abenteurer.

Abenteurer werden

Die meisten von euch sind sehr zielorientiert. Ihr konzentriert euch dermaßen auf eure Ziele, daß ihr die Verbindung zu euren Gefühlen behindert. Ein Krieger konzentriert sich auch nur auf sein Ziel. Ein Abenteurer hingegen arbeitet mit der Schöpferkraft zusammen und erlaubt es ihr, ihn zu überraschen. Ich möchte damit nicht sagen, daß es nicht gut ist, Ziele zu haben. Ziele sind ein wunderbares Mittel, um das im Leben zu bekommen, was man sich wünscht – solange man ein Abenteurer ist.

Wenn ihr Abenteurer seid, steht ihr mit euren Gefühlen in Verbindung. Ihr laßt eure Gefühle zu und verstärkt damit den Wunsch, eine bestimmte Erfahrung zu machen. Bei diesem handelt es sich um ein Ziel, eine Aussage über das, was ihr euch wünscht. Ihr entscheidet, in liebender Absicht gemäß eurem Ziel zu handeln. Die Absicht ist die Kraft, welche die Energie vorantreibt.

Wenn das Ziel ist, einen Berg zu besteigen, wird das Ziel des Kriegers vom Ziel des Abenteurers abweichen. Der Krieger wird zum Gipfel des Berges gelangen wollen, während der Abenteurer nur eine schöne Klettertour unternehmen möchte, bei der er vielleicht den Gipfel erreicht, vielleicht aber auch nicht. Ein Krieger steigt den Berg so schnell wie möglich empor, denn er ist üblicherweise sehr wettbewerbsorientiert. Das bedeutet: Je schneller er den Gipfel erreicht, desto besser. Er will den Berg bezwingen. Der Abenteurer hat das Ziel, den Berg zu besteigen, ohne irgendwelche Rekorde dabei zu brechen. Für ihn ist das Klettern an sich das Ziel, die Erfahrung, einen Fuß vor den anderen zu setzen, bis er den Gipfel erreicht hat.

Im Unterschied zum Krieger nimmt sich der Abenteurer auf seiner Bergtour zwischendurch die Zeit anzuhalten, um die Landschaft zu betrachten, die Wildblumen anzuschauen, den Geruch der Pinien zu genießen, den umherfliegenden Vögeln nachzuschauen. Er entscheidet sich vielleicht, sich auf einem Stein, neben einem Bach, niederzulassen, um zu meditieren. Das ist alles Teil des Abenteuers. Der Abenteurer wird den Gipfel erreichen, wenn das sein Ziel sein sollte. Es ist aber auch möglich, daß es nicht sein Ziel ist. Am Gipfel angelangt, wird es weitere Abenteuer geben, die es zu erleben gilt. Die Klarheit der Luft, die Bäume von oben zu sehen, etwas Schnee zu finden, einen kleinen See zu entdecken oder einige Murmeltiere. Das alles ist Teil des Abenteuers.

Dem Krieger wird auf dem Weg nach unten ein wenig die Puste ausgehen, da er sein Ziel, den Gipfel zu erklimmen, zügig erreicht hat. Auf dem Weg nach unten gibt es für ihn keine Herausforderungen mehr. Der Abenteurer sammelt auf seinem Weg nach unten weitere Erfahrungen.

Was ist mit Veränderung? Krieger mögen keine Veränderungen. Wenn ein Krieger damit beginnt, einen Berg zu besteigen, und plötzlich keine Lust mehr verspürt weiterzugehen, wird er sich als Versager vorkommen, weil er sein Ziel nicht erreicht hat. Er zwingt sich weiterzugehen, um sein Ziel zu erreichen, aber er findet darin keine Erfüllung und geht unzufrieden nach Hause. Ein Abenteurer beginnt mit seinem Aufstieg, und wenn er keine Lust mehr verspürt weiterzugehen, bleibt er stehen. Er setzt sich auf einen Baumstamm und hört in sich hinein, um die Verbindung zu seinen Gefühlen aufzunehmen. Er erkennt vielleicht, daß er Trauer verspürt, die mit einem anderen Leben zu tun hat, in dem er schon immer ein Bergsteiger sein wollte. Er war nicht sehr begabt und fand bei einem Bergsteigerunfall einen frühen Tod. Die Trauer ist immer noch in ihm. Auf seiner niederen Bewußtseinsebene lebt die Furcht immer noch, aber der Abenteurer hat erkannt, woher die Trauer in ihm kommt, und er kann sie loslassen und an das göttliche Wesen weitergeben, wo sie in Liebe zurückverwandelt wird. Er setzt seine Bergtour fort und fühlt sich in seiner Seele glücklich und zufrieden, weil er erkannt hat, daß er nicht wirklich gestorben ist. Er wurde mit Bergsteigerfähigkeiten wiedergeboren und ist nun in der Lage, den Berg in Sicherheit zu besteigen.

Der Krieger fragt sich nicht, warum er plötzlich keine

Lust mehr verspürt, den Berg hinaufzugehen. Vielleicht ist er auch traurig, bemerkt aber die Trauer nicht und trägt sie mit sich herum, mit all dem zusätzlichen Streß, den er sich aufgebürdet hat. Der Krieger ist niedergeschlagen, fühlt sich nicht erfüllt und entscheidet vielleicht sogar, daß Ziele gar nicht so toll sind, aber er macht immer weiter, weil er ein Krieger ist und denkt, daß er vielleicht das nächste Mal gewinnt.

Krieger gewinnen oder verlieren, wobei sie stets mehr verlieren als gewinnen. Sie haben sich von ihren weiblichen Energien abgespalten, und das ist ein großer Verlust für ihre Seele, da diese immer versucht, die Energien zu vereinen, um Harmonie und Ausgleich herzustellen. Wenn es möglich wäre, ein gewinnender Krieger zu sein, dann wären die meisten Menschen Krieger, weil sie nicht verstehen, daß die Vereinigung von männlichen und weiblichen Energien notwendig ist, damit der Schmerz abnimmt. Da es für einen Krieger nicht immer möglich ist zu gewinnen, wird er früher oder später feststellen, daß es notwendig ist, eine Veränderung herbeizuführen.

Es gibt viele Männer unter euch, die damit begonnen haben, mehr Gefühle bei sich zuzulassen. Und viele Frauen unter euch haben den Wunsch, die Kraft in sich zu spüren und damit aufzuhören, ein Opfer zu sein. Das sind zwei der Gründe dafür, daß die Scheidungsraten so hoch sind. Es verändert sich zur Zeit gerade einiges auf eurem Planeten.

Was macht ihr, wenn andere Menschen versuchen, als Krieger auf euch einzuwirken? Sie können das nur, wenn ihr eine ähnliche Schwingung in euch habt. Wenn sich jemand zu euch wie ein Krieger verhält, müßt ihr in euch gehen, um zu erkennen, ob ihr noch kriegerische Energien in euch habt. Wenn ihr erst einmal damit begonnen habt, euch vom Krieger zum Abenteurer zu entwickeln, erkennt ihr, daß ihr euch ständig weiterentwickelt.

Zuerst findet ihr große Bereiche, in denen ihr euch wie ein Krieger verhaltet. Dieses Verhalten zeigt sich bei der Arbeit im Kampf um die höchste Position, bei den Kindern, die ihr anschreit, kritisiert und an denen ihr herumnörgelt, weil sie eurer Ansicht nach nichts richtig machen (nur weil ihr anders handeln würdet), in der Partnerschaft, wo ihr beschuldigt und Fehler sucht, obwohl es sinnvoll wäre, die Harmonie herzustellen, die ihr beide wollt.

Wenn ihr damit begonnen habt, diese Bereiche zu »entrümpeln«, stoßt ihr auf den Plunder in den Ecken, wie eure Art Auto zu fahren: Ihr fahrt zu schnell, wechselt ständig die Spur, um jemanden zu überholen oder um als erste an der Ampel zu sein, seid rücksichtslos – die »Ich zuerst«-Einstellung; oder wie ihr auf ungeduldige und unangenehme Art und Weise mit einem Kaufhausangestellten umgeht, der ohnehin überarbeitet ist – usw. Diese Bereiche mit diesen negativen Schwingungen werden immer kleiner, wenn ihr einen liebenden Weg im Umgang mit anderen und euch findet. Wenn ihr über andere oder über euch nachdenkt, tut dies auf liebende Weise. Das ist der Weg des wahren Abenteurers.

Wenn ihr es mit einem Krieger zu tun habt, kann das auch von Vorteil sein. Durch ihn erkennt ihr, wie es in euch aussieht. Er hält uns einen Spiegel vor, der uns eine neue Seite an uns zeigt und welche Schwingungen wir aussenden! Es ist ein Grund zum Feiern, denn es ist möglich, daß ihr euch verändert, wenn ihr nicht wißt, was ihr verändern müßt.

Auf die Sprache achten

Auf welche Weise könnt ihr noch feststellen, ob ihr ein Krieger oder ein Abenteurer seid? Die Sprache ist sehr wichtig, also hört zu, was ihr sagt. Zum Wortschatz eines Kriegers gehören Worte wie »Krieg«, »Gefangenschaft«, »sich abmühen«, »sollen«, »sich verteidigen«, »kämpfen«, »sich sorgen«. Weitere Begriffe sind: »Der Kampf gegen Drogen«, »Der Kampf gegen zu hohe Cholesterinwerte«, »Der Kampf gegen Krebs«, oder Sätze wie: »John wartet schon ganz aufgeregt darauf, daß er seinen neuen Job beginnen kann.« Diese Menschen verwenden das Wort »aufgeregt«, weil sie der Meinung sind, es bedeute, freudig erregt zu sein. Aufregung ist häufig jedoch ein Bestandteil von negativem Streß.

Abenteurer benutzen Worte wie: untersuchen, erschaffen, erfahren, erforschen, herausfinden. »Ich werde die Möglichkeiten des neuen Jobs einmal genauer untersuchen!«, »Ich möchte die Beziehung ganz und gar erfahren!«, Derlei Redewendungen ziehen Abenteuer förmlich an.

Verspürt ein Abenteurer Furcht?

Ein Abenteurer zu sein bedeutet nicht, daß ihr keine Furcht verspürt. Furcht ist sogar ein Bestandteil der Freude, die das Abenteuer ausmacht. Wenn ihr ehrlich seid, so gehen die meisten von euch fälschlicherweise davon aus, daß sie in der Lage sind, fast jede Situation zu meistern, wenn sie sich stark fühlen. Ihr glaubt, daß ihr euch, nur weil ihr euch stark fühlt, nicht fürchten würdet, und die Stärke verleiht euch die Kraft zu siegen. Jeder vermag zu gewinnen. Ich verstehe das, weil ich früher selbst einen menschlichen Körper hatte und ich mich genauso fühlte.

Jeder hat Angst davor zu verlieren. Deswegen gebt ihr euch auch dem Körperkult hin. Es ist fast wie Sport; die meisten Sportveranstaltungen wiederum sind wie Kriegsspiele, nur haben wir zu meiner Zeit bei diesen Spielen gekämpft, um zu töten! Ihr habt diese Veranstaltungen über die Jahre ein wenig verfeinert und tragt »nur« Narben, Verstauchungen, Arthritis, Tennisarme und Gehirnerschütterungen davon. Ihr denkt, daß ihr dadurch zu Helden werdet. Ich will damit nicht sagen, daß alle Athleten Krieger sind – doch die meisten sind es. Manchmal gibt es auch einen Abenteurer, der gerne Fußball spielt, weil es ihm einfach pures Vergnügen bereitet, seinen Lebensunterhalt damit zu verdienen.

Einige von euch denken, daß sie besonders clever sind, wenn sie durch Betrug erfahren, wie eine Situation ausgehen wird. Ein Abenteurer hingegen vertraut dem Universum und *weiß*, daß dieses ihm wunderschöne Überraschungen bereiten wird. Ich sage euch, es ist noch ein weiter Weg, bevor ihr in der Lage sein werdet, euch in eine Situation zu begeben, ohne Furcht oder eine gewisse Anspannung zu verspüren. Furcht zu haben ist in Ordnung. Jeder Mensch, der bis heute auf der Erde gelebt hat, konnte die Dinge, die er erreichen wollte, nur erreichen, weil er zumindest einige Furcht verspürte. Der Grund aber, warum dieser Mensch Erfolg hatte, liegt darin, daß sein Vertrauen größer war als seine Furcht. Um erfolgreich zu sein, müßt ihr dem Universum vertrauen.

Laßt das Gefühl der Furcht in euch ruhig zu, sie ist eine der großen Emotionen im Leben. Nur wenn ihr euch von eurem höheren Bewußtsein abspaltet, werdet ihr euch über den Verlauf der Dinge Sorgen machen. An diesem Punkt befinden sich zur Zeit viele von euch. Erkennt die Furcht, und verfolgt euer Ziel weiter. Verankert in euch das Wissen, daß ihr es – obwohl ihr Furcht verspürt – erreichen werdet, wenngleich das Resultat zwar nicht immer so sein wird, wie ihr euch das vorstellt, aber es wird das für euch günstigste sein.

Es ist das niedere Bewußtsein, das versucht, aus jedem von euch einen Krieger zu machen. Es sagt: »Ein Krieger ist ein König, der Macht hat und alles kontrolliert. Wenn ich alles unter Kontrolle habe, kann nichts Schlimmes passieren.« Solch eine Denkweise führt nur dazu, daß ihr Schlechtes anzieht. Der Abenteurer sagt: »Ich weiß, da draußen gibt es Abenteuer zu erleben, und ich weiß, daß ich Furcht haben werde, wenn der Leopard durch das Lagerfeuer rast, und trotzdem weiß ich, daß ich sicher sein werde.«

Wir befinden uns in Sicherheit – in der Hand Gottes. Gab es jemals einen Moment, in dem wir uns nicht in Sicherheit befunden haben? Natürlich ist die Welt ein sicherer Ort, wenn man ein Abenteurer ist. Wenn man aber ein

Krieger ist, muß man ständig vor seinen Feinden auf der Hut sein, und dann ist die Welt kein sicherer Ort mehr. Der Krieger sucht nach seiner Zielscheibe und muß dabei aufpassen, daß er nicht selbst zur Zielscheibe wird. Ein Abenteurer jedoch hat keine Gegner, für ihn gibt es nur Dinge zu erforschen. Wer aber lebt wie ein Krieger, der nimmt sich die Möglichkeit, die Liebe, die uns umgibt, in sein Leben aufzunehmen.

Je zahlreicher die Seiten unseres Lebens, die wir untersuchen, und je mehr wir uns gestatten, ein bißchen Furcht zu spüren, desto stärker werden wir unsere Kraft spüren und uns weiterentwickeln. Das größte Abenteuer besteht darin, die Liebe zu finden und sie in unser Leben einzubeziehen. Das ist das Ziel in unserem Leben. Wir sind hier, um zu lernen, dem Universum zu vertrauen. Dazu gehört auch, daß wir uns selbst vertrauen und es der Liebe ermöglichen, ihren Weg zu uns zu finden und sie in uns aufzunehmen. Wir sind die Liebe, die wir geben und erhalten.

→ Bewußtseinsübung

1. Es folgt eine Liste mit Aussagen. Umkreist die Aussage, in der ihr euch am besten wiedererkennt. Seid ihr zum überwiegenden Teil ein Krieger oder eher ein Abenteurer?

Worte eines Kriegers	*Worte eines Abenteurers*
1. Ich muß mich verteidigen.	1. Ich benötige für meine Handlungen keine Begründung.
2. Ich muß die Aufmerksamkeit meines Publikums gefangenhalten.	2. Ich möchte mein Publikum in den Bann ziehen.
3. Ich sollte joggen gehen.	3. Heute ist so ein schöner Tag, ich werde einen schönen Spaziergang machen.
4. Ich kann Kartoffeln nicht essen, sie machen dick.	4. Ich esse gerne Kartoffeln, sie sind reich an Ballaststoffen und werden mir guttun. Sie helfen mir außerdem, meine schlanke Linie zu behalten.
5. Ich muß vor Gericht, um mir das Sorgerecht für meine Kinder zu erkämpfen.	5. Ich habe die Möglichkeit, vor Gericht zu zeigen, daß es zum Wohle der Kinder wäre, wenn ich zur Zeit das Sorgerecht für sie hätte.
6. Das Leben ist ein Kampf.	6. Das Leben ist ein großes Abenteuer.
7. Ich bin nervös. Wie die Besprechung wohl werden wird?	7. Ich freue mich schon auf unsere nächste Besprechung.
8. Ich frage mich, was mir heute so alles passieren wird.	8. Ich freue mich schon darauf, zu erfahren, was ich heute so alles schaffen werde!
9. Das arme Vergewaltigungsopfer! Die Welt ist so unfair und gefährlich!	9. Ich frage mich, was die Frau aus der Situation lernen wollte? Ich habe Mitgefühl für sie und weiß, daß sie sich selbst nicht so liebt, wie sie könnte. Ich frage mich, was mir das über mich zeigen soll.
10. Meine Frau/mein Mann hat mich wegen eines anderen Mannes/einer anderen Frau verlassen, das Miststück/der Mistkerl! Sie/er wird für die schreckliche Art, mit der sie/er mich behandelt hat, büßen!	10. Es macht mich traurig, daß ich mit meiner Frau/meinem Mann nicht die Beziehung aufgebaut habe, die ich mir vorgestellt hatte. Ich bin glücklich, daß sie/er jemanden gefunden hat, mit dem sie/er eine neue Beziehung aufbauen kann. Ich würde mir aber trotzdem wünschen, daß ich an Stelle ihres neuen Partners/seiner neuen Partnerin wäre. Vielleicht im kommenden Leben!

114

2. Wenn die Aussagen nicht auf euch zutreffen oder die Formulierungen nicht mit den eurigen übereinstimmen
    sollten, schreibt eure eigenen auf, und überlegt euch, wie
    es ein Krieger oder wie es ein Abenteurer formulieren
    würde. Überprüft euch selbst nach einem Monat noch
    einmal, und versucht festzustellen, ob eure Sprache, eure
    Einstellung und euer Leben sich geändert haben.
3. Was wollt ihr im Leben, das ihr nicht bekommt? Versucht ihr es zu erzwingen (Krieger) oder versucht ihr auf
    sanfte aber dennoch bestimmte Art euer Ziel zu erreichen
    (Abenteurer)?

Die folgenden Fragen solltet ihr ehrlich beantworten, um
festzustellen, ob ihr Krieger oder Abenteurer seid und wie ihr
euer Leben verändern und mehr Freude darin bringen könnt.

4. Bestimmt ihr immer, wo es langgehen soll (Krieger)?
    Wißt ihr immer genau, wie ihr euch in jeder Situation
    zu verhalten habt, und teilt ihr dies auch allen Beteiligten mit (Krieger)? Nehmt ihr oft Einfluß auf andere Menschen, um das zu bekommen, was ihr wollt (Krieger)?
5. Geht ihr mit anderen Menschen so um, daß sich alle bereichert und gestärkt fühlen? Mit anderen Worten: Keiner der Beteiligten hat das Bedürfnis, die Kontrolle auszuüben, und jeder kann seine Fähigkeiten einbringen,
    ohne daß sich ein anderer bedroht fühlt. (Abenteurer)
6. Ermöglicht ihr eurem Ehepartner, eurem Partner, eurem
    Freund, euren Eltern, eurem Kind, Erfahrungen zu sammeln, ohne ihnen vorher zu sagen, was geschehen wird
    (Abenteurer)? Oder versucht ihr, sie davon abzuhalten,
    indem ihr ihnen sagt: »Das habe ich dir doch schon erklärt ...« (Krieger)?
7. Bereitet es euch Freude, anderen dabei zuzusehen, wie sie
    ihre Projekte gestalten, und sie ihre eigenen Erfahrungen
    machen zu lassen, nichts dazu beizusteuern, es sei denn,
    ihr werdet gefragt (Abenteurer)? Es ist am wirksamsten,

Menschen aus ihren eigenen Erfahrungen lernen zu lassen. Oder wollt ihr sie aufhalten und ihnen den eurer Meinung nach besten Weg aufzeigen (Krieger)?

8. Seid ihr immer im Recht (Krieger)? Streitet ihr, um zu beweisen, daß ihr im Recht seid (Krieger)? Ist es euch wichtig, recht zu haben (Krieger)? Oder ist es euch lieber, Freude und Frieden in euch zu erfahren (Abenteurer)?

   Wenn zum Beispiel eine Ehefrau aus ihrer Sicht erzählt, wie wenig einfühlsam ihr Ehemann in einer bestimmten Situation war, sollte er dann hergehen und ihr erklären, wie einfühlsam er doch aus seiner Sicht gewesen ist? Oder sollte er doch lieber erkennen, daß sie es nun einmal so empfunden hat? Sie hat sein Verhalten als fehlendes Einfühlungsvermögen und Lieblosigkeit erlebt. Wenn er nun anfängt, mit ihr darüber zu streiten, und versucht, sie davon zu überzeugen, daß er sich nicht so verhalten hat, wird er nur ihre Erfahrung und ihr Empfinden abwerten. Er sagt ihr damit, daß sie im Unrecht war.

   Wenn der Ehemann der Meinung ist, daß er sich zum gegebenen Zeitpunkt einfühlsam verhalten hat, sollte er dennoch nicht mit seiner Ehefrau darüber streiten, wer nun im Recht ist. Er sollte sie einfach in den Arm nehmen und akzeptieren, daß sie sich verletzt fühlt. Er sollte ihr sagen, daß er das nächste Mal einfühlsamer sein wird und sie bitte verstehen soll, daß er versucht, sich zu ändern. Dann sollte er loslassen! Das ist der Weg des Abenteurers.

9. Wollt ihr immer gewinnen (Krieger)? Habt ihr noch nie gemogelt, um zu gewinnen (Krieger)?

10. Macht ihr euch Gedanken darüber, was die Nachbarn, Eltern, Vorgesetzten von euch halten (Krieger)?

    A. Verhaltet ihr euch so, wie ihr euch fühlt, oder verhaltet ihr euch so, wie man es von euch erwartet (Krieger)? Beispiel: Ich möchte keine Kinder haben. Meine Mutter wird mir nie verzeihen, wenn sie nicht Großmutter werden sollte. Ich glaube, ich werde wohl doch ein Kind bekommen, damit sie zufrieden ist.

B. Macht ihr das, was euch gefällt, egal wie ungewöhn-
   lich oder unangepaßt es ist (Abenteurer)? Beispiel: Ich
   bin lesbisch und liebe Susan. Ich werde mit ihr leben,
   egal, was mein Vater darüber denkt.

C. Folgt ihr euren Gefühlen oder eurer Logik? Ein Abenteurer läßt seine Gefühle zu, kombiniert sie mit Logik und macht dann, was er für richtig hält.

11. Folgt ihr immer den Regeln, selbst wenn sie keine Bedeu-
    tung haben, weil ihr immer alles richtig machen wollt
    (Krieger)?
    Beispiel: Ihr befindet euch auf einem Campingplatz. Eine
    der Regeln besagt, daß die Wege einspurig und nur in einer
    Richtung zu befahren sind. Der Stellplatz befindet sich
    am Ende des Campingplatzes. Es wäre einfacher, gegen
    die Regel zu verstoßen, um zum Stellplatz zu gelangen.
    Das Verstoßen gegen die Regel würde auch niemanden be-
    einträchtigen. Der Krieger richtet sich nach der Regel, auch
    wenn es für ihn umständlicher ist, auf seinen Stellplatz
    zu gelangen.

    A. Brecht ihr so viele Regeln wie möglich, weil ihr glaubt,
       eure Regeln seien die einzig gültigen (Krieger)?

    B. Setzt ihr euch mit euren Gefühlen auseinander? Wißt
       ihr, wann ihr Regeln ausdehnen oder gar brechen dürft
       und wann ihr sie befolgen und respektieren müßt
       (Abenteurer)?

Kapitel 9

Männliche und weibliche Energien

Die Erde ist ein Planet der Gegensätze (vgl. Kapitel 6). Wenn ihr auf die Erde kommt, verkörpert ihr deshalb entweder die männliche oder die weibliche Energieform. Der Grund, warum ihr euch für eine Energieform entscheidet, liegt darin, daß ihr etwas über männliche und weibliche Energien erfahren wollt, egal welchen Geschlechts ihr seid. Als Mann werdet ihr vornehmlich die männlichen Energieformen kennenlernen. Ihr habt aber dennoch das Ziel, auch die weiblichen Energien, die sich ebenfalls in euch befinden, zu erfahren, zu spüren und Teil eures Wesens werden zu lassen. Der umgekehrte Fall trifft auf Frauen zu. Es ist das langfristige Ziel beider Geschlechter, die männlichen und weiblichen Energien in sich zu verschmelzen, um später in der Lage zu sein, den Bund mit dem Seelenpartner (vgl. Kapitel 10) einzugehen. Immer mehr Männer sind inzwischen dazu bereit, sich auf ihre Gefühle einzulassen, und immer mehr Frauen sind dazu bereit, die Macht und Kraft, die in ihnen steckt, zu leben. Diese neuen Verhaltensweisen sind dahingehend zu deuten, daß beide Geschlechter den Wunsch verspüren, ihre Seelen wieder ins Gleichgewicht zu bringen.

Was sind männliche und weibliche Energien? Die männliche Energie wird nicht vom Penis und die weibliche Energie nicht von der Vagina verkörpert! Es gibt allerdings Menschen auf eurer Ebene, die in diesem Punkt nicht mit mir übereinstimmen würden, was damit zusammenhängt, daß sie das andere Geschlecht nur darauf reduzieren und somit keine weiterführenden Erfahrungen machen konnten. Das ist in

Ordnung, und trotzdem sind die körperlichen Aspekte lediglich Symbole dieser großartigen Energien. Ich will damit nicht sagen, daß es nicht eine wunderbare Erfahrung ist, die gegenseitige Körperlichkeit zu erfahren und sich einander hinzugeben, das ist einer der Gründe, warum wir auf der Erde in physischen Körpern leben. Ich möchte nur, daß ihr euch bewußt macht, daß Sex nicht bedeutet, die männlichen und weiblichen Energien zu erfahren. Es sei denn, ihr erlebt das geschlechtliche Zusammensein ganz bewußt und mit dem Ziel, diese Energien wahrzunehmen. Ihr könnt Sexualität sehr sinnlich, spirituell und leidenschaftlich erleben, so daß ihr beide Energien spürt. Das erfordert allerdings von beiden Partnern ein ganz besonderes Bewußtsein.

Männliche Energien

Männliche Energie bedeutet Angriffslust, Durchdringung, Anspannung. Diese Energie hat die Macht, Universen zu erschaffen. Männliche Energie ist in der Lage, Dinge zu teilen und zu trennen. Das ist der Grund, warum in Ritualen Messer benutzt werden, sie verkörpern die männliche Energie. Es ist die männliche Energie oder das männliche Prinzip, das einen Raum zu dem macht, was er ist, und zwar durch die Aufteilung mittels Wänden, Decke und Boden. Man kann das männliche Prinzip auch als Ablehnungsprinzip bezeichnen, oder vielleicht beschreibt man es besser mit »Abgrenzung«. Ohne die Energie der Abgrenzung könnte nichts existieren. Erst eine Grenze um etwas zu ziehen läßt alles entstehen. Die männliche Energie birgt auch Kraft und Festigkeit. Wie gut wäre eine Wand, wenn sie nicht aufrecht stehen würde? Sie muß aus starkem Material bestehen, so daß sie standhaft bleibt.

Männliche Energie teilt sich uns durch Regeln und Richtlinien mit. Jedesmal wenn ihr zum Beispiel Kuchen backt, soll er immer gleich schmecken. Damit das auch der Fall ist, müßt ihr euch an das Rezept halten. Wenn ihr natürlich einmal einen anderen Kuchen backen möchtet, werdet ihr das Rezept verändern und andere Zutaten beifügen. Das bedeutet aber nicht, daß ihr das Rezept nicht mehr befolgt. Ihr habt lediglich einige Bestandteile daran verändert. Die Veränderung des Grundrezepts ist allerdings erst durch das Einfließenlassen der weiblichen Energie möglich.

Eine menschliche Körperzelle benötigt eine Zellwand. Hätte sie keine, wäre sie auch keine Zelle. Gäbe es keine Zellen, so gäbe es auch keine Körper. Das bedeutet, daß Abgrenzung so lange wichtig ist, wie das Umfeld dafür paßt. Das männliche Prinzip nimmt sich einer Idee an, lehnt aber deren Allgemeingültigkeit ab. Auf diese Weise entsteht etwas Einzigartiges, und wir haben die Möglichkeit, uns auf etwas zu konzentrieren, auf einen einzigen Aspekt, den wir auf unterschiedliche Art und Weise beleuchten können.

Weibliche Energien

Das weibliche Prinzip bedeutet Wärme, Zusammensein, Erhalten, Nähren und Halten. Nachdem die männliche Energie die Wände, die Decke und den Boden erschaffen hat, kommen die weiblichen Energien hinzu und halten alles zusammen. Die weibliche Energie erschafft den Plan, dem die männliche Energie folgt. Man kann es auch anders beschreiben: Die weibliche Energie verfügt über die Einzelheiten des Plans und stellt sie zur Verfügung. Die männliche Energie verfügt über Festigkeit, und die weibliche Energie verfügt über Flexibilität und Grenzenlosigkeit oder Ausdehnung. Wie könntet ihr etwas erschaffen, euch weiterentwickeln, wenn ihr nur strengen Regeln unterliegen würdet? Es ist die weibliche Energie, die die spirituellen Verbindungen zwischen den Dingen erkennt. Zur Spiritualität gehören die Gefühle und die Intuition. Ihr seid auf dieser Ebene, um das Gleichgewicht zu finden, um spirituell Teil von allem zu sein, so daß ihr mit eurem Seelenpartner eins werden könnt – und das auch eines Tages mit der Allmacht.

Seelenpartner

Alles auf der Erde ist mit elektromagnetischer Energie geladen. Frauen haben eine negative Ladung und Männer eine positive. Das bedeutet nicht, daß Frauen negativ sind, gemeint ist damit nur, daß im Rahmen der Polarität Frauen der negativen Ladung zugeordnet sind. Wenn ihr auf die Erde kommt, werdet ihr als Wesen geteilt und bekommt eine Energieform zugewiesen. Als Ganzes habt ihr gar keine Polarität, aber für die Geschöpfe der Erde ist eine Aufteilung in die eine oder andere Form notwendig, weil dies eine Welt der Gegensätze ist.

Was passiert also mit der anderen Hälfte, wenn ihr auf die Erde kommt? Die andere Hälfte eures Wesens beherbergt die gegenteilige Energie – sie ist euer Seelenpartner. Auf anderen Planeten werden die Ganzheiten nicht voneinander getrennt, oder sie leben in zwei Körpern zusammen. Auf der Erde jedoch werden die Ganzheiten aufgespalten und die Seelenpartner getrennt. Spirituell seid ihr die ganze Zeit über mit eurem Seelenpartner verbunden. Alle Wesen sind telepathisch miteinander verbunden, wobei die Verbindung mit dem Seelenpartner am stärksten ist. Euer Seelenpartner ist ständig bei euch. Wenn ihr im Einklang mit euren Gefühlen seid, könnt ihr die Wünsche eures Seelenpartners fühlen. Wenn ihr es zulaßt, könnt ihr die Gefühle eures Seelenpartners Teil von euch selbst werden lassen, so daß ihr die Fülle und den Reichtum, die euch diese Gefühle bringen, in euch spürt. Ihr stellt fest, daß ihr reicher seid als all die anderen, die diesen Anteil des Seelenpartners in sich nicht zulassen. Ich werde euch im nächsten Kapitel mehr zum Thema Seelenpartner erzählen. Erst möchte ich aber, daß ihr noch ein wenig mehr über männliche und weibliche Energien erfahrt.

Einklang in männlicher und weiblicher Energie

Niemand wird die Erde verlassen, ohne zumindest ein bruchstückhaftes Verständnis davon gewonnen zu haben, was männliche und weibliche Energien sind. Je früher ihr damit beginnt, die männlichen und weiblichen Energien ein Teil eures Wesens werden zu lassen, desto einfacher wird das Leben. Ihr macht intensivere Erfahrungen, die euch stärker befriedigen, wenn ihr sie mit der Gesamtheit an Energie durchlebt. Ihr bringt euch selbst ins Gleichgewicht, wenn ihr beiden Energieformen ein Chance gebt, sich zu entwickeln. Eines solltet ihr an dieser Stelle wissen: Solange ihr euren Seelenpartner nicht gefunden habt, wird kein anderer Mann oder keine andere Frau euch jemals ganz und gar befriedigen können.

Warum habt ihr dann andere Partner? Um Erfahrungen im Leben und in der Liebe zu sammeln. Um Erfahrungen im Umgang mit männlichen und weiblichen Energien zu machen. Es ist eine Möglichkeit, eure Gefühle zu spüren und bestimmte Konfliktmomente zu erleben, um feststellen zu können, wie ihr euch in solchen Momenten fühlt. Viele Menschen wissen das noch nicht, aber eines Tages werden sie es verstehen.

Das Ende des Geschlechterkampfes: Der weibliche Standpunkt

Ihr seid hier, um Ganzheit, Verbundenheit zu entwickeln. Ganzheit in uns selbst, Verbundenheit mit Gleichgeschlechtlichen und mit Andersgeschlechtlichen. Warum gibt es so viele Konflikte zwischen den Männern und Frauen? Frauen haben in ihren verschiedenen Leben meist untertänige Positionen gegenüber den Männern eingenommen. Sie haben es den Männern über Tausende von Jahren erlaubt, sie falsch zu behandeln. Es gibt jedoch keine Opfer in diesem Zusammenhang. Beide Seiten hatten sich entschieden, diese Erfahrungen zu machen. Warum? Die Antwort auf diese Frage mag nicht auf jeden zutreffen, aber es gibt ein allgemeingültiges Muster. Dieses wird nicht erkennbar, wenn man sich als Mensch auf der Erde befindet. Beobachtet man eure Handlungen von meiner Welt aus, so ist das Muster problemlos zu erkennen.

Ein einfaches Beispiel soll verdeutlichen, was ich meine: Wenn man einem Kind, das gerne Eis ißt, ein Jahr lang verbietet, Eis zu essen, und es dann auf eine Eisdiele losläßt, in der es so lange verweilen kann, wie es möchte, und so viel Eis essen darf, wie es will, dann würde es wohl fünf Tage dort bleiben und alle Sorten Eis essen, die es dort gibt. Nachdem es fünf Tage lang nur Eis zu sich genommen hat, wird es vermutlich einen Heißhunger auf ein knuspriges Hähnchen entwickeln! Um es mit anderen Worten auszudrücken: Wenn es die eine Polarität für einen langen Zeitraum maßlos genossen hat, wird es danach zu der gegensätzlichen extremen Polarität neigen. Nachdem es beide Extreme erlebt hat, wird es auf natürliche Weise dazu übergehen, ausgewogener zu essen, regelmäßig Mahlzeiten einzunehmen und nur noch ab und zu ein Eis essen, um sich zu belohnen.

So war es auch mit den Menschen in früheren Leben. Die Männer hatten die Kontrolle, befahlen den Frauen, wie sie Dinge zu tun hatten (Regeln und Richtlinien), brachten den Frauen bei, daß sie nichts seien ohne die Männer an ihrer Seite (Gebrauch von Macht gegenüber anderen, Manipulation) und wollten so viele Aspekte im Leben der Frauen beherrschen wie möglich (Grenzen festlegen und kontrollieren durch Aggression und Strenge). Frauen waren für die Kleinkinder verantwortlich (Versorgung), schmückten das Zuhause mit Blumen (Schönheit), entwarfen die Muster auf den Stoffen (Kreativität) und sorgten für das Essen (Nahrung). Sie trauten sich nicht, den Männern zu widersprechen oder eine Anstellung zu suchen, denn das waren die Aufgaben der Männer.

Beide Geschlechter lebten also ein Extrem. Aber seht ihr dennoch, wie zerstörerisch es sich auswirken kann, eine Energie ohne eine andere zu benutzen? Erkennt ihr, wieviel Freude euch entgeht und wie mechanisch alles wird? Es gibt aber auch das andere Extrem: Frauen, die in die Armee eintreten wollen, Frauen, die im Krieg kämpfen wollen, Frauen, die Holzfäller sein wollen, Frauen, die Konzerne führen wollen. Dann wiederum gibt es Männer, die in der Modewelt und der Kosmetikindustrie arbeiten, Männer, die Innenarchitekten sind, Männer, die Berufe wie Friseur, Tänzer oder andere ausüben.

Es gibt Supermänner und Superfrauen, die versuchen, alles auf einmal in sich zu vereinen … allein. Sie sind Karrierefrauen und versuchen gleichzeitig, die perfekte Mutter, die vollkommene Ehefrau und natürlich auch noch sportlich aktiv zu sein. Alles auf einmal. Männer versuchen das gleiche auf ihre Art. Es gibt viele Haushalte, in denen der Mann als Alleinerziehender versucht, alles ohne Partnerin zu schaffen. Dies ist aber nicht die Art und Weise, wie ihr eure männlichen und weiblichen Energien ins Gleichgewicht bringen könnt. Versucht, eure männlichen und weiblichen Energien in euch zu vereinen und in Einklang zu bringen, aber es ist nicht notwendig, das auch nach außen hin zu zeigen. Eure physische Welt ist nur ein Symbol der Energien in euch.

Das Ende des Geschlechterkampfes: Der männliche Standpunkt

Die Männer haben sich in der Vergangenheit von ihren Gefühlen abgespalten, um Krieger zu werden. Sie lehnten Frauen ab, die sich zu sehr mit ihren Gefühlen in Einklang befanden. Sie wollten nicht zuviel mit diesen Frauen zu tun haben, weil sie sich in deren Gegenwart, durch die Energie, die sie verbreiteten, unwohl fühlten. Männer konnten sich den Luxus von Gefühlen nicht leisten, wenn sie sich im Kampf befanden. Deswegen verabscheuten Männer Frauen, und Frauen verachteten Männer. Das geht nun schon seit Tausenden von Jahren so. Langsam aber beginnen Männer und Frauen, diese alten Verhaltensmuster zu ändern.

Auf eurer Erde gibt es das, was ihr »Pantoffelhelden« nennt. Es handelt sich dabei um Männer, die sehr starke Frauen haben, die ihrem Mann sagen, was er zu tun und zu lassen hat. Viele beäugen diese Art von Verhältnis sehr skeptisch, aber merkt ihr, daß diese Menschen nur nach Ausgleich und Einklang streben? Leben für Leben waren es die Frauen, die von ihren Ehemännern die Befehle entgegennahmen. Ihnen wurde gesagt, was sie zu tun haben, wann sie es zu tun haben und wann sie damit aufhören sollen. Das ist keine ausgeglichene Situation gewesen. Der Ausgleich wird erreicht, wenn ihr erkennt, daß die Frau den Plan mit dem Mann bespricht, er die Grenzen aufrechterhält, während die Frau alles Notwendige innerhalb der Grenzen erschafft. So arbeiten die männlichen und weiblichen Energien zusammen, jede auf ihre eigene Art. So kann in ausgeglichener Weise etwas entstehen und Bestandteil der Wirklichkeit werden.

Ihr könnt so eine Vorgehensweise auch im Alltag beobachten. Wenn eine Frau entscheidet, die Möbel umzustellen, sagt sie ihrem Mann, wo er das Sofa und die Stühle hinstellen soll. Sie dekoriert die Bilder neu, besorgt neue Vorhänge in einer anderen Farbe oder verändert, was auch immer noch in ihrem Sinne veränderswert erscheint. Sie sorgt dafür, daß der Mann das Grobe, die Grundstruktur ändert, während sie mit ihrer Kreativität neue Schwingungen erschafft. Ich möchte, daß ihr versteht, daß eure Handlungen Symbole sind für das, was auf der spirituellen Ebene passiert.

Frauen und weibliche Energien

Zunächst möchte ich über die Frauen und ihre weiblichen Energien sprechen, bevor ich mich den Männern zuwende. Frauen haben schon immer versucht, sich ihre eigene kleine Nische zu erobern. Das Ziel der weiblichen Ureinwohner Nordamerikas z.B. war, ihre Energien mit denen der Männer

in Einklang und damit mehr Respekt und Gleichheit in das
Verhältnis zwischen den Geschlechtern zu bringen. Dabei tra-
fen sie natürlich auf Schwierigkeiten, denn wenn man in einer dreidimensionalen Welt lebt, kann es so etwas wie hundertprozentigen Erfolg nicht geben. Selbst die Gesellschaft im
sogenannten westlichen Kulturkreis, in der die meisten von
euch leben, hat gegenüber Frauen noch immer keine sonderlich wohlwollende und förderliche Einstellung. Deswegen ist
es so wichtig, daß jede Frau für sich, aber auch alle Frauen
zusammenarbeiten, um die Welt zu verändern.

Feminismus: Ein Werkzeug des Ausgleichs

Auf der Erde gibt es die Idee des Feminismus, die Frau-
enbewegung; sie sollte helfen, alle Menschen miteinander in
Einklang zu bringen. Einige Männer lehnen den Feminismus
ab, sehr wahrscheinlich weil sie noch nicht an den Gedanken
gewöhnt waren, daß Frauen mehr Macht ausüben und ihre
eigenen Ideen entwickeln können. Die Idee stammt jedoch
nicht nur von Frauen, es handelt sich vielmehr um einen von
Frauen und Männern sorgfältig entwickelten Plan, um Männer mehr in Einklang mit ihren Gefühlen und Frauen mehr
in Kontakt mit der Macht zu bringen.

Viele feministische Ideen aus eurer Zeit sind sehr wichtig. Es wäre allerdings schön, wenn sie klarer formuliert wären, so daß der wahre Kern ersichtlich würde: Frauen müssen sich von ihrer selbstauferlegten Unterwürfigkeit und
ihren emotionalen Fesseln lösen und ihre weiblichen Energien vorsichtig mit den männlichen verschmelzen. Natürlich ist es sinnvoll, spezielle Dienste für Frauen anzubieten,
so in der Gesundheitsvorsorge, zur Förderung der berufli-
chen Gleichberechtigung und viele andere mehr. Leider versuchen viele Frauen, dies mit den Mitteln des Kriegers umzusetzen. Ich möchte damit nicht sagen, daß dies der falsche
Weg ist, da es so etwas wie »falsch« nicht gibt. Würden je-

doch mehr Frauen diese Ideen eher als Abenteurer verwirklichen und vor allem in liebender Absicht, so wäre der Erfolg schneller sichtbar.

Ihr seht, Frauen müssen nicht wie männliche Krieger werden, um Veränderungen zu bewirken. Wenn sie allerdings der Meinung sein sollten, daß sie nur kriegerisch Veränderungen herbeiführen können, dann machen sie es eben so. Ich biete euch eine Alternative, und die heißt: die Idee des Feminismus auf sanfte, aber dennoch kraftvolle Weise mittels eurer weiblichen Energien umzusetzen.

Schönheit: Keine reine Frauendomäne

Seit Tausenden, wenn nicht gar seit Millionen von Jahren werden Frauen nach ihrer Schönheit beurteilt. Wenn sie nicht mehr schön waren, wurden sie auf die Straße geworfen, und sie hatten keine anderen Möglichkeiten, als ihr weiteres Dasein als Prostituierte zu fristen oder ein Leben in Armut zu führen. Das ist der Grund, warum ihr Frauen euch auch heute noch sehr intensiv mit Schönheit beschäftigt. Ihr habt das Gefühl, daß es das ist, was euch euren Wert verleiht. Allerdings lernt ihr allmählich, etwas tiefer zu schauen.

Ob ihr nun Frauen oder Männer seid - es ist nicht falsch, daß ihr schön aussehen wollt. Ich möchte nur, daß euch klar wird, daß Schönheit euch nicht wertvoller macht. Euch durch einen schönen Körper auszudrücken ist eine Möglichkeit von vielen. Es gibt noch viele weitere Erfahrungen, die ihr in jeder Form von Körper machen könnt, unabhängig von Größe, Farbe, physischen Behinderungen, Krankheiten etc. Wenn ihr beginnt, euch selbst zu lieben, und diese Liebe nach und nach zunimmt, werdet ihr feststellen, daß ihr attraktiver werdet und bereit seid, Liebe einfach weiterzugeben. Ihr werdet sogar bemerken, daß andere Männer und Frauen euch anziehend finden. Wenn ihr anfangt, anderen Menschen Liebe auf der spirituellen Ebene entgegenzubringen, werdet ihr selbst

Liebe bekommen, und zwar von Menschen und an Orten, wo ihr es es nicht erwartet habt.

Das soll nicht bedeuten, daß ihr, wenn ihr euch selbst nicht liebt, einen Körper habt, der häßlich ist. Versucht, nicht zu bewerten, und vermeidet derlei Gedankenverbindungen. Ich sage nur, daß jeder Körper seinen Wert hat. Als Leitsatz dabei soll euch dienen, wenn ich euch sage: Je mehr ihr euch liebt, desto mehr wird euer Körper diese Liebe widerspiegeln. Es gibt Menschen, die sich einen weniger attraktiven Körper ausgesucht haben. Wer weiß, warum? Es mag sein, daß sie sich für diese Erfahrung entschieden haben, um zu sehen, ob sie sich lieben können, egal wie sie aussehen. Oder sie möchten lernen, mehr Mitgefühl zu entwickeln. Es gibt zahlreiche Gründe, warum Menschen das tun, was sie tun.

Das Wichtigste, was ihr tun müßt – und ich werde euch dies immer und immer wieder sagen – ist, eure Herzen zu öffnen und euch selbst zu lieben, denn ihr seid wunderschöne Wesen. Es ist am wichtigsten, daß ihr euch selbst Liebe gebt. Wenn ihr euch selbst liebt, habt ihr dafür gesorgt, daß entsprechende Schwingungen ins Universum fließen, und es damit anderen ermöglicht, eure Schwingungen widerzuspiegeln und für euch Liebe zu empfinden. So einfach ist das.

Homosexualität

Natürlich ist es nicht das Ziel eines jeden Mannes oder einer jeden Frau, einen Partner des anderen Geschlechts zu finden, mit dem sie eine intime Beziehung erleben. Es gibt einige Menschen, die eine harmonische Beziehung mit einem gleichgeschlechtlichen Partner erleben möchten. Diese Form der Beziehung ist wunderbar. Vergeßt dabei aber nicht, daß der Seelenpartner immer vom gegenteiligen Geschlecht ist. Wenn ihr auf euren Seelenpartner trefft und euch mit ihm vereint, wird das die herrlichste Erfahrung sein, die ihr euch vorstellen könnt.

Ich bitte diejenigen unter euch, die homosexuell sind, das andere Geschlecht nicht abzulehnen, auch wenn ihr euch für einen intimen, liebenden gleichgeschlechtlichen Partner in eurem Leben entschieden habt. Eines Tages, wenn eure Seele mit der homosexuellen Erfahrung erfüllt ist und ihr dafür bereit seid, werdet ihr euch mit eurem Seelenpartner, der vom anderen Geschlecht sein wird, vereinen. Wenn es eure Seele wünscht, Erfahrungen mit Homosexualität zu machen, so ist dies auch in eurem besten Interesse, daß ihr das tut, und zwar so lange ihr es wollt.

Wenn Frauen oder Männer sich keine intimen Erfahrungen mit dem anderen Geschlecht wünschen, bedeutet das nicht, daß sie keinen Umgang mit den Energien des anderen Geschlechts pflegen sollten. Wenn ihr für diesen Teil der Information noch nicht offen sein solltet, dann ist es eure Entscheidung.

Da ich das Thema Homosexualität hier nur kurz anspreche, möchte ich in diesem Zusammenhang noch eine weitere Sache erwähnen. Die Idee der Homosexualität ist in eurer Welt noch nicht ganz anerkannt. Deswegen möchte ich euch sagen, daß es für alle Seelen empfehlenswert ist, zumindest ein homosexuelles Leben geführt zu haben. Diese Beziehungsform wird keiner Seele aufgezwungen, denn auch hier lassen sich wertvolle Liebeserfahrungen sammeln. Es hilft euch zu verstehen, daß Liebe einfach nur Liebe ist. Liebe bedeutet nicht nur, Intimität und Leidenschaft mit einem anderen Menschen zu teilen.

Liebe ist wunderschön, egal wie ihr sie erlebt. Diejenigen unter euch, die Homosexualität verurteilen, sollten sich zurückhalten. Bittet das Universum lieber darum, daß ihr versteht. Vielleicht werdet ihr dann feststellen, daß ihr euch unbewußt für eine Art der Erfahrung entschieden habt, eure Seele aber mehr Freude gehabt hätte, wenn ihr euch ganz bewußt für eine andere Art entschieden hättet. Es gibt einige Homosexuelle, die sich mit ihren Sehnsüchten unwohl fühlen. Sie versuchen, anderen ihre Vorstellungen in kriegerischer Manier aufzuzwingen. Aber auch das ist kein Weg, anderen etwas über die Liebe beizubringen – das ist der Weg des Kriegers.

Erinnert euch: Das, was ihr an Energie aussendet, kommt zu euch zurück. Wenn ihr also homosexuell seid und viel Verurteilung durch andere oder euch selbst erfahrt, was eure sexuelle Neigung anbelangt, dann versucht zu verstehen, daß ihr in einem anderen Leben ähnliche Energien ausgesendet habt. Je schneller ihr das erkennt, desto schneller werdet ihr in der Lage sein, die Erfahrung der Verurteilung loszulassen. Es war eure Verurteilung, die euch in die Situation gebracht hat, in der ihr euch jetzt befindet. Vergebt euch also dafür, daß ihr andere verurteilt habt. Vergebt den anderen, daß sie euch verurteilen. Vergebt euch selbst.

Ihr müßt erkennen, daß es nur möglich ist, daß andere euch verurteilen, wenn ihr euch selbst verurteilt oder andere verurteilt habt. Es gibt viele homosexuelle Menschen, die ein wunderbares Leben, frei von Verurteilung und voller Freude leben. Ist das nicht der Gipfel der Ungehörigkeit! Ich möchte, daß ihr so ungehörig seid wie nur möglich. Damit meine ich: Seid ihr selbst, spürt eure Gefühle, erlebt eure Wünsche, findet die Freude, die Liebe und die Erfüllung in allem, was ihr euch vornehmt.

Wenn Frauen zur Göttin werden

Dieses Thema erzeugt bei vielen Frauen widerstreitende Gefühle. Sie fühlen die Macht in sich und wie sie zu stärkeren Frauen heranwachsen, spüren, wie sie langsam zur Göttin, zur Mutter Erde werden. Sie werden allmählich zu den Wolken im Himmel, zum Regen und zu den Pflanzen, zur Nahrung, zur Liebe. Es ist gut, wenn Frauen sich in diese starken Dinge verwandeln; es ist schön, wenn sie erkennen, daß all dies in ihnen steckt.

Genau das ist es aber, was in einem Mann, der noch ein

Krieger ist, Angst hervorruft. Eine Frau sollte also einen Mann anziehen, der diese Seite in ihr zuläßt, denn das bedeutet, daß er auch die Frau in sich selbst zuläßt. Bei so einem Mann handelt es sich durchaus nicht um einen »femininen« Mann. Er weiß sehr wohl etwas mit dem männlichen Prinzip anzufangen, denn er hat es gelebt – als Abenteurer. Er befindet sich gerade mitten in dem Abenteuer, in dem er lernt, seine männlichen und weiblichen Energien in Einklang zu bringen. Alle Männer, die noch Krieger sind, werden gegen Frauen kämpfen, weil sie sich vor der Frau in sich selbst fürchten. Krieger bekämpfen die Frau, die in ihnen steckt, sie versuchen, sie zu unterdrücken.

Woran erkennt eine Frau solch einen Abenteurer? Es handelt sich bei ihm um einen Mann, der sich nicht vor seiner Männlichkeit fürchtet; jemanden, dessen männliche Aspekte ganz stark ausgeprägt sind, das bedeutet, er ist angriffslustig, jedoch ohne verletzend zu sein. Auf eurer Ebene verbindet man Aggressivität fast immer mit Verletzen. Ich meine jedoch die Aggressivität, Tatkraft, mit der ihr die Luft einatmet, die Moleküle aufnehmt und neues Leben erschafft. Das ist es, was ein Mann tun sollte. Er sollte erschaffen. Der Abenteurer zerteilt etwas, verändert es und setzt es wieder zusammen. Er verursacht keine Schmerzen, wie es der Krieger tut. Es gibt viele Männer auf eurem Planeten, die in ihrer Entwicklung noch nicht soweit sind.

Schutz vor Kriegern

Krieger brauchen Feinde in ihrem Leben. Wenn ein Krieger keinen Feind hat, dann sucht er sich eine Person, die ihm nahesteht, und macht sie sich zum Feind. Ihr solltet deswegen insbesondere in Beziehungen außerordentliche Vorsicht walten lassen, denn gerade dort liegt häufig die vorderste Front im Kampf. Wenn ihr also bemerkt, daß sich euer Partner für den Angriff rüstet, dann solltet ihr euch mit einem »Glücksschild« schützen. Wenn ihr versucht, euch mit einem »Kriegs-schild« zu schützen, dann werdet ihr euch bemühen, damit die Beschuldigungen des Partners abzuschmettern und euch gegen das zu verteidigen, was der Partner an Beschuldigungen vorzubringen hat. Das ist der Moment, in dem der Kampf beginnt, und beide werdet ihr ihn verlieren.

Ihr müßt erkennen, daß das Thema, über das euer Partner streiten will, für ihn wichtig ist. Euren Glücksschild aktiviert ihr, indem ihr eurem zum Kampf aufgelegten Gefährten liebevoll zuhört und euch dabei wünscht, daß er über sich erkennen mag, was er schon lange wissen wollte. Gleichzeitig solltet ihr stark auf eure eigenen Gefühle achten, während ihr ihm zuhört, denn es ist möglich, daß er etwas zu euch sagt, das sehr starke Gefühle in euch hervorruft. Wenn das Streitgespräch mit dem Partner dann beendet ist, solltet ihr noch einmal in euch hineinhören und euch mit den starken Gefühlen befassen. Denn sie sind es, welche die Bereiche in euch ans Tageslicht bringen, die der Heilung bedürfen.

Abenteurer und Göttin

Ein Abenteurer ist aggressiv und stark – und extrem verletzbar. Er ist bereit, eine Beziehung einzugehen, ohne zuvor zumindest halbwegs sicher abschätzen zu können, wie sie ausgehen wird, ob er sie meistern wird, ob seine Liebe stark genug für das sein wird, was er mit der anderen Person erschaffen möchte. Dennoch ist er bereit, seine Kraft für diese Verpflichtung einzusetzen, er gibt nicht auf zu versuchen, das zu erreichen, was er sich wünscht. Vielleicht handelt es sich bei diesem Wunsch darum, eine befriedigende Beziehung zu führen, in der jeder das erhält, was er braucht.

Wichtig ist, zu erkennen, wenn so ein Mensch vor euch steht. Vom Äußeren her sind seine Qualitäten nicht festzustellen. Ihr müßt versuchen, euch auf die Schwingungen zu konzentrieren, um dadurch auszumachen, über welche Eigenschaften dieser Mensch verfügt. Dies könnt ihr nur, indem ihr in euch hineinhört, Verbindung mit euren Gefühlen aufnehmt. Wenn ihr das tut, werdet ihr die Schwingungen in euch spüren, die euch zeigen, ob es sich bei dem Menschen vor euch um einen Krieger oder einen Abenteurer handelt. Wenn eine Frau diese Schwingungen in sich spürt, ist sie auf dem besten Weg, zur Göttin zu werden.

Wenn eine Frau sich zur Göttin entwickelt hat, dann handelt sie ganz und gar mit der Kraft der Frau in sich. Sie stellt eine Verbindung her zu allen Energien, die von Natur aus weiblich sind. Diese geben ihr die Kraft, sich weiterzuentwickeln. Wenn sie dann mit einem Mann das teilt, was die Frau in ihr ausmacht, das ganze »Frausein«, entsteht eine Zärtlichkeit zwischen beiden, die man auch als sehr feine Energieströme zwischen den beiden bezeichnen mag.

Wie Männer zum Gott werden

Wie kann man nun den Männern dabei helfen, mit sich selbst mehr in Einklang zu kommen und sich zum Gott zu entwickeln? Für viele Männer ist es höchst beängstigend, sich mit dem männlichen Prinzip zu befassen, weil sie es als eine Art Eingeständnis empfinden, und zwar dahingehend, daß sie kein ganzer Mann sind. Ihr wißt, daß viele Männer auf der Erde Männlichkeit mit Zeugungsfähigkeit und Leistungsvermögen verbinden. Leider zeigen gerade sie oft sehr wenig echte Männlichkeit und männliche Energien.

Die meisten Männer sind so damit beschäftigt, zu 100% männlich zu sein und bloß nichts Weibliches in sich zu haben, daß sie die andere Hälfte, die sie ausmachen könnte, völlig blockieren. So entsteht viel Verwirrung in ihnen. Diese Männer beschäftigen sich noch nicht einmal mit ihren männlichen Energien. Sie sagen sich einfach, daß sie selbst diese Energien sind. So werden die männlichen Energien verfälscht und befinden sich nicht mehr im Gleichgewicht. Männer leben somit in engen Grenzen. Gott aber ist grenzenlos. Erlaubt mir also bitte, euch zu zeigen, wie ihr eure Verhaltensmuster ändern könnt.

Für Männer ist es wichtig, mehr über männliche Energien herauszufinden. Männer sollten stark sein, aber dennoch empfindsam und ehrlich genug, zugeben zu können, daß sie nicht alles über das »Mannsein« wissen. Wenn sich Männer nur auf ihre männlichen Energien konzentrieren, wird es etwas schwieriger für sie zuzugeben, daß sie verletzbar sind, die Verbindung mit ihren Gefühlen aufzunehmen und festzustellen, daß sie sich nicht als Ganzes fühlen.

Männer kommen in einen männlichen menschlichen Körper und lernen, was es bedeutet, ein Mann zu sein. Eigentlich ist die Vorstellung recht komisch? In einen Körper zu schlüpfen und gegenüber jedem zu behaupten: »Ich weiß, was es bedeutet, ein Mann zu sein.« Das ist wirklich Unsinn. Ein Mann ist lediglich gerade dabei herauszufinden, was es bedeutet. Es ist genauso unsinnig, wenn Frauen herausfordernd behaupten, sie wüßten, was es bedeute, eine Frau zu sein. Auch sie unterliegen einer Täuschung. Sie müssen sich genauso öffnen wie die Männer. Sie müssen ebenfalls feinfühliger und ehrlicher werden und zugeben, daß sie, was ihre weiblichen Energien anbelangt, ebenfalls noch in einem Lernprozeß sind. Wenn ihr also gegenüber euch selbst und gegenüber Gott zugeben könnt, daß ihr nicht wißt, was es bedeutet, als Mann oder als Frau zu handeln, werdet ihr schneller herausfinden, was die männliche oder weibliche Daseinsform wirklich bedeutet. Erst wenn ihr zugebt, daß ihr etwas nicht wißt, laßt ihr zu, daß Energien in eure Aura fließen, die euch erleuchten werden.

Eure Seele besteht aus einem männlichen und einem weiblichen Teil. Eines Tages werdet ihr euch mit eurem Seelenpartner vereinen. Ihr werdet weiterhin eure eigene Identität besitzen, aber euer Wissen wird aus dem bestehen, was ihr in euch, und dem, was euer Gefährte in sich angesammelt habt/hat. Er ist ein Teil eurer Seele und lebt ein anderes Leben, in einem anderen Körper, als ein anderes Geschlecht. Dennoch handelt es sich um euch, und er sammelt andere Erfahrungen für euch. Ihr müßt also nicht das erlebt haben, was er erfahren hat, und könnt dennoch über das gesamte Wissen verfügen.

Solange ihr nicht in der Lage seid, eure männlichen und weiblichen Energien erfolgreich zu vereinen, werdet ihr auch nicht bereit sein, euch mit eurem Seelenpartner zu vereinen. Die Vereinigung, von der ich spreche, erfolgt schrittweise. Erst bringt ihr die männliche Energie mit der weiblichen Energie in einem weiblichen Körper in Einklang und dann die weibliche Energie mit der männlichen Energie in einem männlichen Körper. Eines Tages treffen sich die Seelenpartner und vereinen ihre Energien, und schließlich werdet ihr nicht mehr den Wunsch verspüren, in einem physischen Körper zu leben, und die männlichen und weiblichen Energien in euch werden sich auf einer höheren Ebene im Leben begegnen. Es ist eine Spirale, die sich immer höher und höher emporwindet, und entlang derer die Energien immer feiner werden. All das ist möglich, wenn ihr damit beginnt, in euch hineinzuhören und auf eure Gefühle zu hören, sie wirklich zu empfinden.

Mit Gefühlen arbeiten

Ist es vorstellbar, daß Frauen ziemlich viel Haß in sich aufgestaut haben, was ihre Einstellung Männern gegenüber betrifft? Wenn man bedenkt, daß Frauen von Männern von jeher als Objekt der Begierde eingestuft wurden, daß sie lange Zeit keinen freien Willen zugestanden bekamen und daß sie sich immer als Opfer der Männer gefühlt haben, so erscheint das ganz und gar nicht abwegig. Man kann sich sogar vorstellen, daß es einen Teil in einer Frau gibt, der sagt: »Wenn ich je die Chance hätte, ohne einen Mann eine Familie zu haben, würde ich es tun!« Das ist auch einer der Gründe, warum die Scheidungsrate so hoch ist und warum die Anzahl der lesbischen Beziehungen steigt. Frauen wollen mehr über ihre weiblichen Energien erfahren, sie wollen wissen, wie ihre weiblichen Energien aufeinander einwirken. Durch diese Erfahrung lernen sie, was Liebe ist und daß Liebe einfach nur Liebe ist.

Männer, habt ihr in den letzten Jahren nicht ebenfalls intensiv daran gearbeitet, in euch einen ordentlichen Widerstand gegen Frauen aufzubauen? Vielleicht gab es Frauen, die euch hereingelegt haben, um das zu bekommen, was sie von euch wollten? Vielleicht haben euch wunderschöne Frauen zu Handlungen verleitet, die ihr so nicht wolltet? Habt ihr das Gefühl, daß ihr euch einer Frau nicht mehr öffnen könnt, ihr eure Gefühle nicht zeigen dürft, weil ihr euch diesbezüglich auf neuem Territorium befindet und es sein könnte, daß sie euch auslacht? Vielleicht dreht sie sich auf dem Absatz um, rennt zu euren Freunden und erzählt ihnen, wie dumm ihr ausgesehen habt. Habt ihr das Gefühl, daß Frauen nur darauf aus sind, euch einzufangen, euch zu belügen und ihre kleinen Intrigenspiele mit euch zu spielen? Fühlt ihr euch unsicher bei dem Gedanken, euch einer Frau gegenüber zu öffnen? Natürlich habt ihr solche und ähnliche Gefühle. Das ist der Grund, warum ihr es manchmal vorzieht, euch mit euren Kumpels zu treffen, bei denen ihr euch nicht öffnen müßt. Wo ihr euch ein Fußballspiel ansehen könnt, wobei ihr laut und aggressiv werden könnt. Ihr könnt dort ganz und gar im Gefühl des Spiels aufgehen, den Geist des Wettbewerbs spüren. An so einem Ort fühlt sich ein Mann besser aufgehoben als in einem Raum mit einer Frau. Hier, mit seinen Kumpels, hat er wenigstens das Gefühl, daß er eine Chance hat!

Nun ist es allerdings nicht wahr, daß die Männer den Frauen ihren freien Willen oder ihre Seelen genommen haben. Frauen haben sich selbst für diesen Weg entschieden, um ebendiese Erfahrungen und Energien zu sammeln. Es ist auch nicht wahr, daß Frauen Männer betrügen, sie zu ungewollten Taten verleiten, sie verletzen und dafür sorgen, daß sie zum

Gespött werden. Ihr seid alle telepathisch miteinander verbunden, und im Inneren eures Herzens wißt ihr ganz genau, was der andere tun wird und was nicht. Wo also liegt nun die Wahrheit?

Die Wahrheit ist, daß ihr euch gegenseitig benutzt, um das zu bekommen, was ihr wollt – eure Gefühle. Ihr inszeniert kleine Bühnenstücke, um eure Gefühle zu spüren. Gefühle, Gedanken und Ideen sind die Dinge, die ihr von einem Leben in das nächste mitbringt. Aus diesen wertvollen Erfahrungen entwickelt sich die Weisheit eurer Seele.

Wie aber räumt man den ganzen Müll wieder auf? Wie sollen Männer und Frauen je lernen, in Harmonie miteinander zu arbeiten und sich zu lieben? Ich werde euch immer und immer wieder sagen, daß es für euch, ob Mann oder Frau, wichtig ist, den Haß, die Wut und alle anderen Gefühle, die mit den vorherigen Leben in Verbindung stehen, zu empfinden, damit ihr sie loslassen und in der Spirale des Lebens weiter hochsteigen könnt. Was ich damit nicht meine, ist, daß Männer und Frauen sich hassen sollen. Ich sage euch nur, daß ihr in die Tiefen eurer Seele hineinspüren und erfahren sollt, was darin ist. Wenn es Haß, Neid, Traurigkeit, Trauer oder was auch immer sein sollte – fühlt es!

Geht in euch, findet heraus, wo eure Stärken liegen. Benutzt eure männlichen und weiblichen Energien, und macht anderen Menschen verständlich, was ihr empfindet. Helft ihnen zu verstehen, worum es bei den männlichen und weiblichen Energien geht. Für Frauen ist dieser Weg nicht einfach, der beinhaltet, daß sie ihre Macht erkennen und sie durch den Einsatz ihrer männlichen und weiblichen Energien weiter ausbauen. Viele Frauen haben gerade erst damit angefangen, ihre Kraft zu benutzen, wobei sie zusätzlich von der geschichtlichen Entwicklung hinsichtlich Rolle der Frauen gebremst werden. Ihr braucht auf diesem Weg Unterstützung. Bittet eure weiblichen Geistführer, euch zu unterstützen und euch Tips zuzuflüstern, damit ihr eine Welt erschaffen könnt, in der männliche und weibliche Energien gleichberechtigt sind.

Bittet um Unterstützung bei dem Lernprozeß, eure Stärken einzusetzen. Laßt die Idee los, daß ihr ein Opfer seid.

Männer, lernt, eure Gefühle anzuerkennen. Spürt eure Gefühle, und vertraut darauf, daß es gefahrlos ist, sich auf seine Gefühle einzulassen. Denjenigen unter euch, die bereits damit begonnen haben, sich mit ihren Gefühlen in Verbindung zu setzen, wird es leichter fallen. Teilt eure Gedanken mit anderen. Ihr sprecht am besten mit einem weiblichen Abenteurer über die Gefühle, die ihr aus anderen Leben mitgebracht habt. Nur weil Frauen mehr über ihre Gefühle reden als Männer, bedeutet das noch lange nicht, daß sie die Weisheit, Gefühle betreffend, gepachtet haben. Die meisten Männer haben noch einen weiten Weg vor sich.

Viele Frauen waren und sind auch heute noch Kriegerinnen. Die meisten Feministinnen von heute wollen den Männern nur all das heimzahlen, was ihnen in ihren vorherigen Leben angetan worden ist. Das gleiche gilt für Männer, die sich an den Frauen rächen wollen, weil diese sie vielleicht einst betrogen haben. Rache erzeugt aber keine Veränderung. Ihr werdet schnell genug begreifen, daß Rache ein Kriegsspiel ist, das keine Freude bereitet. Wenn ihr das begriffen habt, werdet ihr auch die Idee der Rache loslassen. Die einzige Art, Veränderungen zu bewirken, ist, euch selbst zu lieben und eure Gefühle zu spüren. Wenn ihr euch selbst liebt, eröffnet ihr sozusagen eine neue Energiequelle, die euch dabei hilft, euch zu verändern. Indem ihr euch selbst liebt, ändert ihr die Polarität der Emotionen wie Wut, Neid oder Traurigkeit zur einzigen Emotion, die existiert: Liebe. Erst dann wird auch die Welt anfangen, sich zu verändern, denn eines dürft ihr nicht vergessen: Die Welt ist euer Spiegel.

Gefühle wachsen lassen

Laßt eure Gefühle in euer Herz fließen. Dort werdet ihr sie spüren. Leider passiert es nicht selten, daß ihr, nachdem ihr eure Gefühle gespürt habt, nicht mehr wißt, was ihr dann tun sollt, so daß ihr automatisch die negativen Gefühle wieder in euch aufnehmt. Diese negativen Gefühle gebt ihr am besten an das Universum zurück, um sie nicht wieder in euch aufnehmen zu müssen. Betrachtet das Zurückgeben der negativen Gefühle als eine Opfergabe an das Universum.

Was aber ist eine heilige Opfergabe? Viele meinen, sie bestehe nur aus Liebe und weißem Licht. Das Universum besteht jedoch aus einem Kreislauf von Energien, den ihr euch so vorstellen müßt wie den Sauerstoffkreislauf. Ihr gebt negative Energie, das Kohlenstoffdioxid, an eure Umgebung ab, und die Pflanzen wandeln es in positive Energie, Sauerstoff, um. So müßt ihr es euch auch vorstellen, wenn ihr eure negativen Energien an Gott weiterleitet. Er wandelt sie in positive Energie, in Liebe, um. Ihr habt nur deswegen ein Problem damit, eure negativen Gefühle loszulassen, weil ihr eure Gefühle immer noch bewertet. Negative Gefühle sind für uns »schlechte« Gefühle, und deswegen fällt es uns so schwer, sie an Gott weiterzugeben. Das ist auch der Grund dafür, daß wir uns so sehr vor Negativität fürchten und alles unternehmen, um sie zu vermeiden. Ich zeige euch nur einen Weg, wie ihr mit euren negativen Energien umgehen könnt. Gott weiß, wie negative Energie in Liebe zurückverwandelt werden kann und wie das Universum im Gleichgewicht zu halten ist. Gebt aber nicht nur eure negativen Gefühle und Energien an Gott, sondern gebt ihm auch eure Liebe.

Wenn ihr eure negativen Gefühle und Energien an das Universum geschickt habt, dürft ihr nicht vergessen, sie zu ersetzen. Allerdings nicht mit anderen negativen Gedanken, denn diese würden wiederum das Negative in euer Leben ziehen. Ich schlage euch vor, sie mit Liebe zu ersetzen. Ihr seid Liebe, und von der Liebe kann man nie genug haben.

Ich erzähle euch also nichts Neues. Gleiches zieht Gleiches an, das nennt sich Karma, das, was ihr an Energie aussendet, bekommt ihr zurück. Das bedeutet: Wenn ihr euren Haß und eure Wut losläßt, gleichzeitig aber befürchtet, daß sie zu euch zurückkehren, wird das auch geschehen. Das Universum gibt einem genau die Energie zurück, die man selbst ausstrahlt, weil man die Kraft der eigenen Gedanken unterschätzt.

Alte Energiemuster überwinden

Wir haben bereits über die Konflikte zwischen Männern und Frauen gesprochen. Ich möchte euch noch einige Informationen zur Verfügung stellen, die euch dabei unterstützen sollen, euren alten Energiemustern zu entkommen. Solange ihr eure Energien nicht verändert, werden immer die gleichen Typen von Männern und Frauen in euer Leben treten, und zwar so lange, bis ihr alles für euch Notwendige gelernt habt.

Wenn ihr einen neuen Partner in euer Leben bringt, mag es sein, daß er vielleicht anders aussieht als die bisherigen. Vielleicht hat er eine andere Haarfarbe, eine andere Augenfarbe, vielleicht ist er dicker oder dünner, vielleicht ist er älter oder jünger, in allen anderen Punkten aber, jenen wesentlichen, die euch immer Schmerzen bereitet haben, wird dieser neue Partner allen anderen gleichen, ohne daß ihr es gleich bemerkt. Wie also könnt ihr einen Menschen in euer Leben ziehen, mit dem ihr in Frieden und Harmonie leben könnt, mit dem ihr die Erfahrung machen könnt, die ihr euch wünscht?

Wenn ihr Probleme mit dem Mann oder der Frau in eurem Leben habt, dann sind in der Regel nicht er oder sie es, welche die Probleme bereiten, sondern es ist die weibliche oder männliche Energie in euch selbst, die im Problem mit dem Partner widergespiegelt wird. Es macht keinen Unterschied, welche Frauen oder Männer ihr euch für eure Beziehung aussucht, um von ihnen zu lernen. Der Partner, den ihr euch aussucht, soll euch etwas über euch selbst lehren.

Um mehr über eure männlichen Energien in Erfahrung zu bringen, solltet ihr euch ein Blatt Papier nehmen und aufschreiben, was ihr für die Männer empfindet, die euch am wichtigsten sind. Sie sind der Spiegel für euch. Das gleiche solltet ihr für die Frauen tun. Die Probleme, die ihr mit Frauen oder Männern habt, werden nicht dadurch verschwinden, daß ihr euch auf die eine Frau oder den einen Mann konzentriert. Ihr müßt euch auf das weibliche oder das männliche Prinzip in euch konzentrieren. Wenn ihr etwas an diesen Prinzipien ändert, wird sich die Situation mit dem Partner ebenfalls verändern.

Wenn ihr auf der Suche nach einer neuen Beziehung seid, solltet ihr als erstes in euch hineinhören, um festzustellen, welche Gefühle ein Mensch in euch hervorruft, mit dem ihr eine solche führen wollt. Ihr macht das am besten, indem ihr mit eurem Herz-Chakra arbeitet, dann könnt ihr die Schwingungen, die er in euch hervorruft, erfühlen. Wißt ihr, was ich damit meine? Beginnt damit, euch auf euren Solarplexus (Sonnengeflecht, unteres Brustbeinende) zu konzentrieren. Die meisten von euch finden es einfacher, sich ihre Energien gerade in dieser Region vorzustellen. Im Solarplexus werden viele Emotionen aufbewahrt, er stellt aber auch euer inneres Kraftwerk dar. Stellt ihn euch wie einen riesigen Stromwirbel vor, in den die kosmische Energie hineinfließt. Stellt euch dann vor, wie sich diese Energie aufwärts zu eurem Herz-Chakra bewegt. Auf diese Weise verknüpft ihr eure Kraft mit euren Emotionen. Was empfindet ihr jetzt für diese Person? Das Herz-Chakra lügt nie. Ihr müßt ein bißchen üben, um das Vertrauen in euch zu gewinnen, daß ihr eure Gefühle spüren könnt.

Die einen würden lieber ihre Logik einsetzen, um sich der Gefühle, die sie für einen Menschen empfinden, bewußt zu werden. Die anderen würden lieber nur ihre Emotionen einsetzen. Ich bitte euch, eure innere Kraft mit euren Gefühlen zu verbinden und eure Energien in euch hochsteigen zu lassen, bis sie sich mit eurem Geistkörper vereinen. Laßt die Energien in euer Gehirn fließen. Wenn ihr eure Energien dort erfolgreich vereint habt, so daß sie ausgeglichen sind, werden sie in beide Gehirnhälften fließen, in die linke, für die Logik zuständige (männliche Energien) und in die rechte, für die Intuition zuständige (weibliche Energien). Ihr habt dann die männlichen und weiblichen Energien in euch ausgeglichen und könnt nun eine Entscheidung treffen. Die Polarität von Gedanken und Gefühlen ist anschließend ausgeglichen. Wenn ihr die Energien auf diese Weise vereinen könnt, seid ihr vereint mit Gott. In diesem göttlichen Zustand seid ihr voller Leben, Licht und Liebe.

Wenn es sich bei dem sich prüfenden Menschen um einen weiblichen Krieger handelt, wird er den Drang verspüren, den anderen zu erobern, ihn zu besitzen. Männer und Frauen tun dies schon von Anbeginn ihrer Existenz. Es ist jetzt an der Zeit, daß Männer und Frauen lernen, in Frieden miteinander zu leben, und dies sollten sie als Abenteurer tun. Eine Abenteurerin erobert ihren Gefährten nicht. Sie sieht ihn als großen Abenteurer. Sie arbeiten zusammen, um das größte Abenteuer miteinander zu erleben. Ein Abenteurer sieht im anderen das Abenteuer und möchte die Verantwortung und die Freude mit ihm teilen.

Es gibt viele unter euch, die bereits daran arbeiten, ihre männlichen und weiblichen Energien zu vereinen. Sie fühlen sich dabei oft unvollständig, weil weder die männliche noch die weibliche Seite vollständig ist. Irgend etwas scheint immer zu fehlen. Es gibt andere Planeten in anderen Galaxien in anderen Universen, wo die männliche und weibliche Energie nicht getrennt werden. Dort gibt es aber andere Dinge, die geteilt werden, z.B. Recht und Unrecht. Es gilt dann, diese Dinge zu hinterfragen und zu untersuchen. Ihr redet vom Geschlechterkampf. Natürlich gibt es ihn, aber eigentlich beschreibt er nur den Wunsch und die Sehnsucht danach, die männliche und weibliche Energie zu einer einzigen zu vereinen.

Verbindung zu den weiblichen Energien

Es ist für Männer ein wunderbares Gefühl festzustellen, daß sie ihre weibliche Seite benötigen. Nicht alle Frauen haben diese weibliche Seite, aber sie ist ein Teil ihrer weiblichen Seelenstruktur, die näher an Mutter Erde, näher an der Natur und enger mit der Intuition, der rechten Gehirnhälfte, verbunden ist. Wie nun könnt ihr mit euren weiblichen Energien Kontakt aufnehmen? Das geht durch Meditation, durch Gebet oder indem ihr die Stille übt. Eure Intuition wird euch zeigen, welche Schritte ihr als nächstes tun sollt.

Die weiblichen Energien stellen euer Sein dar. Das bedeutet, daß ihr euch nicht mit euren weiblichen Energien in Verbindung setzen könnt, indem ihr etwas tut. Ihr müßt euch nur still verhalten und darauf warten, daß die Kraft langsam in euch hochsteigt. Wenn Männer ihr Denken grenzenlos ausufern lassen, nennt man das »Brainstorming«, bei Frauen hingegen »Chaos«. Es ist nur zu deutlich, daß hinter diesen Ausdrücken eine Bewertung steckt. Die Energie, die da »Chaos« genannt wird, ist in Wirklichkeit die Grenzenlosigkeit der weiblichen Energien. Vielleicht bewerten Männer diese Form der Energie negativ, weil sie nicht verstehen, daß weibliche Energien das Gegenteil von männlichen Energien sind ... männliche Energie ist abgrenzend. Jede dieser Energien ist zu einem bestimmten Zeitpunkt notwendig. Wenn ihr euch der unterschiedlichen Energien bewußt seid, könnt ihr jeweils diejenige einsetzen, die ihr gerade braucht.

Verbindung zu den männlichen Energien

Die Verbindung zu männlichen Energien stellt ihr her, indem ihr handelt. Wenn ihr handelt, fühlt ihr Stärke und Triebkraft. Ihr klinkt euch in eure männlichen Energien ein, wenn ihr lernt, eure Energien auf das zu konzentrieren, was ihr gerade macht. Das bedeutet nicht, daß ihr gezwungenermaßen nur eine Sache machen könnt, sondern daß ihr euch nur mit den in einer Situation notwendigen Dingen befaßt, wodurch die gerade nicht benötigten Energien einfach ausgegrenzt werden.

Frauen werden oft als »chaotisch« bezeichnet, wobei damit nur die Grenzenlosigkeit ihrer weiblichen Energie gemeint ist. Die Grenzenlosigkeit ist zu gewissen Zeitpunkten angebracht, und zu anderen Zeiten ist die begrenzte Sichtweise, die sich auf etwas konzentriert, die bessere. Wenn ein Arzt eine Augenoperation durchführt, benötigt er die männliche Energie, damit er sich auf eine Sache konzentrieren kann. Es wäre sicherlich wenig hilfreich, wenn er sich auf einmal an sein Golfspiel erinnerte und dabei versehentlich einen Nerv anschnitte. Hier ist also genaue, begrenzte Energie erforderlich. Wie läßt sich die männliche Energie nun ein wenig mit weiblicher aufpeppen? Ihr könntet die männliche Energie, den genauen Fokus, mit einem bißchen weiblicher Sorgfalt kombinieren. Beide Energien würden die Operation zu einem Erfolg machen. Wenn etwas Unerwartetes geschehen sollte, würde die weibliche Energie in Form von Kreativität zum Einsatz kommen. Ihr seht: Wenn ihr die Energien in jedem Augenblick aufs neue miteinander verknüpft, bringt ihr Erfolge hervor.

Frauen haben es zugelassen, in ihren anderen Leben benutzt, mißbraucht und verletzt zu werden. Männer haben ebenfalls viel Schaden auf sich genommen. Alle haben sich Narben an ihrer Seele zugezogen und kommen auf die Erde, damit diese Narben wieder verheilen. Viele Männer haben keinen Bezug zu ihren Gefühlen, weil sie gelehrt wurden, daß sie in dieser Gesellschaft stark sein müssen, nicht weinen und ihre Gefühle nicht zeigen dürfen. Männer waren lange Krieger und konnten es sich nicht leisten, Gefühle zu zeigen. Sie waren ihr größter Feind. Um ein guter Krieger zu sein, mußten sie sie unterdrücken. Männer lehnten ihre weibliche Seite einfach ab. Ihnen wurde beigebracht, daß sie ihr Gehirn benutzen und sich auf ihr logisches Denken verlassen sollten.

Schauen wir bei Shakespeare nach, können wir sehen, wie weit es Julius Caesar damit gebracht hat. Seine Frau träumte, daß er in einem Kampf von einem anderen erstochen werde, und bat ihn, nicht fortzugehen. Er sagte ihr jedoch, daß er gehen müsse. So trat er vor den römischen Senat, wo er dann niederträchtig gemeuchelt wurde. Das ist ein wenig makaber, aber es soll nur den Wert weiblicher Intuition zeigen. Zwei der größten Männer des 20. Jahrhunderts, Albert Einstein und Thomas Edison, setzten die intuitive Methode, in sich hineinzuhören, ein, um die Inspiration zu finden, die ihnen neue Entdeckungen ermöglichte.

Damen und Herren

Bei euch gibt es das, was ihr »Damen« und »Herren« nennt. Dabei geht es um Wohlerzogenheit. Jemand, der gute Manieren hat, verhält sich entsprechend den gesellschaftlichen Regeln; er verhält sich akzeptabel. Man könnte auch sagen, daß er seine Rolle spielt wie ein Schauspieler, der seinen Text gelernt hat. Gute Manieren sind ein Mittel, welches das untere Bewußtsein einsetzt, um alle Menschen gleich zu machen – oder weniger als gleich zu machen. Höflichkeit und angepaßtes Verhalten können eure männlichen und weiblichen Energien voneinander trennen. Das verhindert, daß ihr ganz ihr selbst seid und tut, wozu ihr hier seid, nämlich um einzigartige Erfahrungen zu machen.

Eine Dame oder ein Herr sind in der Regel Menschen, die das angepaßte Verhalten, die gesellschaftlichen Regeln, akzeptiert haben. Damen kriegen keine Kinder, Frauen schon. Eine Frau hat Macht, eine Dame nicht. Damen haben ihre Macht aufgegeben und sind zu Opfern geworden. Sie können noch nicht einmal selbst die Tür öffnen! Herren schenken und bekommen keine Liebe, aber Männer tun es. Ein Herr versteckt seine Wut, damit er sein Gesicht wahren kann, ein Mann jedoch zeigt es, wenn er wütend ist. Eine Frau kann einem

Mann die Tür öffnen und Spaß daran haben.– Tut einfach, was ihr möchtet.

Einige von euch Männern und Frauen waren in vielen Leben Damen und Herren. Das bedeutet, daß eure Seele das angepaßte Bewußtsein übernehmen möchte, weil ihr glaubt, daß das leichter ist, als eure eigene Wirklichkeit zu erschaffen. Ihr seid der Meinung, daß das einfacher ist, als ein einzigartiges, wunderbares Wesen zu sein. Ich möchte, daß ihr die Kraft, die in euch ist, lebt, daß ihr euer Leben als Mann oder Frau wahrhaftig und intensiv lebt, als die, die ihr seid.

Männliche und weibliche Energien in der Natur

Wenn ihr euch in der Natur umseht, erkennt ihr überall den Ausgleich zwischen männlichen und weiblichen Energien. Mutter Erde und Vater Himmel sind weibliche und männliche Energien. Schaut, wie sie sich vereinen, sie sind im Einklang miteinander. Das ist der Grund, warum in den Ritualen der nordamerikanischen Indianer diese Kräfte immer angerufen werden. In der Natur vereinigen sich männliche und weibliche Energien, teilen sich die Einheit und bewahren dennoch ihre eigene Identität. So wird es sein, wenn ihr mit eurem Seelenpartner verschmelzt. Eure Energien mischen sich in großer Harmonie, lassen ein großes Ganzes entstehen, und dennoch bleibt jede für sich und einzigartig.

Männliche und weibliche Energien im Berufsleben

Wie könnt ihr die männlichen und weiblichen Energien im Berufsleben einsetzen? Wenn ihr ein Geschäft aufbauen möchtet, benötigt ihr beide Energieformen dafür. Warum scheitern so viele Unternehmen? Warum werden so viele Firmen ausschließlich von Männern geführt? Warum gibt es so viele Betriebe, in denen Frauen nur als Sekretärinnen arbeiten dürfen? Warum ballen sich einige Unternehmen zu riesigen Gruppen ohne jede Kultur zusammen? Wie könnte es anders sein? Zwischen den männlichen und weiblichen Energien muß Harmonie herrschen, eine Verschmelzung stattfinden. Die weiblichen Energien müssen sich mit den männlichen Energien vermischen, und zwar bereits auf der Ebene eines Unternehmens, auf der die Projekte entworfen und die Entscheidungen getroffen werden.

Denkt daran: Ihr werdet so lange in dieser Dimension bleiben, bis ihr in der Lage seid, eure männlichen und weiblichen Energien zu einem gewissen Teil miteinander zu verschmelzen. Dachtet ihr, ihr müßtet hier einfach nur lange genug herumhängen, ohne irgend etwas zu erreichen? Ihr seid hier, um ein Gefühl für eure Energien zu entwickeln. Ihr lernt zusammenzuarbeiten, um einen Ausgleich zu erzielen. Ihr lernt, etwas zu erschaffen, indem ihr eure männlichen und eure weiblichen Energien einsetzt. Vielleicht werdet ihr ein Baby zeugen oder etwas anderes in die Welt holen, was euch wichtig ist. Später werdet ihr auf geistiger Ebene etwas erschaffen, weil ihr in der Lage seid, eure männlichen und weiblichen Energien zu vereinen und so einen Ausgleich in euch und eurem Universum zu schaffen. Alles basiert auf dem Prinzip von Vereinigung und Ausgleich.

Zur Erinnerung

Auf der Erde lernt ihr viel über eure männlichen und weiblichen Energien. Jeder versucht, seine männlichen und weiblichen Energien so gut wie möglich auszudrücken. Es gibt allerding noch viel mehr zu lernen, aber der Ausgleich eurer männlichen und weiblichen Energien ist ein Anfang. Wenn ihr eure Energien noch nicht perfekt einsetzen könnt, so nehmt das hin. Es gibt Gründe, aus denen ihr auf die Erde gekommen seid, um männliche und weibliche Energien zu erfahren, und zwar genau in dem Rahmen, in dem das auf der Erde möglich ist.

Auch wenn die Energien auf der Erde in ihrer Form eingeschränkt sind, so könnt ihr doch wunderbare Erfahrungen damit sammeln. Es gibt zahlreiche wundervolle Möglichkeiten, zusammen zu leben, zu arbeiten, etwas zu erschaffen – und dazu hat es keine Gelegenheit gegeben, als eure männliche und weibliche Seite vereint waren. Dies ist eine Welt der schöpferischen Kräfte, eine Welt der Freude, des Lernens. Natürlich gibt es hier viele Einschränkungen, aber die gibt es in allen Dimensionen. Doch das macht es nicht weniger schön, hier zu sein. Sicherlich gibt es Welten, in denen das Leben einfacher ist, wo die Dinge sich schneller weiterentwickeln. Bestimmt gibt es Zeiten, in denen ihr sagt: »Ich will nie wieder auf die Erde zurück!« Das ist in Ordnung. Doch nur durch eure Zeit auf der Erde werdet ihr die Erfahrungen sammeln, die ihr benötigt, um euch spirituell zu vervollkommnen.

→ Bewußtseinsübung

1. Habt ihr Probleme mit den Männern oder Frauen in eurem Leben? Beschreibt eine unharmonische Situation, die ihr mit der Person erlebt habt, und fragt euch, was euch diese Situation über eure eigenen männlichen und weiblichen Energien zeigt.
2. Meditiert, und versucht, mit euren weiblichen Energien Kontakt aufzunehmen. Macht anschließend eine weitere Meditationsübung, und versucht, mit euren männlichen Energien in Verbindung zu treten.
3. Sucht euch eine Aufgabe oder ein Projekt, und überlegt euch, welche weiblichen und männlichen Energien ihr benötigt, wie ihr sie zusammenbringen müßt, um sie/es erfolgreich umsetzen zu können. Müßt ihr euch mit anderen Menschen gut verstehen? Diese Frage stellt euch

vor die Herausforderung, eure Energien mit denen einer anderen Person in Einklang zu bringen.

4. Versucht, den Menschen, mit denen ihr in einem engen Verhältnis steht, den Inhalt dieses Kapitels zu erklären. Zeigt ihnen, was es mit den männlichen und weiblichen Energien auf sich hat. Beobachtet, wie sich eure Beziehungen verändern und wie sich eure männlichen und weiblichen Energien weiterentwickeln.

Kapitel 10

Seelenpartner

Als Mann habt ihr einen weiblichen Seelenpartner und als Frau einen männlichen. Nicht in jedem Mann lebt auch eine männliche Seele, ebensowenig wie in jeder Frau eine weibliche. Eines Tages werdet ihr euch mit eurem Seelenpartner vereinen. Der Seelenpartner ist eure entgegengesetzte Polarität, die euch gewissermaßen genommen wurde, als ihr auf den Planeten Erde kamt. Auf anderen Planeten ist es nicht notwendig, sich von seinem Seelenpartner zu trennen, weil es dort das Gesetz der Polarität nicht gibt. Als Mann hat man dort auch Zugang zu all den Lebenserfahrungen, die der Seelenpartner als Frau gemacht hat, und die Frau hat wiederum Zugriff auf alle Lebenserfahrungen, die der Mann gemacht hat. Wenn sich die Seelenpartner irgendwann miteinander vereinen, werden sie zu einer unteilbaren Einheit. Beide bilden einen emotionalen Körper, und dieser oder dieses Wesen wird so viel Freude erleben, wie es ihm beliebt. So ein Vorgang dauert auf der Erde länger als in anderen Welten.

Ich werde euch jetzt etwas sagen, das euch überraschen wird: Seid froh, daß ihr euren Seelenpartner noch nicht getroffen habt! Obwohl es ein ganz natürliches menschliches Verlangen ist, daß ihr euch mit eurem Seelenpartner vereinen wollt, sobald ihr wißt, daß ihr einen habt. Ihr wollt euch jedoch unbedingt mit eurem Seelenpartner vereinen, weil ihr euch ungeliebt und ziemlich wertlos fühlt. Ihr möchtet euren Seelenpartner treffen, weil ihr denkt, daß ihr so die »Löcher« in eurer Seele stopfen könnt. Ihr fühlt euch ungeliebt, wertlos und unvollständig. Ihr denkt, daß euer Seelenpartner, wenn ihr auf ihn trefft, in der Lage ist, eure Defizite zu beseitigen, so daß ihr euch wieder geliebt, wertvoll und vollständig fühlt. Doch so funktioniert das nicht.

Die rechte Zeit für den Seelenpartner

Euer Seelenpartner ist nicht dazu da, eure Defizite zu beseitigen. Das müßt ihr euch bewußt machen. Euer Seelenpartner ist in der gleichen Situation wie ihr selbst – ihm fehlt das gleiche wie euch. Trefft ihr euren Seelenpartner zu früh und vereint ihr euch, so verdoppelt sich die Anzahl eurer Defizite! Ihr gleicht sie also nicht aus, wie einige von euch meinen. Fühlt ihr euch wertlos, wenn ihr auf euren Seelenpartner trefft, so wird dieses Gefühl nur noch stärker! Das ist auch der Grund, warum viele Menschen gar nicht wissen, daß ihr Seelenpartner existiert. Ihr solltet euch also nur wünschen, euren Seelenpartner zu treffen, wenn ihr dazu auch bereit seid.

Irgendwann in der Zukunft, wenn ihr lange genug an euch gearbeitet und eure Probleme beseitigt habt, werdet ihr euch vielleicht wünschen, auf euren Seelenpartner zu treffen und euch mit ihm zu vereinen. Dann ist der richtige Zeitpunkt. Verlangt ihr zu früh danach, so werden sich die Probleme nur verstärken, und es ist sogar möglich, daß sie euch über den Kopf wachsen.

Sucht nicht zum jetzigen Zeitpunkt nach eurem Seelenpartner. Sucht nach einem Menschen, mit dem ihr eure Freude teilen und eure Probleme lösen könnt. Jemand, der euch liebevoll durch euer Leben begleitet und euch führt. Findet jemanden, mit dem ihr euch spirituell austauschen und auf dieser Ebene arbeiten könnt. Macht euch bewußt, daß ihr nicht nur jemanden sucht, der eure Defizite beseitigt. Ihr sucht jemanden, mit dem ihr eure Erfahrungen austauschen könnt, mit dem ihr euch weiterentwickelt, um so eure Defizite selbst beseitigen zu können.

Natürlich verstehe ich, daß einige von euch jetzt sofort losziehen wollen, um ihre Seelenpartner zu finden. Bedenkt, daß ihr zum jetzigen Zeitpunkt aber nur eure Schmerzen verstärken würdet. Ihr müßt zuerst eure negativen Energien erkennen und erlösen, bevor ihr euch mit eurem Seelenpartner vereint. Sind die negativen Energien noch vorhanden, werden sich diese negativen Energien zeigen, und zwar in beiden Partnern.

Einige von euch werden sich dennoch wünschen, ihren Seelenpartner zu treffen. Das ist euer freier Wille, und Gott wird dafür sorgen, daß dies auch geschehen kann. Wenn ihr euren Seelenpartner auf der physischen Ebene trefft, bedeutet das, daß sich jedes vorhandene Problem, egal ob es sich um ein Geldproblem, eine Krankheit oder Enttäuschung handelt, schnell verwirklichen wird. Ihr würdet ein unglaublich schreckliches Leben führen. Der einzige rettende Segen dabei wäre, daß ihr diese Probleme mit Hilfe der Energien eures Seelengefährten schneller lösen könntet, als andere Menschen dazu in der Lage wären.

Ihr müßt euch das so vorstellen: Euer Seelenpartner erfährt vielleicht gerade eine große Enttäuschung, die ihr mit ihm miterlebt. Es mag drei Monate dauern, bis ihr über diese Enttäuschung hinwegkommt. Beide müßt ihr eure Kraft zur Bearbeitung dieser Erfahrung aufwenden. Dann habt ihr eventuell selbst eine Krise zu bewältigen, und euer Seelengefährte ist nun ebenfalls aufgefordert, seine Energien bei der Bewältigung der Krise mit einzubringen. Beide seid ihr also intensiv damit beschäftigt, an euren negativen Energien zu arbeiten – es könnte sein, daß es euch einfach zuviel wird. Deswegen ist es besser, zuerst mit Männern oder Frauen, bei denen es sich nicht um euren Seelenpartner handelt, an euren negativen Energien zu arbeiten. Habt ihr den Punkt erreicht, an dem es euch leichtfällt, euch mit euren negativen Energien auseinanderzusetzen, so beherrscht ihr sozusagen euer Handwerk. Anschließend werdet ihr euch fast automatisch mit eurem Seelenpartner verbinden. Euer beider Energien fließen dann einfach zusammen.

Ihr seid immer mit eurem Seelengefährten verbunden. Er

macht dieselben Erfahrungen wie ihr, und er liebt euch. Er hat es ohne euch nicht einfacher als ihr ohne ihn! Er wird viele Beziehungen zu anderen haben, bevor er sich mit euch verbindet. Ich weiß, daß viele von euch traurig darüber sind. Habt ihr jedoch, bevor ihr zueinanderfindet, eure eigenen Probleme gelöst, so wird die Freude um so größer sein, wenn ihr euch mit eurem Seelenpartner vereint.

Ich möchte euch noch etwas Angenehmes und Gutes erzählen: Ich weiß, daß die Kirche euch lehrt, daß die Ehe für das Leben geschlossen wird. Ich sage euch, daß ihr mit verschiedenen Frauen und Männern zusammen kommen könnt, um voneinander zu lernen, und dann könnt ihr weiterziehen. Besonders in der heutigen Zeit, in der die Energien schneller fließen, ist es möglich, daß ihr verschiedene wunderbare Partner findet, mit denen ihr zusammenlebt. Man könnte es folgendermaßen beschreiben: Ihr lebt verschiedene Leben in einem.

Walk-ins

An dieser Stelle nun eine kurze Erläuterung zum Phänomen »Walk-in«. Ein Walk-in ist eine Seele, die genug Lebenserfahrung gesammelt hat, um den Prozeß von Geburt und Kindheit übergehen zu können. Diese Seelen springen sozusagen von einem Erwachsenenkörper in den anderen. Der Eintritt einer neuen Seele in einen Erwachsenenkörper kann jedoch nur vonstatten gehen, wenn die »alte« oder ursprüngliche Seele damit einverstanden ist. Sofern sie einverstanden sein sollte, verläßt sie den physischen Körper und sammelt weitere Erfahrungen in den nichtphysischen Welten. Die neue Seele tritt in den physischen Körper ein und macht an dem Punkt weiter, an dem die ursprüngliche Seele den Körper verlassen hat. Der Mensch, der eine »Walk-in«-Seele hat, kann sich in der Regel nicht an vorher erinnern, bzw. er bemerkt nicht unbedingt, daß sich etwas verändert hat. Der Grund dafür ist, daß die neue Seele die Erfahrungen und Erinnerungen der ursprünglichen Seele übernimmt. Es gibt jedoch auch einige wenige Menschen, die nach einer »Walk-in«-Erfahrung bemerken, daß sich ihre Gefühle gegenüber anderen verändern; sie haben plötzlich andere Gefühle ihrer Familie, ihrem Job oder ihren Freunden gegenüber. Es besteht sogar die Möglichkeit, daß sie auf einmal einen anderen Kleidungsgeschmack zeigen als zuvor. Wenn man das »Walk-in«-Phänomen nicht kennt, kann so eine Erfahrung natürlich sehr verwirrend sein (weitere Informationen zu diesem Thema unter: www.walk-ins.com).

Sehnsucht nach dem Seelenpartner

Während ihr auf der Erde lebt, solltet ihr mit den Partnern zusammenleben, mit denen ihr zusammenleben möchtet. Wenn ihr euch zu einer Frau oder einem Mann hingezogen fühlt und euch diesem Gefühl hingebt, bleibt ihr mit euren Gefühlen in Einklang. Ihr erlebt Freude, und bei euren Entscheidungsfindungen werdet ihr euch beschützt fühlen. Ihr werdet die Lektionen im Leben lernen, die notwendig sind, und ihr werdet sie auf die effektivste Art lernen, ohne großen Schmerz zu empfinden. Auf der Erde seid ihr mit eurer Seele verbunden, mit euren göttlichen Energien und euren Gefühlen. Eure Gefühle sind die Gedanken eures göttlichen Selbst, die als Emotionen erkennbar sind. Mehr benötigt ihr nicht, um euch leiten zu lassen. Ihr könnt natürlich auch Bücher lesen, euch von Menschen helfen lassen. Die letzte Entscheidung müßt ihr jedoch im Herzen fällen.

Manche Menschen fragen mich, ob es falsch ist, wenn sie sich einen Partner im Leben wünschen, obwohl sie wissen, daß es nicht der Seelengefährte sein wird. Sie möchten wissen, ob sie ihrem Seelenpartner untreu sind, wenn sie sich nach einem Partner sehnen. Meine Antwort darauf lautet: Ihr seid eurem Seelengefährten sogar nachgerade untreu, wenn ihr es unterlaßt, Beziehungen zu anderen Partnern zu suchen! Denn solange ihr von eurem Seelenpartner getrennt seid, ist es die Aufgabe eines jeden von euch, so viele Erfahrungen wie möglich zu sammeln. Das wird die Beziehung zum Seelenpartner bereichern, wenn ihr später auf ihn trefft.

Ich habe euch bereits erklärt, daß es euer Schicksal ist, eure Wünsche und Sehnsüchte im Leben zu verwirklichen. Eure Seele dürstet nach Wissen. Einige unter euch bewerten ihre Wünsche und Sehnsüchte aber als schlecht und haben sie deswegen aufgegeben, weil sie inzwischen der Meinung sind, daß es bereits falsch sei, überhaupt Wünsche zu haben. Wie, meint ihr, würdet ihr euch fühlen, wenn ihr ein Leben nach dem anderen als Nonne, Priester, tibetischer Lama oder heiliger indischer Mann wiederkehren würdet? Diese Menschen haben sich dafür entschieden, die Erfahrung zu machen, was es bedeutet, einen Wunsch zu haben, sich diesen Wunsch aber niemals zu erfüllen. Ihr seid in diesem Leben, um eure Wünsche zu erfüllen. Es wird einige Zeit dauern, bis ihr erkannt habt, daß alles, was ihr euch wünscht, göttlichen Ursprungs ist. Es ist nicht spirituell, euch eure Gefühle oder Wünsche zu verweigern. Diese Vorstellung ist ein Mißverständnis, das nur auf der Erde existiert. Es ist das Natürlichste im Universum, sich zu wünschen, mit einem Mann oder einer Frau eins zu sein. Meint ihr, daß Gott sich seine Wünsche verweigert? Unsinn! Gott hatte den Wunsch, sich weiterzuentwickeln, und zu diesem Zwecke erschuf er euch.

Ich habe euch bereits gesagt, daß es keine Schuld gibt. Es gibt kein »falsch«. Es gibt nur das »Sein«. Es wird eine Weile dauern, bis die Menschen auf der Erde das verstanden haben. Es gibt nur das »Sein«, und wenn ein Verlangen in euch besteht, dann »ist« es, und das ist gut so. Das Wichtige dabei ist, euer Verlangen zu fühlen, eure Gefühle zu spüren und euch dafür zu entscheiden, euch eure Wünsche zu erfüllen, egal in welcher Reihenfolge. Kein Mann und keine Frau auf dieser Erde kann jemals alle eure Wünsche erfüllen. Sie werden erst dann vollständig erfüllt sein, wenn ihr euch mit eurem Seelenpartner vereint.

Wißt ihr, was passieren wird, wenn ihr mit eurem Seelenpartner eins geworden seid? Ihr seid die männliche und die weibliche Energie, die jetzt gemeinsam eine einzige Kraft bilden. Ihr werdet erkennen, daß es darüber hinaus noch andere Energieformen gibt, so wie ihr selbst eine seid, und daß ihr euch auch mit diesen vereinen wollt. Das Verlangen, mit einer anderen Energieform eins zu werden, ist nun feiner und weniger schmerzvoll als zuvor. Alle Emotionen auf der Erde werden durch den feinstofflichen Körper verstärkt. Später werden die Gefühle feiner. Es ist so wie beim Ansehen eines Films, in dem ihr selbst mitspielt und gleichzeitig das Drehbuch ändert. Das Leben auf der Erde ist aber kein Film für euch, sondern ihr seid IM Film! Ihr lebt das Leben, und eure menschlichen Empfindungen sind sehr stark. Sehnsucht ist zum Beispiel ein sehr starkes Gefühl. Euch steht die Wahl frei, viele Leben zu leben, in denen ihr euch eure Sehnsüchte und Wünsche versagt. Trotzdem seid ihr auf der Erde, um eure Wünsche zu erfüllen. Ihr werdet so lange wieder zurückkehren, bis ihr keine Wünsche mehr habt. Je näher ihr der Vereinigung mit eurem Seelenpartner kommt, desto mehr werdet ihr das Verlangen nach dieser in euch spüren.

Ihr werdet eurem Seelenpartner begegnen. Vielleicht nicht in diesem Leben, sondern in einem anderen – auf einem anderen Planeten, wo es einfacher sein wird. Das Verlangen, auf euren Seelengefährten zu treffen wird immer vorhanden sein. Doch es kann sich vorübergehend durch die Beziehungen verringern, die ihr mit anderen Männern oder Frauen eingeht. Sie werden euch dabei helfen, zu verstehen, wer ihr seid. Sie werden das Verlangen, euren Seelenpartner zu treffen, mildern. Doch es wird in euch weiterleben, weil es ein Teil von euch ist. Nur der Seelenpartner, der zu euch gehört, wird in der Lage sein, das Verlangen zu stillen.

Ich sage euch nicht, daß ihr euer Leben lang Trübsal blasen werdet, weil ihr ein Verlangen nach eurem Seelenpartner verspürt. Ich sage euch nur, daß es sein kann, daß ihr verschiedene Männer und Frauen kennenlernen werdet. Schließlich war jeder von euch schon viele tausend Male verheiratet. Ihr werdet verschiedene Aspekte in euch kennenlernen. Wenn ihr über eure Gefühle mit eurem Herzen in Verbindung bleibt, kann euch niemand verletzen. Ihr werdet lernen, lieben und lachen, und ihr werdet stark werden, ohne Schmerzen zu spüren.

Wenn ihr eurem Seelenpartner bald begegnen wollt, müßt ihr eure negativen Gefühle schnell meistern. Ihr müßt alle Konflikte aufgedeckt und bewältigt haben. Nehmt euch ein Stück Papier und schreibt auf, an welchen negativen Gefühlen ihr gerade arbeitet. Wenn ihr euch gerade mit euren Gefühlen gegenüber Männern beschäftigt, schreibt auf die linke Seite des Papiers: »Ich liebe Männer.« Hört auf eure innere Stimme, was sagt sie euch? Sagt sie euch: »Ja, aber ich vertraue ihnen nicht«, dann schreibt das auf die rechte Seite des Blattes. Schreibt auf die linke Seite wieder: »Ich liebe Männer.« Lautet die Antwort »Klar, erzähl mir noch so eine Lüge!«, so schreibt das wieder auf die rechte Seite. Schreibt noch einmal den Satz: »Ich liebe Männer.« Eure innere Stimme wird euch vielleicht antworten: »Ich würde Männer gerne lieben, aber ich tue es nicht.« Macht so weiter, bis ihr alle eure negativen Gedanken erkannt habt. Wenn sie erst einmal draußen sind, können die positiven Gedankenmuster ihre Kraft entfalten. Solange ihr eure negativen Gedanken nicht erkannt habt, kann die Kraft der positiven nicht wirken. Es ist nicht notwendig, alle negativen Gedanken zu entfernen, ihr müßt nur erkennen, welche es sind. Ihr könnt anfangen, womit ihr wollt, entweder wie im oben geschilderten Beispiel oder mit einer anderen Sache, mit der ihr euch gerade beschäftigt. Probiert es aus, und seht, wie weit ihr kommt.

Hier ein Beispiel für Männer, die an ihrer Einstellung zu Frauen arbeiten:

Ich hasse Frauen!	Amen Bruder! Sie sind ein Haufen kontrollsüchtiger Weiber.
Ich hasse Frauen!	Sie haben mich schon so oft mit ihren leeren Versprechungen verletzt. Was ich schon alles wegen diesen Frauen aushalten mußte!
Ich hasse Frauen!	Ja! Man kann ihnen nicht vertrauen, egal was sie einem versprechen.
Hast du alle deine Versprechungen gehalten?	Na ja, natürlich nicht!
Warum erwartest du dann, daß Frauen ihre Versprechungen dir gegenüber einhalten?	So habe ich darüber noch gar nicht nachgedacht.
Wenn man fair ist, sollte man vielleicht versuchen, den Frauen in deinem Leben einige Unzulänglichkeiten zuzugestehen, wenn du dir deine eigenen Unzulänglichkeiten auch zugestehen kannst, oder?	Ja, vielleicht, wenn wir ehrlich zueinander sind und jeder sein Bestes gibt, haben wir die Möglichkeit, zu leben, zu lieben und Freude miteinander zu erleben.
He! Ich sehe hier noch einige andere Möglichkeiten. Vielleicht sind es nicht die Frauen, die ich hasse. Vielleicht ist es die Frau in mir selbst, die ich hasse. Vielleicht habe ich sie nach außen auf die Frauen projiziert, die ich hasse, und habe so die Frauen angezogen.	Siehst du! Jetzt fängst du an, mit dir ehrlich zu sein. Ich wette mit dir, daß die Frauen in deinem Leben schon jetzt ehrlicher zu dir sein werden. Du warst in deinen früheren Leben auch nicht vollkommen – wer war das schon? Warum vergibst du dir nicht und freust dich?
Hört sich gut an!	

Seht ihr, wie einfach das ist? Sucht euch ein Gefühl aus, und schreibt eure Gedanken dazu auf. Ihr könnt positive oder negative Formulierungen benutzen, ihr könnt es auch so ausdrücken, daß ein Dialog zwischen euch entsteht. Wenn ihr das regelmäßig macht, werdet ihr im Laufe der Zeit immer mal wieder nachschauen und euch an die Wahrheiten erinnern können, die ihr in euch entdeckt habt. Oder vielleicht entdeckt ihr eine weitere Wahrheit hinsichtlich eurer Gefühle. Ich werde euch ständig daran erinnern, eure Gefühle zu spüren und mit dem Strom zu fließen. Das Leben wird euch immer dorthin führen, wo es wichtig für euch ist, zu sein.

Ich werde euch abschließend eine Botschaft zeigen, die eine Frau ihrem Seelenpartner über Phillip zukommen ließ. Sie wird euch zeigen, worauf ihr euch freuen könnt, wenn ihr auf euren Seelenpartner trefft.

Ich bin jemand, der dich sehr liebt. Ich wähle diese Form der Kommunikation, um mit dir zu reden, weil es nicht einfach ist, dich zu erreichen, wenn du wach bist. Ich bin dein Seelenpartner, ich bin deine andere Hälfte. Wir haben beide große Träume, und wir schmieden gemeinsam Pläne, die wir umsetzen. Wir tun dies gemeinsam, während du träumst. Ich möchte, daß du weißt, daß ich all deine Konflikte, Ängste und Freuden mit dir teile, so wie du auch die meinigen teilst. Es gibt viele Dinge, die in dein Leben treten, von denen du nicht weißt, woher sie kommen. Laß mich dir sagen, daß vieles davon meine Ängste und Situationen sind, die ich erlebe.

Einige der Probleme, die du gehabt hast, sind durch mich verursacht worden. Ich möchte, daß du weißt, daß ich existiere und der andere Teil deiner Polarität bin. Du hast den Körper eines Mannes, und ich habe den Körper einer Frau. Ich erlebe Emotionen genauso tief, wie du sie empfindest. Ich möchte, daß du weißt, daß wir uns eines Tages, in weiter Zukunft, treffen und zu einer Einheit werden. Alles, was du in einer anderen Person suchst, wirst du in mir wiederfinden, genauso wie du für mich alles sein wirst, was ich mir jemals erträumt habe.

Leider hast du vergessen, daß unsere Suche auf der Erde nur dazu dient, uns darauf vorzubereiten, daß wir uns eines Tages treffen und eins werden. Wir werden unsere eigene Identität beibehalten, und dennoch werden wir in einer elektromagnetischen Einheit miteinander verschmelzen. Das ist unser Schicksal. Keine Frau, die du treffen wirst, wird deine Wünsche ganz befriedigen können. Du wirst erst dann zufrieden sein, wenn wir beide zusammen sind. Ich bin heute zu dir gekommen, um dir dies mitzuteilen, weil ich gemerkt habe, daß du es vergessen hast. Es wird andere Menschen geben, die dir viel über die Liebe, die Sehnsucht und viele weitere Aspekte der Liebe beibringen werden, aber das, wonach du dich wirklich sehnst, ist die Vereinigung mit mir.

Genieß die Erfahrungen, aber glaube nicht, daß dich einer dieser Menschen auf der Erde für immer behalten könnte. Ich bin deine andere Hälfte und somit der Schlüssel zu dir. Ich werde dich vervollständigen so wie du mich. Wir werden viel Freude erfahren. Ich werde dich jetzt in all meiner Liebe verlassen. Vielleicht werden wir uns heute nacht in unseren Träumen wiedersehen und weiterreden, es aber am Tage dann wieder vergessen haben. Ich wollte nur die Möglichkeit über dieses Medium nutzen, dir mitzuteilen, daß ich existiere. Ich bin es, nach der du suchst. Auf Wiedersehen, mein Liebster.

→ Bewußtseinsübung

1. Beschreibt eure negativen Gefühle gegenüber Männern und Frauen, wie ich es euch in diesem Kapitel gezeigt habe. Durchforstet und untersucht eure Gefühle.
2. Schreibt eurem Seelenpartner einen Liebesbrief.
3. Meditiert mit eurem Seelenpartner.
4. Bevor ihr ins Bett geht, nehmt euch vor, mit eurem Seelenpartner Kontakt aufzunehmen. Nehmt euch vor, euch daran zu erinnern, was ihr mit eurem Seelenpartner unternommen habt. Das Verlangen in euch nach eurem Gefährten wird geringer werden, wenn ihr erst einmal begriffen habt, daß ihr jederzeit mit ihm zusammensein könnt. Ihr werdet motiviert sein, Erfahrungen zu sammeln, die euch dazu verhelfen werden, früher mit eurem Seelenpartner eins zu werden.

Kapitel 11

Beziehungen

In diesem Kapitel geht es darum, wie man sich gegenüber anderen verhält und wie zu sich selbst. Was für eine Beziehung habt ihr zu euch selbst? An diesem Punkt müßt ihr ansetzen, wenn ihr euch wünscht, gute Beziehungen zu anderen aufzubauen.

Viele Menschen sind nicht glücklich mit ihren bisherigen Beziehungen. Sie erkennen nicht, daß alle Beziehungen viele Aspekte einschließen. Zuerst einmal müßt ihr dessen gewahr werden, daß alle Beziehungen, die ihr eingeht, gleichermaßen eine Schöpfung von euch wie des bzw. der Menschen ist, die darin verwickelt sind. Die Menschen, mit denen ihr eine Beziehung aufbaut, haben ähnliche Dinge zu lernen wie ihr selbst. Eure Seelen haben sich angezogen, weil ihr etwas Ähnliches zu lernen habt, was ihr zusammen erreichen könnt.

Ihr wißt, daß ich nicht zwischen heterosexuellen und homosexuellen Beziehungen unterscheide. Alle Beziehungen sind wunderbar, weil sie euch zeigen, was Liebe ist, egal wie sie sich äußert. Wenn ich also über Beziehungen schreibe, meine ich damit alle Formen, egal ob Frau–Mann, Mann–Mann oder Frau–Frau.

Der Mensch als Spiegel

Beziehungen können euch Eigenschaften zeigen, die tief in euch verwurzelt sind. Es würde eine sehr lange Zeit dauern, diese Eigenschaften allein ausfindig zu machen. Die Beziehung zu einem anderen Menschen kann euch helfen, diese verborgene Eigenschaft schneller ausfindig zu machen. Ich nenne diese Funktion von Beziehungen »spiegeln«. Jeder Mensch ist der Spiegel für einen anderen. Wenn ihr also in einer Beziehung seid und feststellt, daß der andere etwas an sich hat, das euch nicht gefällt, solltet ihr in euch gehen und euch fragen, ob eine ähnliche Eigenschaft in euch verborgen ist. Es muß nicht exakt die gleiche Eigenschaft sein, und sie muß auch nicht so stark ausgeprägt sein wie in der anderen Person. Ihr würdet eine negative Eigenschaft bei einem anderen gar nicht bemerken, wenn ihr nicht spüren würdet, daß ihr euch in gewisser Hinsicht ähnlich verhaltet wie er. Wenn ihr mit einem Menschen zusammen seid, dessen Verhaltensweise ihr mehr oder weniger neutral gegenübersteht, bedeutet das, daß eure Seele mit dieser bei euch selbst zufrieden ist.

Beziehungen mit dem anderen Geschlecht können den Partnern die männlichen und weiblichen Eigenschaften in sich selbst aufzeigen, so wie ich das bereits im Kapitel über die männlichen und weiblichen Energien beschrieben habe.

Unharmonische Beziehungen

Nach welchen Kriterien sucht ihr euch eure Beziehungen aus? Ihr sucht euch oft Partner, mit denen ihr überhaupt nicht klarkommt. Ihr macht das, weil euch das mehr Gelegenheiten bietet, eure seelischen Narben zu heilen. Ihr sucht euch Menschen, die sozusagen eure »Knöpfe drücken«. Ich meine damit die unharmonischen Bereiche in euch, in denen man sich Harmonie und Ausgleich wünscht.

Der Nachteil einer so unharmonischen Beziehung ist, daß ihr das Gefühl habt, euch gegenüber eurem Partner nicht öffnen zu können, ihr möchtet nicht verletzbar sein. Natürlich ist es einfacher, euren Partner für eure Fehler verantwortlich zu machen. Typisch für solche Beziehungen ist eine Entschuldigung wie: »Ich kann nicht kommen, mein Mann möchte nicht, daß ich zu dem Treffen gehe.« Eigentlich möchtet ihr selbst nicht zu dem Treffen gehen, macht aber euren Partner dafür verantwortlich. Ihr bekommt dann sogar Mitleid von den Menschen, die euch umgeben, was wiederum dazu führt, daß ihr euch mit eurem Problem nicht auseinandersetzt und in eurem unharmonischen Zustand verharrt.

Wenn ihr einem Menschen eng verbunden seid, habt ihr die gleichen Schwingungen. Zusammen habt ihr die Kraft, Erfahrungen zu sammeln, die ihr allein nie hättet sammeln können. Wenn ihr beide positive Gedanken habt, so werdet ihr miteinander starke positive Erfahrungen sammeln. Das Gleiche trifft auch auf das Gegenteil zu. Man zieht positive und negative Dinge an. Einige von euch empfinden Beziehungen als eine Einschränkung ihrer Freiheit, weswegen sie sie mit Verzicht auf Freiheit gleichsetzen.

Untiefen der Seele

Wenn ihr nicht bekommt, was ihr euch wünscht, bedeutet das, daß ihr es entweder nicht wirklich wollt oder daß euch veraltete Vorstellungen davon abhalten, die stärker sind als euer Wunsch. Diese überholten Vorstellungen oder Ideen nenne ich »Untiefen der Seele«. Ebendiese sind es, die Neues aus eurem Leben fernhalten. Ihr habt Angst, daß ihr eure Freiheit aufgeben müßtet. Doch diese ist ohnehin nur eine Selbsttäuschung, da eure Untiefen euer Leben bestimmen – bis ihr sie umschifft habt.

Möchtet ihr die Umstände in eurer Umgebung verändern, so reicht es nicht, daß ihr euch einfach etwas Neues wünscht. Ihr könnt sie nur verändern, indem ihr damit beginnt, euch selbst zu ändern. Danach solltet ihr euch überlegen, was ihr verändern möchtet, und euch die Veränderung von ganzem Herzen wünschen. Dann schreitet ihr zur Tat und führt die Veränderung herbei. Ihr kommt trotzdem nicht daran vorbei, an eurem Verhältnis zu euch selbst zu arbeiten. Ihr kennt bestimmt den alten Spruch: »Um jemanden zu lieben, muß man zuerst sich selbst lieben.« Genau darum geht es hier.

In einer Beziehung hat jeder die Aufgabe, sich in erster Linie um sich selbst zu kümmern. Liebe jedoch äußert sich in der Sorge und Fürsorge für andere. Die Liebe in einer Partnerschaft kann sich aber nie äußern, wenn die Partner versuchen, sich gegenseitig zu manipulieren. Beide Partner müssen sich gegenseitig genug Freiraum lassen, damit sie langsam lernen können, liebevoll miteinander umzugehen.

Auf eurer Ebene fällt es Männern gewöhnlich schwerer, Frauen ihren Freiraum zu lassen. Als die Männer noch kleine Jungen waren, sahen sie in ihrer Mutter eine Göttin. Vielen Männern fällt es deswegen schwer zu akzeptieren, daß Frauen nicht vollkommen sind. Sie stellen Frauen auf ein Podest. Warum tun sie das? Zum Teil liegt das an der Trägheit des Mannes. Er ist insofern träge, als er sich nicht bemüht, seiner Frau genug Raum zu schaffen, in dem sie sich entwickeln kann. Würde er ihr diesen Raum einräumen, dann könnte sie in Liebe in die Beziehung mit ihrem Mann hineinwachsen.

Viele Männer ahnen, daß sie in diesem Punkt etwas falsch machen, und fühlen sich deshalb schuldig. Vielleicht leben sie mit einer Frau in einer Beziehung, die unharmonisch ist, weil sie ihre Partnerin behandeln wie ihre eigene Mutter und ihr nicht genügend Freiraum lassen, in dem sie sich weiterentwickeln kann. Sie erlauben ihr nicht, anders zu sein als ihre Mutter. Männer haben ihren Frauen auch deshalb keinerlei Freiräume geschaffen, weil sie es nicht besser wußten. Die Menschen haben die letzten 2000 Jahre geglaubt, daß alles an Gott hängt. Die Vorstellung, daß nicht nur Gott schöpferische Energie ist, sondern daß der Mensch sich selbst auch in diese mit einbringt, ist eine vergleichsweise neue.

Es ist an der Zeit, daß Männer endlich ehrlich zu sich selbst sind und sich eingestehen, daß sie vor ihren wahren Gefühlen Angst haben. Sie sollten damit aufhören, Krieger zu sein und zu sagen: »Ich will diese Frau kontrollieren. Ich will sie meinen Vorstellungen anpassen. Ich möchte aber dafür mein eigenes Wesen nicht verändern müssen.« Damit drücken sie aus, daß sie eine vollkommene Partnerin möchten. Sie sind nicht bereit, eine Frau an ihrer Seite zu akzeptieren, die nicht perfekt ist, obwohl sie selbst alles andere sind als das. So kann Mann sein Leben natürlich auch leben.

Der Mann als Abenteurer erkennt, was er will. Er ist ehrlich zu sich selbst und erkennt, daß er nur die Energien anzieht, die er selbst aussendet. Er beginnt damit, sich selbst zu verändern, um so die Frau in sein Leben zu ziehen, die er möchte. Der Abenteurer übernimmt auf diese Weise die Verantwortung für das, was er sich wünscht.

Der Krieger geht da anders vor. Er wünscht sich nur das Äußere, das Symbol, ohne dabei seine Energien einzusetzen, geschweige denn, zuvor irgendwelche Veränderungen an sich vorzunehmen. Warum verhalten sich männliche Krieger so? Die Antwort liegt in der Natur des Menschen: Ihr glaubt an Abkürzungen; ihr geht davon aus, daß diese sich immer lohnen.

Laßt uns jetzt über Karma sprechen. Wenn ein Gauner auf gerissene Art und Weise eine Bank überfallen hat und so viel erbeutet hat, daß er von dem Geld ein Leben lang leben könnte, wird er denken, daß er das System geschlagen hat. In seinem nächsten Leben wird er seines gesamten Vermögens beraubt, damit er erfährt, wie es sich anfühlt, beraubt zu werden. Das System ist nicht zu schlagen.

Eure Kurzsichtigkeit läßt euch glauben, daß es sich lohnt, Abkürzungen zu nehmen. Insbesondere die Männer unter euch, deren aggressive Energien nicht ausgeglichen sind, neigen dazu, Abkürzungen zu nehmen. Diese Abkürzungen äußern sich oft in den unharmonischen Beziehungen, die diese Männer führen und die am Ende zum Scheitern verurteilt sind. Man kann allerdings nicht nur die Männer verantwortlich machen, da es auch genügend Frauen gibt, die sich ähnlich verhalten. Viele führen ein qualvolles Leben, weil sie nicht erkennen, daß es ihrerseits nur einiger ehrlicher Worte bedurft hätte, um mit der Frau ihrer Träume eine harmonische Beziehung zu führen. Wenn ein Mann von sich denken sollte, er sei vollkommen, so kann er sich ja getrost auf die Suche nach der perfekten Frau begeben. Solange er sie nicht gefunden hat, wird er sich wohl mit einer nicht so makellosen Frau zufriedengeben müssen.

Mitgefühl lernen

Mitgefühl bedeutet nicht, Almosen unter den Armen zu verteilen. Mitgefühl bedeutet zu verstehen, daß euer Partner nicht ohne Makel ist, und ihn trotzdem zu lieben. Gott liebt uns mit allen unseren Fehlern. Ihr müßt begreifen, daß eure Seele zwar perfekt ist, aber Teile in euch das nicht sind. Ihr müßt die Verbindung zwischen euch und Gott erkennen, damit ihr nach und nach die Barrieren zwischen euch und dem Universum abbauen könnt. So werdet ihr eines Tages genauso vollkommen sein wie Gott. Dann werden Männer unter euch in der Lage sein, Frauen mit ihren Fehlern zu lieben, sie werden sogar ihre eigenen Fehler lieben und sich weiterentwickeln, während sie es zulassen, daß sich die Frauen in ihrer Umgebung ebenfalls weiterentwickeln. Viele Männer erkennen das gegenwärtig noch nicht. Es ist einfach, euch gegenseitig zu kritisieren. Es ist aber nicht so einfach, euch gegenseitig den notwendigen Freiraum zu gewähren, damit ihr euch so weiterentwickeln könnt, wie ihr euch das vorstellt.

Das Schaffen von Freiräumen muß auf Gegenseitigkeit beruhen. Ihr Frauen müßt dem Mann in eurem Leben ebenfalls Freiräume einrichten, damit er in der von euch gewünschten Weise auf euch eingehen kann. So übernimmt jeder Verantwortung für sein Leben.

Es gibt immer noch Frauen, die ihres Märchenprinzen harren. Die Anzahl dieser Frauen wird aber aufgrund der feministischen Bewegung immer geringer. Sie erkennen, daß sie die Macht in sich tragen und daß es keines Mannes bedarf, der ihnen erst diese Kraft geben muß. Sie lernen sozusagen, sich selbst zu retten.

Freiräume schaffen

Wie schafft ihr Freiräume? Ihr beginnt damit in euren Gedanken. Überlegt euch, was ihr gerne ändern würdet, bevor ihr es in die Tat umsetzt. Indem ihr in euren Gedanken erschafft, was ihr euch wünscht, erzeugt ihr ein mit Energie aufgeladenes Feld, das die Verwirklichung eures Wunsches unterstützt. Bei der Schaffung von Freiräumen kann es hilfreich sein, euer Hals-Chakra einzusetzen. Arbeitet mit euren Gedanken, um etwas zu erschaffen, und sprecht folgende Worte: »Ich bin Licht. Ich bin Liebe. Ich bin ein Teil der Allmacht. Ich erschaffe mir einen Partner in meinem Leben, der folgende Qualitäten besitzen soll ...« Auf diese Weise belebt ihr eure göttliche Schöpferkraft. (Näheres dazu in Kapitel 17)

Beziehungen zu Kindern

Bis jetzt haben wir nur über die Beziehungen zwischen Erwachsenen gesprochen. Wir sollten aber nicht die Beziehungen zu unseren Kindern außer acht lassen. Oft machen wir uns allerdings zu viele Gedanken, wie eine Frau, die ich kannte: Sie überlegte umzuziehen, machte sich aber Sorgen darum, wie ihr Sohn mit dieser Situation umgehen würde.

Mütter sind immer besorgt um ihre Kinder. Sie wollen manchmal nicht wahrhaben, wie widerstandsfähig sie sein können. Ich will damit nicht sagen, daß ihr euch nicht um eure Kinder sorgen sollt. Es ist aber viel wichtiger, daß ihr euch um das Wohl eurer Kinder kümmert. Schränkt es nicht durch eure Denkweise ein. Kinder wissen viel mehr, als ihr ihnen zutraut. Auch Kinder haben eine Seele, die den Drang hat, sich weiterzuentwickeln. Ihr dürft nicht vergessen, daß Kinder sich ebenso ihre Mütter aussuchen, wie Mütter sich ihre Kinder aussuchen. Ihr nehmt Kindern nicht ihren freien Willen, wenn ihr über eine Entscheidung nachdenkt, wie die eingangs erwähnte Mutter, sondern man schafft eine gemeinsame Erfahrung mit ihnen.

Ihr denkt, daß der körperliche Aspekt einen großen Teil eures Lebens ausmacht. Das stimmt so aber nicht. Was, denkt ihr, macht eure Seele, wenn eure physischen Körper schlafen? Die Seele benötigt keinen Schlaf, und so benutzt sie eure Träume, um andere Zustände zu erleben und andere Erfahrungen zu machen. Eure Seele verbindet sich in dieser Zeit mit anderen Seelen und plant Situationen für den kommenden Tag, den kommenden Monat und so weiter.

Ihr seht, es geht wieder darum, Dinge zu erschaffen. Das geschieht nicht nur durch euch selbst. Das Universum ist voll von anderen Seelen, und alles, was ihr unternehmt, wirkt sich auf alle anderen Seelen aus. Ihr müßt euch davon frei machen zu glauben, daß alles, was auf der Erde geschieht, nur hier geschieht. Deswegen ist es ein Muß, daß ihr bei allem, was ihr tut, in liebender Absicht handelt. Jeder eurer Gedanken zeigt sich irgendwo. Ihr seid auf der Erde, um zu lernen, daß sich alle eure Vorstellungen verwirklichen.

Die meisten Mütter fühlen sich schuldig, weil sie meinen, daß sie keine vollkommenen Mütter sind. Sie sind der Meinung, daß sie ihren Kindern nicht alles geben. Laßt mich euch sagen, daß, wenn es nur perfekte Mütter gäbe, keine passenden Kinder zu diesen Müttern da wären, denn Kinder brauchen keine fehlerlosen Mütter. Kinder kommen zu Müttern, die ihre kleinen Mängel haben, damit sie mit ihnen gemeinsam lernen und Erfahrungen machen können. Perfekte Mütter bekommen keine Kinder. Wenn ihr als Frau also ein Kind habt, dann könnt ihr eurer Unvollkommenheit dafür danken. Wenn Kinder sich ihre Mütter aussuchen, wissen sie ganz genau, was sie alles erwarten können. Es gibt keine Entscheidung, die eine Mutter trifft, deren Möglichkeit Kinder nicht schon vorhergesehen haben. Wenn die Mutter, von der ich eingangs sprach, plant umzuziehen, sollte sie sich um ihren Sohn keine Sorgen machen. Er ist sehr stark, und diese Stärke wird ihn schützen.

Beziehungen wunschgemäß gestalten

Läuft eine Beziehung nicht so, wie ihr euch das wünscht, kann es helfen, euch eine harmonische Beziehung und einen verständnisvollen Partner vorzustellen. Ihr müßt euch allerdings vorher bewußt machen, ob ihr, sofern ihr eine Veränderung bei eurem Partner wünschen solltet, diese Veränderung auch in liebender Absicht begehrt. Hinter vielen Dingen, die ihr tut, verbirgt sich oft eine falsche Absicht. Deswegen ist es um so wichtiger, daß ihr euer Handeln ständig hinterfragt. Bringt ihr eurem Partner das notwendige Mitgefühl entgegen, wird er sich ändern – oder auch nicht. In einer Beziehung ist es wichtig, die Gemeinsamkeiten zu verankern. Dazu müßt ihr euch ausmalen, eine wunderbare Beziehung zu haben, und diese Vorstellung dann an das Universum senden. Ihr erschafft damit eine Schwingung im Energiefeld der Beziehung.

Teilpersönlichkeiten

Wenn ihr diese Schwingungen an das Universum abgegeben habt, werdet ihr die Bereiche in der Persönlichkeit eures Partners kennenlernen, nach denen ihr gesucht habt. Ich nenne die Bereiche Teilpersönlichkeiten.

Wenn euer Partner aber nicht dazu bereit ist, eine seiner Teilpersönlichkeiten zum Vorschein kommen zu lassen, dann wird es auch nichts bringen, eure Wünsche in bezug auf den Partner ans Universum zu schicken. Wenn ihr alles unternommen habt, was in liebender Absicht möglich war, wird das Universum dafür sorgen, daß alles in Einklang kommt. Es liegt in eurer Macht. Wollt ihr aber euren Partner verletzen, weil er sich nicht ändern wollte oder konnte, dann handelt ihr nicht mehr in liebender Absicht. Die Energie, die ihr dann ans Universum schickt, bekommt ihr wieder zurück. Wenn man seinem Partner wirklich helfen will, dann tut man alles. Man liebt, man läßt ihn gewähren, man hegt liebevolle Gedanken – und überläßt den Rest Gott. Die göttliche Vorsehung wird alles tun, was in ihrer Macht steht, um die Universen in Einklang zu bringen, so daß ihr das bekommt, was ihr euch wünscht.

Was ihr auf der Erde mit Selbst bezeichnet, ist in Wirklichkeit eine multidimensionale Persönlichkeit. Jeder Mensch besteht aus einer solchen Persönlichkeit. Ein Beispiel soll helfen, euch diesen Aspekt des Selbst zu erklären. Wenn eine Frau eine Beziehung zu einem Mann namens Tom hat, dann hat nur der Teil von Tom eine Beziehung zu ihr, der dies wünscht. Tom hat aber noch weitere Persönlichkeitsbereiche in sich, die mit dieser Frau keine Beziehung eingehen wollen. Sie trennen sich von ihm, so daß er die Erfahrungen mit der Frau machen kann, die er sich wünscht. Die Seele ist unterdessen in der Lage, mit allen Teilpersönlichkeiten Verbindung zu halten. Das Gehirn des Menschen kann das jedoch nicht, und deswegen denkt der Mensch, daß er nur eine Persönlichkeit hat.

Jedesmal, wenn ein Mensch eine Entscheidung trifft, spaltet sich eine Teilpersönlichkeit ab, um so die Erfahrungen zu sammeln, die die Persönlichkeit nach ihrer Entscheidung nun nicht mehr machen kann. Ihr macht also auf zahlreichen Ebenen gleichzeitig Erfahrungen, aber weil es auf dieser Ebene zahlreiche Beschränkungen gibt, erlebt ihr auf der Erde nur ein Bruchstück von dem, was ihr in anderen Welten erleben würdet.

Um bei unserem Beispiel zu bleiben: Will die Frau Tom nun kennenlernen, so wird sie ihn nicht ändern können. Was sie aber ändern kann, sind ihre eigenen Gedanken. Will sie mit ihm zusammensein, so muß sie nur diesen Wunsch aussenden, und wenn es das Schicksal will, wird auch er mit ihr zusammensein wollen. Auf diese Weise hat sie ihn weder manipuliert, noch hat sie ihm seinen freien Willen genommen.

Gehen wir also davon aus, daß die Frau nun mit Tom zusammen ist, weil ein Teil von ihm dies ebenfalls wünscht. Sie hat es sich so gewünscht und sich dann entschlossen, die Gelegenheit beim Schopf zu packen. Sie ist aktiv vorgegangen. Jetzt kommen wir aber an einen Punkt, den wir genau im Auge behalten müssen, denn es handelt sich um einen Punkt im Menschen, an dem er sich selbst gerne sabotiert. Der Punkt, von dem ich rede, ist der des »Ausweichens«. Der Mensch versucht gerne, den negativen Dingen aus dem Weg zu gehen. Das hängt mit der Dualität der Energien auf der Erde zusammen (vgl. Kapitel 6) und damit, daß die Menschen immer die negative Seite der Energie erwarten und erfahren. Wenn ihr nun also einen Mangel in eurem Leben verspürt, wie zum Beispiel das Verlangen nach einem Gefährten, so habt ihr das starke Bedürfnis, dieses Defizit, das sich als Loch in der Seele äußert, zu beseitigen, indem ihr euch einen Partner wünscht. Ihr meint, ihr könnt dadurch das Loch stopfen. So funktioniert das aber nicht. Wenn ihr ein derartig starkes Bedürfnis nach etwas habt und diese Sehnsucht an das Universum sendet, zeigt ihr dem Universum damit, daß ihr nicht eins mit der Allmacht seid. Mit anderen Worten: Ihr gebt damit zum Ausdruck, daß ihr die Wahrheit nicht verstanden habt, nämlich daß ihr alles, was ihr braucht, bereits besitzt.

Brauchen und Wollen bilden eine Energieform. Wenn ihr euch also nur auf den Anteil des Wollens konzentriert, dann ist das nicht nur einseitig, sondern ihr spaltet auch die Energieform. Da ihr als Menschen jedoch lernen sollt, die Energien nicht zu trennen, wird das Universum alles daransetzen, euch beizubringen, die Energien eben nicht aufzuspalten, sondern sie als Einheit zu betrachten. Wenn ihr also die Botschaft an das Universum schickt, daß ihr einen Mangel habt und etwas haben wollt, um es auszugleichen, werdet ihr genau das Gegenteil von dem erhalten, was ihr euch ersehnt.

Ihr seid hier, um alle Freude in euer Leben zu bringen, die ihr bekommen könnt. Diese Freude soll aber nicht dazu dienen, Trauer zu überdecken. Wünscht ihr euch also einen Lebenspartner, mit dem ihr eine großartige Zeit verbringen möchtet, dann ist das durchaus angemessen. Vorsichtig solltet ihr nur dann sein, wenn ihr euch eine Beziehung aus Angst vor dem Alleinsein wünscht. Denn allein aus diesem Grund werdet ihr sie nicht bekommen. Ihr müßt zuerst durch die Angst in euch gehen, bevor ihr die Beziehung eingehen könnt.

Es gibt viele, die versuchen, ihre Traurigkeit mit Freude zu verdecken. Ihr könnt dies sehr gut daran erkennen, daß Menschen sich mit einem gewissen Luxus umgeben bzw. in Dingen schwelgen. Wenn ich von »schwelgen« rede, meine ich damit exzessives Konsumieren – von Essen, Zigaretten, Alkohol, Sex, Drogen, und was man sonst noch alles übertreiben kann. Jede Form des einseitigen »Schwelgens« führt zu einem Ungleichgewicht. Es gibt sogar Menschen, die sich die Zeit übermäßig damit vertreiben, ihre Wohnungen aufzuräumen. Auch das Ausleben von Obsessionen oder der Hang zu ihnen zeigt ein Ungleichgewicht der Energien in einem Menschen. Ihr müßt also lernen, Freude in euer Leben zu bringen, und zwar um euretwillen und nicht, um etwas auszugleichen oder zu überdecken. Wenn ihr Traurigkeit empfindet, so solltet ihr euch erlauben, dieses Gefühl zu spüren, es dann loslassen und ans Universum schicken, wo Gott es in Liebe zurückverwandelt.

Das ganze Leben ist eine Beziehung. Die wichtigste Beziehung ist die zu Gott, der göttlichen Allmacht. Wenn ihr in allen Situationen mit Gott zusammenarbeitet und euch auf diese Weise weiterentwickelt, werdet ihr Stück für Stück verletzbarer werden. Aber ihr lernt auch, euch selbst mehr zu lieben. Ihr vertraut der Allmacht und erlaubt es ihr so, in euer Leben zu treten.

Lebt ungewöhnliche und unerhörte Beziehungen. Seid so unerhört, wie es nur geht, und bringt so viel Liebe wie irgend möglich in eure Beziehung!

→ Bewußtseinsübung

1. Was ist es, das die wichtigen Menschen in eurem Leben zu euch sagen, mit dem sie bei euch die »richtigen Knöpfe drücken« können? Wenn es euch nicht sofort einfällt, schlage ich euch vor, ein kleines Notizbuch bei euch zu tragen, in dem ihr es euch notieren könnt, sobald es euch einfällt.

2. Was ist es, das ihr anderen Menschen, die euch wichtig sind, als falsch vorhaltet?
   Ein Beispiel zu dieser Frage: Ein Mann, der sehr an seiner spirituellen Entwicklung arbeitete, wollte herausfinden, warum er so wenige Freunde hatte. Er war sehr intelligent und hatte ein sehr breit angelegtes handwerkliches Wissen. Er konnte alles reparieren, und egal was er anfaßte, es gelang ihm. Er hatte wenig Geduld mit Menschen, die ein bißchen schlampig arbeiteten oder die nicht genügend Fachwissen besaßen, um etwas zu reparieren, es aber trotzdem versuchten. Er erkannte, daß er in dieser Beziehung arrogant war. Kein Wunder, daß er nicht in der Lage war, Menschen anzuziehen, die zu Freunden werden würden. Die Menschen um ihn herum spürten die Schwingung von Arroganz, die von ihm ausging, und wollten sich nicht von ihm kritisieren lassen.
   Als er das erkannte, bat er Gott, ihn zu lehren, wie man offener wird. Es dauerte zwar einige Jahre, in denen er an sich arbeiten mußte, aber jetzt hat er einige Freunde in seinem Leben, mit denen er sich regelmäßig trifft. Er ist jetzt viel glücklicher, weil er die negativen Schwingungen in sich loslassen konnte.

3. Egal, ob ihr Mann oder Frau seid, schafft eurem Partner einen Freiraum in der Beziehung, in den er hineinwachsen kann. Ein Beispiel habe ich bereits in diesem Kapitel beschrieben.

4. Kennt ihr Menschen, die euch gegenüber ihre Verspre-
    chungen nicht einhalten, die unpünktlich sind? Diese
    Menschen sind nur ein Spiegel eurer selbst.

    Denkt an die wichtigen Menschen in eurem Leben zurück,
    denen ihr Versprechungen gemacht habt. Erkennt, daß
    der schnellste Weg, Menschen dazu zu bewegen, euch zu
    respektieren, euch zu glauben und zu vertrauen, der ist,
    seine Versprechungen einzuhalten.

    Vielleicht fangt ihr bei euren Eltern an. Was habt ihr ih-
    nen versprochen und nicht gehalten? Habt ihr in einer Be-
    ziehung Dinge versprochen, die ihr nicht eingehalten habt?
    Was ist mit der Beziehung zu euch selbst? Was habt ihr
    euch zu tun vorgenommen und es doch noch nicht getan?
    Solange ihr euch darüber keine Gedanken macht, wer-
    det ihr den Energiefluß in euch nicht in Einklang brin-
    gen können, und ihr werdet auch in euren Beziehungen
    keinen Erfolg haben. Wie ihr euren Energiefluß eint, ist
    euch überlassen. Wenn ihr zum Beispiel eurem Kind seit
    seinem zehnten Lebensjahr immer wieder versprochen
    habt, mit ihm in den Zirkus zu gehen, es aber nie dazu
    gekommen ist, könntet ihr den Energiefluß ausgleichen,
    indem ihr mit eurem Kind darüber sprecht (auch wenn
    es schon 40 Jahre alt sein sollte) und ihm sagt: »Ich habe
    damals nie mein Wort gehalten und dich nie mit in den
    Zirkus genommen. Es tut mir leid, daß ich dachte, ich
    hätte für so etwas keine Zeit. Ich möchte gerne jetzt et-
    was mit dir unternehmen, was dir heute wichtig ist.«
    Ihr könntet aber auch mit der Seele eines solchen Men-
    schen Kontakt aufnehmen und ihr sagen, daß es euch leid
    tut, daß ihr euer Versprechen nicht gehalten habt.
    Schreibt der Person einen Brief; ob ihr den Brief dann ver-
    schickt oder nicht, ist nicht wichtig. Ein weiterer Weg ist
    zu sagen: »Ich löse mich von der Energie, die noch von
    diesem alten Versprechen ausgeht, und leite die Energie
    in eine andere Richtung ... [benennt dann die Richtung,
    in welche die Energie fließen soll].«

Wenn ihr euch nicht mehr an Versprechen, die ihr gegenüber einem bestimmten Menschen gebrochen habt, erinnern solltet, dann denkt an ihn und sprecht einen Satz wie: »Ich rufe hiermit alle nicht eingehaltenen Versprechen zurück, die ich ... [Name des Menschen, z.B. ›meiner Exfrau Inga‹] gemacht habe. Wenn es etwas gegeben hat, das ich ihr versprochen, aber nicht eingehalten habe, dann löse ich mich jetzt von dieser Energie, die davon ausgeht. Wenn es sonst noch irgend etwas gibt, das ich im energetischen Bereich tun muß, auf der spirituellen Ebene, dann laß es mich heute nacht in meinen Träumen tun. Laß es Inga und mich vollständig fühlen.« Wenn ihr so vorgeht, werdet ihr feststellen, daß eure spirituelle Entwicklung einen Quantensprung machen wird.

Es ist wichtig, daß ihr die Energie, die von einem nicht eingehaltenen Versprechen ausgeht, einfangt und in eine andere Richtung lenkt, weil sie immer vom Herz-Chakra ausgesandt wird. Diese Energie geht verloren, und das schwächt euch, und zwar so lange, bis ihr sie loslaßt und in eine andere Richtung leitet. Es kann sogar geschehen, daß ein Mensch so viel Energie im Herz-Chakra verliert, daß sein Herz nicht mehr richtig arbeiten kann, und es so zu einem Herzinfarkt kommt. Ich bin hier, um euch zu helfen, mit diesen Energien umzugehen, die Wunderbares bewirken können, und euch bewußt zu machen, daß es sie gibt.

Kapitel 12

Entscheidungsfindung

Es gibt Sachen, die ihr jeden Tag machen müßt. Eine davon ist, Entscheidungen zu treffen. Ihr trefft eine Entscheidung, indem ihr in euch hineinhört und feststellt, was ihr wollt. Das Schöne daran ist, daß ihr eine Entscheidung für etwas treffen könnt, ohne etwas anderes dabei ablehnen zu müssen. Ihr könnt einen Menschen lieben, ohne einen anderen ablehnen zu müssen. Ihr könnt sogar zwei Menschen gleichzeitig lieben: Ihr könnt euer Kind lieben und einen Mann oder eine Frau. Die Liebe zeigt sich auf vielerlei Weise. Das ist der Grund, warum es möglich ist, daß ihr euer Kind liebt, ohne daß dadurch die Liebe zu einem Partner eingeschränkt wird. Natürlich gibt es Zeiten, in denen sich ein Mensch zum Wohle der anderen ein wenig zurückziehen muß, aber das bedeutet nicht, daß da keine Liebe ist.

Wenn ihr euch für etwas entscheidet, kann es vorkommen, daß ihr meint, ihr müßtet euch für etwas Gutes oder etwas Schlechtes entscheiden. Es gibt aber nichts Gutes oder Schlechtes. Diese Einteilung dient nur jenen, die gerne bewerten. Der Grund, warum ihr daran glaubt, daß es etwas Gutes oder Schlechtes gibt, ist der: Ihr glaubt an das soziale Bewußtsein, es wirkt wie eine Art Glaubenssystem. Ihr glaubt, daß ihr selbst weniger wert seid als andere. Ihr glaubt, daß die Entscheidung, die ihr getroffen habt, von anderen beurteilt wird. Deswegen kommt es auch oft vor, daß ihr mit einer Entscheidung zögert, weil ihr Angst vor dem habt, was die anderen denken könnten.

Ihr denkt, keine Entscheidungen zu treffen bedeutet, von den anderen nicht beurteilt oder kritisiert zu werden. Es gibt aber keinen Weg, Kritik durch andere zu vermeiden. Der beste Weg, sich dem zu entziehen, ist, selbst aufzuhören, sich selbst und andere zu kritisieren. Wenn ihr das schafft, werdet ihr feststellen, daß ihr die Menschen, die euch beurteilen wollen, nicht mehr in euer Umfeld zieht.

Natürlich könntet ihr euch auch dafür entscheiden, euch zurückzuziehen und irgendwo in einer Höhle zu leben! Aber dann würdet ihr verpassen, euch mit anderen Menschen auszutauschen. Menschen zu begegnen und euch mit ihnen auszutauschen ist aber eine der wichtigsten Lektionen im Leben, weil ihr dadurch lernt, euch selbst zu lieben. Ihr setzt euch der Kritik anderer Menschen aus, um zu erkennen, wieviel ihr von der eigenen Freude abgebt, wenn ihr durch andere beurteilt werdet. Die göttliche Vorsehung würde euch nie auf solche Weise prüfen. Nur wenn ihr euch als Opfer fühlt, wollt ihr Gott dafür verantwortlich machen. Ihr werft ihm vor, daß er euch Prüfungen unterzieht, die ihr nicht bestehen könnt. Doch es gibt kein Jüngstes Gericht, kein letztes Urteil über euren Wert. Das ist etwas, das Menschen erfunden haben, um Macht über andere ausüben zu können. Furcht ist ein großartiges Kontrollinstrument für Menschen, die über andere herrschen wollen.

Alles ist von Wert. Sogar von anderen beurteilt oder kritisiert zu werden hat seinen Wert. Die Menschen, die euch beurteilen, sind Spiegel eurer selbst, so daß ihr eure eigenen Gedanken der Selbstkritik erkennen könnt. Denkt daran: Nichts, was ihr tut, ist falsch. Ihr könnt keine Fehler machen. Alles, was ihr macht, ist richtig, weil ihr ein Teil Gottes seid. Ihr seid Teil der Allmacht, ihr lebt auf dieser Erde, um eure Erfahrungen zu sammeln, damit ihr euer Bewußtsein erweitert.

Lebensgestaltung

Viele Menschen, mit denen ich spreche, fragen mich, wie sie ihr Leben gestalten sollen. Ich kann ihnen diese Frage nicht beantworten, da es zum einen nicht meine Aufgabe ist, ihren freien Willen einzuschränken, und zum anderen ist es gleichgültig, wie sie sich entscheiden. Jeder von euch hat alle Möglichkeiten, in allen parallelen Universen, in allen Leben, die ihr noch leben werdet oder schon erlebt habt. Es spielt keine Rolle, was ihr in welchem Leben zu welcher Zeit macht, da die Zeit nicht linear verläuft (auch wenn dies auf der Erde so erscheint). Überlegt euch, was ihr wollt, entscheidet euch, und dann macht es. Alles zu seiner Zeit. Erschafft euch das, was ihr euch in eurem Leben wünscht.

Vorsicht vor unterschwelligen Urteilen

Wenn ihr euch überlegt, was ihr als nächstes tun sollt, dann seid ihr im Prozeß des Beurteilens. Ihr vermutet, daß die eine Sache, für die ihr euch entscheiden könntet, besser ist als die andere. Macht euch bewußt, daß es eine Bewertung ist, wenn ihr meint, ihr müßtet gewisse Sachen zuerst erledigen oder bestimmte Sachen seien besser als andere. Jeder Mensch geht mit bestimmten vorgefaßten Meinungen an Situationen heran. Dies ist ein sehr gutes Beispiel für die »unterschwelligen« Urteile, die ihr fällt. Natürlich wollt ihr andere nicht beurteilen, und trotzdem wollt ihr alle immer das Richtige tun, wollt sicherstellen, daß ihr nichts falsch macht. Vergeßt nicht, was ich euch gesagt habe: Eure Absicht ist es, die eine Entscheidung falsch oder richtig macht!

Das Beste, was ihr als Mensch tun könnt, ist, euch auf das zu konzentrieren, was euch die meiste Freude bereitet. Macht das, was euch zutiefst mit Freude erfüllt, und nicht das, was ihr meint machen zu müssen. Wenn ihr gelernt habt, nicht mehr das Gefühl zu haben, daß ihr etwas tun solltet, werden viele Schwingungen verschwinden, die euch dazu verleiten, Urteile zu fällen.

Jede Entscheidung hat ihren eigenen Wert. Alle sind gleich wichtig. Egal wofür ihr euch entscheidet, die Entscheidung hat ihre Gültigkeit, und sie ist niemals falsch. Das ist die Rich–

tung, in die sich der Mensch entwickeln soll: loslassen und lernen, sich selbst nicht zu be- oder gar zu verurteilen.

Die Schönheit der Sehnsucht

Hört auf, eure Sehnsüchte zu verteidigen. Ihr müßt niemanden von der Richtigkeit eurer Wünsche überzeugen. Ihr müßt euch nicht für eure Handlungen rechtfertigen. Ihr habt das Recht, zu wählen und zu entscheiden. Ihr seid keine kleinen Kinder mehr, die sich gegenüber Erwachsenen verantworten müssen.

Alles, was ihr euch wünscht, ist schön. Ihr sammelt dadurch Erfahrungen. Ihr habt durch eure Wünsche die Möglichkeit, Gefühle zu spüren und eure Seele mit Erfahrungen und Weisheit zu versorgen, denn das ist es, was die Seele braucht. Sehnsüchte sind nicht schlecht, und ihr müßt sie auch nicht unterdrücken. Wenn ihr eure Sehnsüchte und Wünsche unterdrückt, kehren sich die Energien in euch um, werden unklar. Das führt zu Wut, Eifersucht, Traurigkeit und Schuld. Es gibt sogar Menschen, die sich dann einbilden, daß ihnen negative Situationen Freude bereiten. Sie empfinden das natürlich ganz anders.

Ihr könnt gar nicht ermessen, wieviel Liebe Gott für euch hat! Ihr stellt ihn euch immer noch als Mann im Himmel vor, der sich alles aufschreibt, was die Menschen tun, damit er sie am Tag des Jüngsten Gerichts verurteilen kann. Ihr habt keine Ahnung!

Die Angst, etwas falsch zu machen

Wie könnt ihr gegen sogenannte falsche Entscheidungen vorgehen? Was sind falsche Entscheidungen eigentlich? Falsch sind immer solche Entscheidungen, die einen anderen Menschen manipulieren sollen. Die dazu führen sollen, daß ihr geliebt werdet, anstatt selbst die Liebe zu sein. Die einen anderen dazu bringen sollen, etwas für euch zu tun. Solche Absichten sind eigentlich immer die Grundlage falscher Entscheidungen. Richtige Entscheidungen sind solche, die andere nicht gezielt lenken. Eine gute Entscheidung hat nicht zur Folge, daß ihr einen Menschen in eine Lage bringt, in der er für euch die Arbeit macht. Eine gute Entscheidung zeichnet sich dadurch aus, daß ihr eure Energien in liebender Absicht einsetzt, um das zu erreichen, was ihr euch wünscht.

Falls ihr etwas getan habt und euch dann wünscht, ihr hättet es besser nicht getan, weil es euch unglücklich gemacht hat, ist es wichtig, herauszufinden, warum ihr so empfindet. Es ist nicht die Entscheidung, die euch unglücklich macht. Es ist die Absicht, die Motivation, hinter der Entscheidung, die euch sie hat treffen lassen. Wenn ihr euch der Absicht, die hinter der Entscheidung steht, bewußt seid, könnt ihr eine Menge daraus lernen. Zur Zeit sieht eure Situationsanalyse noch so aus: »Dort, wo ich jetzt bin, ist kein guter Platz für mich. Ich habe die falsche Entscheidung getroffen, und deswegen bin ich hier!« Doch das trifft die Sache nicht. Sagt lieber: «Dies ist ein wunderbarer Ort! Hier zu sitzen, zu atmen, zu fühlen, zu sehen, zu berühren, mehr über mich selbst zu lernen ist ein Geschenk.« Natürlich fällt euch das noch ein wenig schwer, weil ihr gerade erst im Begriff seid, eure Lektionen zu lernen.

Was ihr aus eurem Leben macht, ist nicht so wichtig, wie die Absicht, die hinter eurem Leben steht. Auf eurem Planeten ist es nicht möglich, daß ihr den wahren Wert von Dingen erkennt, die ihr nicht ganz und gar verstanden habt. Ich sage euch: Das, was in eurem Leben wirklich wichtig ist, ist die Absicht. Sie allein zählt, wenn ihr eine gute Tat begeht oder wenn ihr etwas erschaffen wollt. Sie ist es, welche das Wesen der Handlung ausmacht. Die Absicht trägt dazu bei, Erfahrungen mit dem Bewußtsein zu vereinen, zu dessen Bestandteil sie dann werden. Denkt daran, daß hinter jeder eurer Handlungen eine liebende Absicht stehen sollte. Wenn ihr demgemäß handelt, wird sich die Liebe in eurem Leben offenbaren, und ihr werdet mehr und mehr Freude erleben.

Die Macht der Absicht

Das Hauptthema des Buches ist die Macht der Absicht. Der Grund, warum ich den Schwerpunkt gerade auf die Macht der Absicht gelegt habe, ist der, daß ich weiß, daß ihr noch nicht ganz begriffen habt, wie wichtig das für euch ist. Viele von euch haben einfach keine guten Absichten. Ihr handelt, weil ihr etwas »rausbekommen« wollt oder aus Angst. Ihr müßt damit aufhören und anfangen zu denken, bevor ihr handelt. Überlegt euch zuerst, welche Absicht hinter eurem Handeln steht. Auch ich mache das immer wieder auf der Ebene, auf der ich lebe.

Ich weiß natürlich, daß es in der Natur von euch Menschen liegt, immer erst nach dem Grund zu fragen, warum ihr etwas tun sollt. In diesem Fall würde die Frage lauten: Warum muß ich vor jeder Handlung meine Absicht erkunden? Ich werde euch den Grund nennen. Wenn ihr in guter Absicht handelt, legt ihr sozusagen einen Schalter um, der es der göttlichen Energie ermöglicht, durch euch zu fließen, damit das Ergebnis eurer Entscheidung gut sein wird.

Wie könnte es auch anders sein? Die Menschen bestehen nicht nur aus physischen Körpern, die aufeinanderprallen wie beim Autoskooter. Die dreidimensionale Welt ist dazu da, euch beizubringen, wie ihr euch auf einer spirituellen Ebene verhaltet und eure Vorstellungen und Ideen umsetzen könnt. Da sich die Dinge auf der Erde aber sehr langsam entwickeln, wird es einige Zeit dauern, bis ihr erkennt, daß ihr mit der göttlichen Energie arbeitet und eure Entscheidungen in liebender Absicht treffen müßt. Diejenigen unter euch, die bereits dabei sind, die Leitsätze dieses Buches in ihre Realität einzubauen, werden in der Lage sein, einen großen Sprung nach vorn zu machen. Ihr müßt nur euer Herz-Chakra öffnen und

Gott darum bitten, euch dabei zu unterstützen, zu verstehen, wie kraftvoll eure Gedanken und Gefühle sind. Das wird euch in eurer Entwicklung vorantreiben. Natürlich werde ich euch immer zur Seite stehen.

Wünschen, entscheiden, handeln

Es gibt drei Punkte zu bedenken, wenn ihr eine Entscheidung trefft. Zum ersten müßt ihr den Wunsch dazu verspüren. Zum zweiten – und das vergessen die meisten Menschen – müßt ihr die Entscheidung auch treffen. Viele wollen direkt vom Wunsch zur Handlung übergehen. Doch das funktioniert nicht. Vor der Handlung müßt ihr stets erst bewußt eine Entscheidung treffen. Ein Beispiel: »Ich möchte meinen Abschluß machen. Ich habe mich entschieden, wieder zur Schule zu gehen. Ich werde es tun.« Dies ist auch die Art und Weise, wie ein Abenteurer seine Entscheidungen trifft. Ein Krieger hingegen sagt: »Ich werde es um jeden Preis tun. So ist es. Wenn ich dafür sterben muß, dann ist es eben so. Ich werde es tun, und nichts kann mich aufhalten!« Diese Haltung steht aber nicht im Einklang mit dem Universum. Sie läßt keine wirkliche Veränderung zu, ist nicht aus liebender Absicht entstanden.

Ein Satz wie »Ich hätte gerne etwas mehr Freude in meinem Leben« verleiht nicht die Stärke, etwas zu verändern. Formulierungen wie »hätte gerne« oder »würde gerne« bergen keine Kraft. Menschen, die so reden, sind meistens verloren. Ich möchte, daß ihr eure Wünsche etwa so formuliert: »Ich wünsche mir ein erfüllteres Leben. Ich möchte in Frieden und Harmonie leben. Ich habe mich dazu entschlossen, mehr Freude und Glück in mein Leben zu bringen.« Und dann beginnt damit, Dinge zu tun, die euch die Freude und das Glück bringen, die ihr euch wünscht. Handlungen zählen im Vergleich zur Absicht eher wenig. Aber dadurch, daß sich die Absicht, die hinter der Entscheidung steht, mit dem Universum vereint, wird sie zu guten Ergebnissen führen.

Es ist im Sinne Gottes, daß ihr eure Erfahrungen sammelt, und dafür müßt ihr eure Entscheidungen treffen. Solange ihr euch der Absicht bewußt seid, die hinter euren Entscheidungen steht, braucht ihr bei eurer Entscheidungsfindung keine Zweifel zu haben. Wenn ihr in sogenannter »schlechter« Absicht eine Entscheidung trefft, werdet ihr auch »Schlechtes« ernten. Sogar, wenn das Resultat der Entscheidung gut sein sollte, werdet ihr das, was ihr erntet, als »schlecht« empfinden. Um es ganz deutlich zu machen: Wenn ihr eine gute Entscheidung trefft, die auf einer schlechten Absicht beruht, werdet ihr ein schlechtes Ergebnis erzielen.

Einige Wissenschaftler auf eurem Planeten, die sich qualifiziert genug fühlen, Aussagen über die Realität zu treffen, behaupten, daß es die Entscheidung ist, die den Unterschied macht, nicht die Absicht, die dahintersteht. Aber Wissenschaftler wissen nicht immer alles. Wenn ihr eine schlechte Entscheidung trefft, die Absicht dahinter aber gut war, wird daraus etwas Gutes werden, auch wenn es euch auf Anhieb nicht so erscheinen mag. Ihr seht also, die Karten sind nicht gegen euch, aber ihr müßt eure Entscheidung in liebender Absicht treffen. Deswegen ist es egal, ob die Welt eure Entscheidung für eine gute oder schlechte hält. Ihr wißt in eurem Herzen, daß sie euch nur Gutes in euer Leben bringen wird – und was braucht ihr mehr?

Viele eurer Mitmenschen wissen das nicht und leben deswegen in Furcht. Sie suchen ständig nach der richtigen Entscheidung, weil sie Angst haben, daß eine schlechte Entscheidung schmerzhafte Folgen haben wird. Ich sage euch aber, es ist die Absicht, die hinter eurer Entscheidung steht, die bestimmt, was euch geschieht. Ich meine damit nicht, daß ihr, wenn ihr eine schlechte Entscheidung trefft, nicht ein klein wenig Schmerz empfinden werdet, aber er wird auszuhalten sein. Hinter dem Schmerz verbirgt sich das Gute, das, wonach ihr gesucht habt. Ihr müßt nur anfangen, das zu üben, was ihr gelernt habt, ihr müßt die Dinge tun, die euch Spaß bereiten. Ihr müßt in liebender Absicht handeln, deren Ziel es ist, zu helfen und zu lernen.

Natürlich werdet ihr das machen, was ihr Fehler nennt. Die Menschen in eurem Leben werden euch darüber schon Rückmeldung geben. Die Handlungen, die falsch waren, müßt ihr nie wieder begehen. Ihr werdet aus euren Fehlern lernen, und das ist sehr wichtig für euch. Ihr werdet euch selbst immer mehr vertrauen, und euer Selbstwertgefühl wird sich steigern. Das wird euch dabei helfen, euch weniger schuldig zu fühlen. Ihr werdet in der Lage sein, der Frage nachzugehen, was in euch es war, das zu einer bestimmten Situation geführt hat. Ihr werdet in euch gehen, es erkennen und euch nicht mehr schuldig fühlen.

Seht ihr, daß es euch Freude bereiten wird, das Gelernte anzuwenden? Seht ihr, daß eine gute Absicht etwas Gutes mit sich bringt, selbst wenn die Entscheidung eine schlechte war, auch wenn die schlechte Entscheidung euch vorübergehend Schmerzen bereiten wird? Ihr wolltet jemandem helfen? Ihr habt etwas vergessen? Ihr fühlt euch schuldig. Hört auf, euch schuldig zu fühlen! Trefft eure Entscheidungen in liebender Absicht. Es wird euch mit der Zeit immer leichter fallen, vor einer Entscheidung an eure liebende Absicht zu denken. Es ist eine Frage der Übung. So entsteht ein Kreislauf, der die liebende Absicht fördert und euch in eurer Entwicklung unterstützt.

Liebe, Freude und Glück zu finden setzt voraus, daß ihr sie zuvor in euch selbst gefunden habt. Entscheidungen gründen auf Logik, Intelligenz und Gefühlen, auf die ihr achten solltet. Zusammen ergeben sie ein vollkommenes Gleichgewicht.

Lösungen finden

Wollt ihr etwas Wunderbares hören? Was Problemlösungen anbelangt, so müßt ihr es nicht allein schaffen. Ich meine damit nicht Gott, der die Probleme für euch löst, sondern

er arbeitet mit euch zusammen daran. Es ist nicht erforderlich, eine Lösung für alles zu finden. Ihr müßt ein Problem
lediglich einmal aus einem anderen Blickwinkel betrachten,
so daß langsam eine Lösung entstehen kann. Wenn sie nicht
das ist, wonach ihr gesucht habt, müßt ihr nur eure Vorstellung ändern, dann wird sich die Lösung anpassen.

Wahrhaftig handeln

Wie lernt ihr, wahrhaftig zu handeln? Wenn ihr eine
Entscheidung trefft, müßt ihr dazu lediglich auf eure Gefühle
hören und braucht euch nicht zu einer Handlung zu zwingen, die ihr nicht ausführen wollt. Wenn ihr einmal eine Entscheidung getroffen habt, solltet ihr euch daran halten. Es ist
durchaus möglich, daß ein Teil von euch hinter eurer Entscheidung steht und ein anderer Teil von euch nicht, das hängt mit
der Dualität zusammen, die auch den Menschen spaltet. Aus
diesem Grund ist es wichtig, die Mehrheit eurer Entscheidungen immer in liebender Absicht zu treffen.

Ich weiß, daß es euch wie ein Schlag ins Gesicht vorkommen muß, wenn ich euch erkläre, daß es weder richtige noch
falsche Entscheidungen gibt. Wenn ihr die Dinge so sehen
würdet wie ich, dann würdet ihr sofort erkennen, daß es die
Absicht ist, die das Ergebnis herbeiführt. Wenn sie gut war,
wird das Resultat ebenfalls gut sein.

Frühere Entscheidungen

Was ist mit all den Entscheidungen, die ihr nicht in liebender Absicht getroffen habt? Werdet ihr deren Opfer? Ich
möchte nicht, daß der Eindruck entsteht, daß ihr eure Meinung über eine Entscheidung nicht ändern könnt. Natürlich
kommt es vor, daß ihr eine Entscheidung trefft, aus der sich
dann Ereignisse entwickeln, die sich eurem Einfluß entziehen.

Doch ihr müßt diese Ereignisse nicht in physischer Form durchleben, wenn ihr euch entschlossen habt, eure frühere Entscheidung zu ändern, die ihr nicht in liebender Absicht getroffen habt. Die Ereignisse dieser Entscheidung werden auf einer anderen Ebene, in einer anderen Realität, ihren Lauf nehmen, aber nicht in jener, in der ihr zur Zeit lebt. Ihr habt also immer die Möglichkeit, eure Entscheidungen in liebender Absicht zu ändern, weil die Macht, dieses zu tun, immer von der Gegenwart ausgeht!

Ihr könnt eure Entscheidungen also jeden Tag aufs Neue treffen. Ein Beispiel soll dies verdeutlichen: Zieht ein Mann nach Seattle, weil seine Freundin dort wohnt und er sie nicht verlieren möchte, so ist das eine Entscheidung in falscher Absicht, denn sie gründet sich auf Angst und Unsicherheit und nicht auf Liebe. Vielleicht äußern sich die Folgen in Kleinigkeiten wie Wetterfühligkeit, unharmonischen Beziehungen zu anderen Menschen, die dort leben, oder Verärgerung darüber, daß er überhaupt nach Seattle gezogen ist. Der Mann kann jedoch seine Entscheidung überdenken und sich klarmachen, daß er aus dem richtigen Grund nach Seattle gezogen ist, und zwar aus Liebe. Dann wird seine Wirklichkeit auch nicht mehr darin bestehen, daß er versucht zu vertuschen, daß er seiner Freundin nur nach Seattle gefolgt ist, weil er unsicher war und Angst hatte, sie zu verlieren, sondern er wird echte Freude in seinem Leben finden.

Die Absicht ändern

Wie läßt sich die Absicht ändern? Nehmen wir das Beispiel vom Umzug nach Seattle, ihr seid der Mann. Geht in Gedanken zurück in den Raum und die Umgebung, in der ihr euch zur Zeit der Entscheidung befunden habt. Habt ihr gerade in eurem Lieblingsstuhl im Wohnzimmer gesessen? Setzt euch in Gedanken auf den Stuhl und sagt: »Ich entscheide mich, aus Liebe nach Seattle zu gehen. Vielleicht wird meine

Freundin meine Partnerin bleiben, vielleicht auch nicht. Ich werde zumindest in ihrer Nähe sein, so daß wir uns weiter kennenlernen werden. Ich entscheide mich, nach Seattle zu ziehen, um neue Erfahrungen zu sammeln und andere Energien zu erleben. Ich möchte, daß der Umzug eine aufregende Erfahrung für mich wird!« Wenn ihr eure Entscheidung aus dem richtigen Grund trefft, in liebender Absicht, wird die Zukunft rosig.

Ihr müßt nur üben, eure Absicht zu ändern. Genauso wie ihr üben müßt, überhaupt in liebender Absicht zu handeln. Beim Umdenken solltet ihr Stift und Papier benutzen und euch aufschreiben, welche Entscheidungen ihr aus welchen Gründen getroffen habt. Ihr werdet dabei feststellen, daß die meisten eurer Entscheidungen nicht auf liebender Absicht beruhten. Fühlt euch deswegen nicht schuldig. Schreibt die guten Gründe auf, aus denen ihr nach Seattle gehen würdet. Dabei werdet ihr euch bewußt, daß ihr noch nicht ganz eins mit euch selbst seid. Ihr erkennt, daß ihr Seattle nicht mögt, ihr findet es erstickend. Sollte das der Fall sein, so sagt euch, daß ihr euch nicht ersticken lassen, sondern nur Freude empfinden wollt.

Die Dinge, die ich euch erzählt habe, sind keine Magie in herkömmlichem Sinne, denn dann müßtet ihr euch gar nicht bemühen. Doch sie haben deswegen einen Funken Magie an sich, weil ihr so wenig für sie tun müßt. Warum also habt ihr eure Absichten nicht schon vorher aufgeschrieben? Die Antwort darauf lautet, daß ihr euch nicht bewußt wart, daß es so einfach ist. Wenn ihr einmal damit angefangen habt, werdet ihr große Freude und Kraft spüren. Denkt nicht daran, was ihr bis jetzt alles nicht getan habt, sondern fangt einfach damit an!

→ Bewußtseinsübung

1. Denkt über die wichtigsten Entscheidungen in eurem Leben nach, und versucht, euch daran zu erinnern, ob ihr in liebender Absicht gehandelt habt. Falls nicht, geht zu der Situation zurück, und ändert eure Absicht.

2. Habt ihr in letzter Zeit Schmerz, Leid oder Verlust von Freude erfahren? Geht zurück, und findet heraus, welche Absicht sich hinter der Erfahrung oder der Beziehung verborgen hat. Gebt den Schmerz zurück an Gott, so daß er ihn in Liebe umwandeln kann. Vielleicht möchtet ihr auch zu einer bestimmten Situation zurückgehen und eure Absicht ändern.

3. Wo habt ihr Probleme, Entscheidungen zu treffen? Schreibt euch das auf, und findet heraus, welche Entscheidung euch am meisten Freude bereiten würde. Überlegt euch, was jede einzelne euch an Erfahrungen schenken kann. Trefft eure Entscheidungen aus Liebe.

    Was Liebe anbelangt, so findet ihr sie in allem und jedem. Das gilt auch für die Luft, die euch umgibt. Wenn ihr alle Dinge, die euch umgeben, liebt, werdet ihr euch im Einklang mit der Allmacht befinden. Die zu treffenden Entscheidungen werden euch dann nicht mehr wie mühselige Aufgabenstellungen erscheinen.

Kapitel 13

Urteilen

Das Wichtigste in einem Leben in Freude und Liebe ist, etwas über Urteile zu lernen. Viele glauben an den Tag des Jüngsten Gerichts, an dem Gott auf die Erde niederfährt und über die Menschen richtet, entscheidet, wer in den Himmel und wer in die Hölle kommt. So ist es aber nicht. Ihr selbst bringt euch in den Himmel oder die Hölle, und zwar bereits hier auf der Erde! Das habt ihr schon einmal von mir gehört: Ihr erschafft euren eigenen Himmel oder eure eigene Hölle auf der Erde, indem ihr bestimmte Umstände, Bedingungen oder Bewußtseinsstadien in eure Realität mit einbezieht. Es sind eure Vorstellungen, denen ihr erlaubt, Form anzunehmen.

Gott hat sich nie selbst gerichtet, und der Mensch ist ein Teil von Gott. Warum sollte sich der Mensch also selbst richten? Denkt daran: Ein Urteil ist nur eine Illusion. Wenn ihr euch selbst be- oder verurteilt, wird die Erfahrung, die sich daraus ergibt, eure Wirklichkeit. Ihr seid ein Teil Gottes und jeder Gedanke, den ihr habt, wird zur Realität.

Liebt euch um euer selbst willen. Das Licht und die Liebe, die ihr in euch habt, sind etwas ganz Wunderbares! Die Menschen, die andere immer noch be- oder verurteilen, sind von der Wahrheit weiter entfernt, als sie glauben. Der Drang, über etwas zu urteilen, unterbricht die Verbindung zur eigenen Energie, man trennt sich vom inneren Licht und der Liebe und meint dann, das eigene Unglück sei in einer anderen Person zu suchen. Wenn es überhaupt eine Sünde gibt, dann ist es die des Urteilens. Durch Urteile gründet man seine Entscheidungen auf der falschen Absicht, und das Ergebnis kann nichts Gutes sein.

Unter euch gibt es Menschen, die glauben, daß die Urteile anderer wichtiger oder wertvoller sind als ihre eigenen. Das stimmt nicht. Die Urteile anderer sind nicht besser als die eigenen, sie sind einfach nur Urteile. Sie sind vielleicht anders als die eurigen, aber sie sind einfach nur Urteile. Sie sind nicht besser, sie sind nicht schlechter, und vor allem sind sie eines nicht: Sie sind nicht eure Urteile. Sie werden erst dann zu euren Urteilen, wenn ihr sie dazu macht.

In dem Augenblick, in dem ihr etwas beurteilt, setzt ihr einen Fuß außerhalb der göttlichen Gesetze und schafft eine Verbindung zu einer Realität, die von einer »richtenden« Energie gespeist wird. Verurteilt nicht. Das bedeutet jedoch nicht, daß ihr eure Auffassung der Lage und euren Scharfblick außer acht lassen solltet.

Wahrnehmung contra Urteil

Das Wahrnehmen unterscheidet sich sehr vom Urteilen. Wahrnehmung bedeutet, seiner Umgebung gewahr zu sein. Der Satz »Schau mal, dort an der Straßenecke sitzt ein Mann« drückt eine Tatsache aus. Das ist Wahrnehmung. Ein urteilender Satz würde lauten: »Schau dir den schrecklichen Mann an, der dort an der Straßenecke sitzt. Ich wette mit dir, er ist ein fauler Hund, der nur dort herumlungert, um zu betteln. Billy, sieh nicht dorthin. Er ist ein böser Mann!« Zu urteilen bedeutet also, eine Aussage, die eine Tatsache beschreibt, seine eigenen Ideen, Vermutungen und Vorurteile hinzuzufügen. Man erfindet Geschichten über etwas, das aus der eigenen, von Voreingenommenheit geprägten Realität entstammt, und handelt aus der Illusion heraus.

Der Wert der eigenen Wirklichkeit

Welchen Vorstellungen und Ideen solltet ihr Glauben schenken? Denen der anderen oder euren eigenen? Die Antwort lautet: Glaubt euren eigenen Vorstellungen! Bedenkt dabei aber, daß ein anderer genauso das Recht auf seine eigenen hat. Die Wirklichkeit eines anderen Menschen hat die gleiche Wertigkeit wie die eigene, und die Wahrheit eines anderen ist immer zu respektieren. Glaubt jedoch nicht, daß ein anderer Mensch wertvoller sein könnte, nur weil er oder sie andere Gedanken und Vorstellungen hat.

Es gibt keinen Grund dafür, euch wertlos zu fühlen. Das einzige, was ihr dagegen tun müßt, ist, euer Gefühl zu ändern. Warum fühlt ihr euch wertlos? Wo ist der Makel in eurem Denken? Wer ist eurer Meinung nach wirklich wertlos? Ein Mensch, der Kinder belästigt, ein Kriegsverbrecher, ein Lügner oder ein Betrüger?

Glaubt ihr, daß ihr in anderen Leben Menschen verletzt haben könntet? Natürlich habt ihr das! Jeder von uns hat das getan. Ihr fühlt euch dafür schuldig, und daher kommt auch das Gefühl der Wertlosigkeit. Schuld ist aber nichts, was von Gott geschaffen wurde, um euch zu bestrafen. Schuld ist etwas, das ihr Menschen erfunden habt, um euch für eure »Wertlosigkeit« zu bestrafen.

Soll ich euch ein Geheimnis verraten? Nichts von dem, was ihr bis jetzt getan habt, ist schlecht oder falsch. Auch in euren anderen Leben wart ihr ein bewußter Teil Gottes und habt eure Erfahrungen gesammelt. Ich bitte euch, nicht mit euch selbst ins Gericht zu gehen. Wenn ihr lernt, nicht mehr zu be- oder verurteilen, werdet ihr eine Bereicherung in bezug auf eure Vereinigung mit den schöpferischen Energien erleben.

Ich möchte euch jetzt nicht dazu bringen, euer Leben bis ins letzte zu analysieren und festzustellen, wofür ihr euch schuldig fühlt und wofür nicht. Ich bin hier, um euch dabei zu unterstützen, das Prinzip des Urteilens, das ihr im Laufe eurer Leben verinnerlicht habt, loszulassen.

Urteilen bedeutet nur, daß ihr über Menschen und Situationen Entscheidungen trefft. Ihr entscheidet, ob sie gut oder schlecht sind; ob sich jemand, der krank ist, nur zimperlich anstellt; ob jemand, der sich ständig selbst daran hindert, Dinge zu tun, sich nur selbst entsprechend manipuliert; ob jemand, der in armen Verhältnissen aufgewachsen ist, weniger wertvoll ist als jemand, der mit dem sprichwörtlichen silbernen Löffel im Mund geboren wurde. Wenn man es genauer betrachtet, werdet ihr feststellen, daß ihr immer das be- oder verurteilt, was gerade nicht in eure eigene Wirklichkeit gehört. Um es klar auszudrücken: Der Mensch urteilt ständig. Er urteilt über sich selbst, er be- oder verurteilt die Entscheidungen, die er getroffen hat, und so urteilt er weiter und weiter. Das Ganze könnte man auch als Teufelskreis beschreiben.

Die Schuld in der eigenen Realität

Wer urteilt, verurteilt auch andere für ihre Taten. Macht ein Mensch etwas, das ihr auf der Erde als »schlecht« einstuft, so bezeichnet ihr den Menschen ebenfalls als »schlecht«. Doch wenn jemand auf eurem Planeten etwas »Schlechtes« macht, dann tut er das, weil er ein Verlangen danach verspürt. Er fühlt sich förmlich zu der Handlung gezwungen. Wenn ihr diesen Menschen verurteilt, nehmt ihr automatisch einen Teil seiner Schuld auf euch. Jedesmal, wenn ihr einen Menschen verurteilt, öffnet ihr auf metaphysischer Ebene einen spirituellen Kanal, durch den die Schuldgefühle des anderen in eure eigene Aura gelangen.

Es handelt sich hierbei aber nicht um Karma (das Gesetz von Ursache und Wirkung über den Tod hinaus), allerdings ist die »richtende« Energie der des Karmas ähnlich. Karma bedeutet, daß ihr durch eine Handlung eine energetische Kette in Bewegung setzt und die ausgesandten Energien zu euch zurückkehren. Auch wenn ihr urteilt, zieht ihr bestimmte Energien an. Während es beim Karma die Handlung ist, die den Kanal für die zurückfließenden Energien frei macht, ist es beim Urteilen der Gedanke.

Nicht mehr urteilen

Karma ist keine Strafe Gottes. Karma ist ein Gesetz der Liebe. Viele Menschen wissen nicht, daß Karma auch positive Seiten hat. Urteilen hingegen erzeugt nur negative Energie. Es ist deswegen sehr wichtig, andere nicht zu be- oder verurteilen. Ihr habt es euch zum Prinzip gemacht zu urteilen, so daß es euch in diesem Leben sehr schwerfällt, damit aufzuhören. Auf diese Weise habt ihr euch mit Schuld beladen. Zu dieser gehören auch die Schuldgefühle anderer, die meinen, etwas »Falsches« getan zu haben. Das führt dazu, daß ihr euch wertlos fühlt. Dieses Gefühl der Wertlosigkeit steckt tief in eurer Seele. Es wird nicht weggehen, solange ihr es nicht loslassen könnt. Ihr könnt euch davon nicht befreien, indem ihr »gut« seid, denn auch das ist wieder ein Urteil! Verstanden? Ihr könnt Schuld und Martyrium nicht beseitigen, indem ihr ein besserer Märtyrer werdet!

Wie nun aber könnt ihr dieses Gefühl loswerden? Hört einfach auf zu urteilen. Hört damit auf, euch selbst und andere zu be- oder verurteilen. Fangt mit den gröbsten Urteilen, den offensichtlichsten, in eurem Leben an. Allmählich werdet ihr dann feststellen, daß immer mehr Freude euer Leben verschönt, je weniger ihr urteilt. Denkt daran: Andere zu verurteilen bedeutet, euch selbst zu verurteilen. Euch selbst zu verurteilen bedeutet, euch der Erfahrungen zu berauben, die ihr eigentlich sammeln möchtet. Wie könnt ihr glücklich sein, wenn ihr euch selbst verurteilt? Wie könnt ihr glücklich sein, wenn ihr euch selbst die Erfahrungen verweigert, die ihr gerne sammeln möchtet? Die Antwort lautet: Unter diesen Voraussetzungen könnt ihr nicht glücklich sein. Hört also auf, andere und euch selbst zu beurteilen.

Die Lösung, wie ihr mit dem Urteilen aufhören könnt,

lautet: Leben und leben lassen. Laßt andere so sein, wie sie sein wollen, und seid selbst so, wie ihr sein wollt. Unterdrückt eure Gefühle nicht. Wenn ihr wütend seid, spürt die Wut. Versteckt sie nicht. Ich will damit nicht sagen, daß ihr eurem Gefühl nachgeben sollt, wenn ihr das Haus von einem Menschen niederbrennen wollt. Ich möchte nur, daß ihr eure Gefühle wahrnehmt und ihnen gestattet dazusein, während ihr nach der Freude sucht. Verurteilt euch nicht wegen des Gefühls, das ihr empfindet. Ihr könnt über die Handlung einer Person wütend sein und sie deswegen trotzdem nicht verurteilen. Wenn ihr erkennt, daß ein Mensch etwas tut, was ihr eigentlich verurteilen würdet, wird es euch leichter fallen, dies nicht zu tun, indem ihr euch folgendes bewußt macht: Ihr müßt die Erfahrung, die aus der Handlung resultiert, nun nicht mehr selbst machen! Diese Vorstellung sollte euch dabei helfen, den anderen für das, was er tut, nicht zu verurteilen. Dieser Mensch hat sich für etwas entschieden, wofür sich ein anderer nicht entschieden hätte. Laßt anderen ihre Entscheidungen, da diese für sie Erfahrungen bringen, die sie machen wollen. Wir lernen alle auf unterschiedliche Art und Weise.

Ich verspreche euch, daß ihr euch besser fühlen werdet, wenn ihr erst einmal begonnen habt, die Menschen in eurem Leben bewußt nicht mehr zu beurteilen. Ihr werdet euch als eine wertvollere Person fühlen, in deren Leben immer mehr Liebe sein wird. Die Liebe wird alle Aspekte eures Wesens durchströmen.

→ **Bewußtseinsübung**

1. Setzt euch, bewaffnet mit einem Stück Papier und einem Stift, in eine Einkaufspassage, ein Restaurant, einen Park oder an einen anderen Ort, an dem es von Menschen nur so wimmelt. Schreibt eure Urteile über die Menschen, die ihr dort seht, auf. Wenn ihr so etwas noch nicht gemacht habt, werdet ihr zuerst die groben, offensichtlichen Ur-

teile loslassen. Habt ihr aber schon einmal auf diese Weise mit euren Gefühlen gearbeitet, werden eure Urteile mit der Zeit feiner, subtiler werden.

Sobald ihr eure Urteile aufgeschrieben habt, sprecht den Satz »Gott/Göttin, ich gebe Dir diese Urteile als ein Opfer. Entferne sie aus meiner Aura. Ich lasse diesen Menschen ihre Erfahrungen. Ich weiß: So wie Du uns die Erfahrungen machen läßt, die wir uns wünschen, so kann auch ich meinen Brüdern und Schwestern die Erfahrungen lassen, die sie sich wünschen. Ich ersetze mein Urteilen jetzt durch Liebe und das Prinzip ›Leben-und-leben-lassen‹. So soll es sein.«

2. Wenn ihr damit Probleme habt, andere so sein zu lassen, wie sie sein wollen, fangt mit einer mentalen Übung an. Sagt euch etwas wie: »Ich lasse meiner Mutter ihre eigene Realität.« Ihr könnt diese Sätze auch schriftlich festhalten, wenn ihr der Meinung seid, daß so mehr Kraft davon ausgeht. Konzentriert euch auf das, was euch in eurer Wirklichkeit am meisten stört. Ihr müßt zwar nicht alles lieben, aber ihr müßt es zulassen, denn wenn ihr es zulaßt, dann liebt ihr es.

Kapitel 14

Niederlage und Erfolg

Auf dieser Wirklichkeitsebene gibt es immer so etwas wie Niederlagen. Es gibt keinen hundertprozentigen Erfolg. Wenn ihr immer hundert Prozent Erfolg hättet, könntet ihr euch nicht weiterentwickeln; es gäbe kein Wachstum. Der Preis, den ihr Menschen für euer Wachstum bezahlt, besteht in den Niederlagen, die ihr erlebt.

Jeder von euch hat bereits viele Erfahrungen sammeln können. Viele haben gelernt, den Schmerz ihrer Niederlagen zu vermindern, indem sie sich selbst oder ihre Gedanken ändern. Niederlagen müssen nicht unbedingt überwältigend sein. Es gibt eigensinnige und ungeduldige Menschen, die immer alles auf einmal haben wollen. Sie sind nicht bereit, den Preis der Niederlage zu zahlen, versuchen die Zeche zu prellen. In Gottes Universum, wo das Prinzip des Ausgleichs herrscht, ist das aber nicht möglich. Bezahlt werden muß immer; das hat mit dem Austausch von Energie zu tun.

Viele von euch fragen sich, ob sie selbst ein Erfolg sind. In spirituellem Sinne habt ihr stets Erfolg. Das bedeutet, daß es keine Rolle spielt, ob ihr euch erfolgreich fühlt oder nicht, eure Seele macht ihre Erfahrungen durch euer Leben hier und kann sie so in sich aufnehmen – das ist der Erfolg.

Was ist Erfolg?

Jeder Mensch stellt sich unter Erfolg etwas anderes vor. Erfolg hat aber immer etwas mit Glücklichsein zu tun. Was ist nun Glück? Ist es ein Gemütszustand, ein Wesenszustand oder eine Reaktion auf das, was einem widerfährt? Weil ihr euch auf einem Planeten befindet, auf dem das Prinzip der Dualität bestimmend ist, teilt sich das Glück in Glück und Unglück. Eigentlich ist Glück einfach eine Energie.

Wenn ihr euch an einem Tag erbärmlich fühlt, so solltet ihr das nicht bewerten und schon gar nicht überbewerten! Ihr erlebt es und laßt es dann los. Ihr müßt nur erkennen, daß Glück aus Glück und Unglück besteht. Das Gefühl des Leids wird bald durch eines der Freude ausgeglichen, wenn ihr es nur zulaßt. Haltet ihr jedoch nur an eurem Kummer fest und »erfühlt« ihn nicht ordentlich, werdet ihr förmlich darin waten und in Selbstmitleid baden. Auf diese Weise schafft ihr ein Ungleichgewicht und könnt nicht glücklich werden.

Erkennt, daß Leid zum Leben gehört und nicht für immer andauern wird. Ihr braucht Vertrauen, um im Gefühl des Seelenschmerzes zu verweilen, es zu durchleben und so auf die andere Seite der Dualität zu gelangen.

Depression

Es gibt viele Menschen, die sich an ihr Leid klammern. Sie fühlen sich niedergeschlagen. Wenn sie ihre Gefühle so empfinden würden, wie sie gerade in ihnen hochkommen, hätten die Gefühle die Möglichkeit, sich in Liebe zu verwandeln. Denn das ist es, was alle Gefühle sind: Liebe. Viele Menschen sind aber noch nicht bereit, ihre Gefühle zuzulassen, und fühlen sich deswegen schlecht.

Depression ist ein Zeichen dafür, daß ein Mensch seine Gefühle nicht zuläßt, daß sich in diesem oder einem anderen Leben nicht gelebte Emotionen aufgestaut haben. Ihr könnt aber Wut, Ärger, Traurigkeit und alle anderen Emotionen nicht in euch verscharren. Sie verwandeln sich in eine feindliche Gesinnung euch selbst gegenüber. Ihr lebt dann in einem Zustand des Leids. Der Begriff »Depression« würde die Bezeichnung »Suppression«, Unterdrückung, verdienen, da Menschen, die darunter leiden, ihre Gefühle unterdrücken.

Menschen, die depressiv sind, benötigen Hilfe. Sie gehen zum Arzt, und der verschreibt ihnen Antidepressiva. Die Medikamente machen sie sehr schnell abhängig, weil sie sie davor bewahren, ihre Gefühle auszuleben und zu fühlen. Medikamente stellen eine kurzfristige Lösung dar, können aber nie eine langfristige Lösung für Depressionen sein. Wenn ein Mensch depressiv ist, muß er seine wahren Gefühle spüren, muß wahrhaft erkennen, was die Gefühle ihm mitteilen wollen. Wenn er sich so in seine Gefühle »hineinfühlt«, wird er das Leid spüren und es dann loslassen können. Wenn er das getan hat, wird er Glück empfinden. Nur so funktioniert es, denn Glück ist in der Dualität das Gegenstück zu Leid.

Was nun hat Depression mit Erfolg oder Niederlage zu tun? Glück ist ein Teil des Erfolgs. Keiner kann glücklich sein, wenn er seine Emotionen nicht auslebt, sie in sich vergräbt. Er wird depressiv. Ihr könnt nur erfolgreich sein, wenn ihr euren Energien gestattet, durch euer ganzes Wesen zu fließen. Diese Energien können allerdings nur fließen, wenn es keine Blockaden gibt. Depressionen blockieren die Energien aber derart, daß ein Mensch sein Leben als Niederlage empfindet.

Viele Menschen möchten gerne Erfolg haben und sind dennoch von Furcht erfüllt. Manchmal versuchen sie, ihre Furcht zu drosseln, weil sie meinen, daß sie so erfolgreicher werden und das bekommen, was sie sich wünschen. Doch das ist ein Trugschluß. Es kann sein, daß ein Mensch glaubt, erfolgreich zu sein, und alles, was er erreicht, ist die Verringerung der Furcht. Das bedeutet noch lange nicht, daß er dem Erfolg nahe ist.

Ihr seid euer Erfolg

Der Erfolg, den ihr in der dreidimensionalen Welt erleben könnt, ist immer beschränkt. Ich möchte, daß ihr wißt, daß ihr euer eigener, ultimativer Erfolg seid, den euch niemand nehmen kann. Ich werde euch dabei helfen, den Erfolg zu erzielen, den ihr euch wünscht. Die Verwendung von positiven Gedankenmustern bzw. Affirmationen wird euch dabei unterstützen.

Zuerst möchte ich euch aber noch etwas mehr zum Thema Furcht erzählen. Ihr müßt begreifen, daß es eure Furcht ist, die euch davon abhält, den Erfolg zu haben, den ihr sucht. Die Furcht schränkt euch in eurem Denken und eurem Handeln ein. Wenn ihr Furcht habt, bedeutet das, daß ihr nicht sicher seid, wie eine Sache ausgehen wird. Wenn ihr das Ergebnis immer vorher kennen würdet, würdet ihr die Dinge in eurem Leben schneller ändern. Das würde aber bedeuten, daß ihr euch niemals mit euren Ängsten auseinandersetzen müßtet. Diese sind es, die euch zur Zeit immer noch davon abhalten zu erkennen, was für ein schöpferisches Potential ihr besitzt. Das gleiche gilt für euer Überbewußtsein, was auch die Ursache dafür ist, daß nicht jeder von euch medial veranlagt ist.

Ein Grund dafür, daß ihr auf einer Ebene lebt, auf der sich die Vorstellungen und Ideen materialisieren, ist, daß ihr hier wieder lernt, eure kreativen Energien bewußt durch euer Wesen fließen zu lassen. Die Suche nach dem Erfolg soll euch dabei helfen, eure Seele von dem angesammelten »Schutt« der vergangenen Leben zu befreien, damit ihr euch wieder mehr in Einklang mit euren Energien bringen könnt.

Wovor habt ihr Angst? Ich habe euch erklärt, daß ihr eure Ängste bewußt wahrnehmen sollt. Hierzu gehört, daß ihr schriftlich im einzelnen festhaltet, wovor ihr euch fürchtet. Wenn ihr das erst einmal getan habt, wißt ihr, woran ihr arbeiten müßt. Wollt ihr mit der Angst arbeiten oder lieber mit einer Idee? Ihr Menschen versucht oft, eure Angst zu vertuschen; doch das funktioniert nicht, da eure Umgebung nun einmal so ausgerichtet ist, euch eure Angst zu zeigen. Wenn ihr euch vor etwas fürchtet, solltet ihr eure Furcht klar spüren und feststellen, was genau es ist, wovor ihr euch fürchtet.

Wenn ich euch sage, daß ihr eure Umgebung nicht verändern müßt und eure Furcht wahrnehmen sollt, dann hört sich das für euch bestimmt ziemlich fremd an. Wenn ihr eure Umgebung verändern wollt, dann erwirkt ihr dies nicht durch physische Veränderungen, sondern dadurch, daß ihr eure Ideen, eure Vorstellungen verändert. Ihr könnt ein System nicht von innen heraus verändern, wenn ihr euch selbst im System befindet. Systeme können nur von außen verändert werden. Das bedeutet, daß ihr, wenn ihr Furcht in euch spürt, genau aufschreiben sollt, wovor ihr euch fürchtet. Nur wenn ihr das herausgefunden habt, könnt ihr es von außen verändern. Es folgt eine Beschreibung, wie ihr an euren Gefühlen arbeiten könnt.

Mit Affirmationen zum Erfolg

Vorstellungen und Ideen sind durch die Verwendung von Affirmationen (Gedankenformen) veränderbar. Bei der Verwendung dieser Methoden solltet ihr mit eurem Überbewußtsein zusammenarbeiten, auch wenn ihr noch nicht genau wißt, wie es eigentlich funktioniert.

Ihr müßt euch das so vorstellen wie beim Autofahren. Ihr könnt ein Auto fahren, ohne zu wissen, wie ein Verbrennungsmotor funktioniert. Um eine Gedankenform entstehen zu lassen, müßt ihr euch vom Massenbewußtsein lösen und in euren Gedanken die Situation erschaffen, die ihr euch wünscht. Diese Gedankenform hat ein Eigenleben. Ihr entwerft sie, ihr gebt ihr einen Zweck. Sie bleibt so lange bei euch – ein Jahr, einen Monat, einen Tag –, bis sie ihren Zweck erfüllt hat. Ihr müßt die Gedankenform mit der Vorstellung füllen, die sich verwirklichen soll. Ihr könnt euch z.B. vorstellen, wie es ist, ohne Furcht zu leben. Dann laßt ihr die Gedankenform los, und sie wird für euch an dieser Situation arbeiten.

Ein Beispiel, wie Erfolg entsteht: Jemand will eine Immobilie erwerben, wo er plant, eine Firma aufzubauen. Wenn er das Grundstück mit dem dazugehörigen Firmengebäude gekauft hat, so hat er sein Ziel noch nicht erreicht. Er sieht sich vor weitere Herausforderungen gestellt, muß zum Beispiel noch das Inventar beschaffen.

Wir wissen, daß unsere Handlungen in der Welt, in der wir leben, positive und negative Aspekte haben können. Es ist nicht der wahre Wunsch unserer unteren Bewußtseinsebene, das Gebäude zu erwerben, da sie immer nur die negativen Seiten sieht. Sie ist ein Teil des sozialen Bewußtseins und versucht, unsere Handlungen einzuengen. Um diese Beschränkung aufzuheben, ist es notwendig, Affirmationen anzuwenden. Bezogen auf unser Beispiel bedeutet das: Der Mensch, der ein Unternehmen aufbauen möchte, schreibt sich auf, daß es sein Wunsch ist, das Gebäude zu kaufen, und daß er sich entschieden hat, das Gebäude zu kaufen. Durch das Aufschreiben dieser beiden Punkte erschafft er eine Gedankenform. Er erzeugt damit eine energetische Einheit, der er die Aufgabe erteilt, das Gebäude für ihn zu beschaffen. Vielleicht will er die Gedankenform nur für eine kurze Zeit für sich arbeiten lassen. Egal wie lange er sie nutzen will, er muß ihr die Anweisung geben, ihre Energie nach Vollendung ihrer Aufgabe an ihn zurückfließen zu lassen.

Die Welt ist voller Gedankenformen, die ihre Aufgaben erfüllen wollen. Sie wurden zum Teil absichtlich, manchmal aber auch versehentlich erschaffen. Wollt ihr eure Gedankenformen weiterhin unbewußt erschaffen, oder wollt ihr sie bewußt in euer Leben rufen? Die meisten von euch sind inzwischen bereit, diese Gedankenformen bewußt zu erschaffen.

Die Wirksamkeit der Affirmationen

Übt das Erschaffen von positiven Gedankenformen. Es gibt verschiedene Techniken, wie ihr mit Gedankenformen arbeiten könnt. Eine besteht darin, Affirmationen mit Emotionen zu belegen. Das geschieht, indem ihr sie mit großer Inbrunst oder Leidenschaft aussprecht. Leidenschaft ist etwas, dem Gott nicht widerstehen kann, da das Universum aus Leidenschaft erschaffen wurde.

Leidenschaft ist keine Emotion, die sich nur auf zwischenmenschliche Begegnungen beschränkt. Stellt euch die intensivste Form der Leidenschaft vor, die ihr beim Liebesakt aufbringen würdet, und setzt diese beim Aussprechen der Affirmation ein. Das Ergebnis wird sich schneller einstellen, als wenn ihr nur einen Wunsch äußern würdet: Ein Wunsch ist nicht schlecht, aber nicht bestimmt und kraftvoll genug. Ähnlich ist es bei Gedankenformen, die sich auch auf der Verstandesebene anwenden lassen, wobei ihnen frei von Emotionen eine Idee zugrunde gelegt wird.

In der Welt der Dualität haben alle Dinge eine Ausrichtung. Es ist deswegen besonders wichtig, Gedankenformen bewußt zu erschaffen. Wenn ihr euch schuldig fühlt, besteht die Möglichkeit, daß sich eine bewußte Gedankenform gegen euch wendet. Erinnert euch bitte an das vorangegangene Kapitel, in dem ich euch etwas über das Urteilen erzählt habe. Gedankenformen sollen euch dabei unterstützen, den Erfolg zu erzielen, den ihr euch wünscht. Wenn ihr euch aber schuldig fühlt, erschafft ihr Gedankenformen, welche die Aufgabe haben, euch zu bestrafen, so daß ihr euer Ziel nicht erreichen könnt. Wenn ihr viele Gedankenformen ausgesendet habt, die euch bestraft haben, dann könnt ihr euch vorstellen, daß eine Gedankenform, die sagt: »Ich möchte gerne Erfolg haben«, ihre Aufgabe nicht sofort erfüllen kann, da sie sich erst einmal mit den vielen bestrafenden Gedankenformen auseinandersetzen muß. Es findet sozusagen ein Kampf zwischen den Energien statt. Die einen Energien kämpfen für die Bestrafung und die anderen für den Erfolg. Der Erfolg wird sich danach richten, wie ausdauernd ihr mit euren »Erfolgsgedankenformen« arbeitet. Wenn ihr willens seid, sie lange genug anzuwenden, wird sich der Erfolg einstellen.

Indem positive Gedankenformen die negativen Energien

löschen, die sich auf unserer Ebene offenbart haben, können sie negatives Karma (Schicksal) verändern. Diese negativen Energien habt ihr Menschen selbst erschaffen. Ihr besteht aus Energie und Ideen. Das ist eure größte Stärke. Ihr wißt, daß eure positiven Gedankenformen gegen die negativen Gedankenformen vorgehen müssen. Es kann eine Weile dauern, bis die positiven Gedankenformen ihre Aufgabe erfüllen können und euch das beschaffen, was ihr ihnen aufgetragen habt. Der Grund dafür ist, daß es viele negative Gedankenformen aus verschiedenen Leben gibt, die erst beseitigt werden müssen. Sie werden nicht alle über Nacht verschwinden. Es ist aber nicht unmöglich, sie eine nach der anderen zu beseitigen. Ihr braucht nur Geduld.

Ein Fußballtrainer würde sagen: »Üben, üben, üben!« Ich sage euch: Um euer Leben zu leben, müßt ihr lernen, Gedankenformen anzuwenden, weil sie es sind, die euch dabei unterstützen, das System zu verändern. Was ihr dazu benötigt, sind Geduld und Ausdauer. Wenn ihr übt und geduldig seid, werdet ihr erfolgreich sein. Ihr könnt nicht erfolgreich sein, wenn ihr die Regeln ändert. Erfolg könnt ihr nur dann haben, wenn ihr die Gedankenformen anwendet, weil sie von höherer Energie sind, und höhere Energie verbrennt die niedrigere Energie.

Wenn ihr also erfolgreich sein wollt, solltet ihr Gedankenformen formulieren. Glaubt nicht, daß ihr unrealistisch seid, wenn ihr sie formuliert. Beobachtet eure Realität, und stellt fest, was sich ändert. Wenn ihr keine Veränderungen feststellen könnt, wißt ihr, daß ihr mehr an euren Ideen und Gedankenformen arbeiten müßt.

Gedankenformen, die für Überraschungen sorgen

Ihr könnt Gedankenformen auch anwenden, um für Überraschungen zu sorgen. Wenn ihr zum Beispiel einer

Gedankenform die Aufgabe gebt, euer Aussehen zu verschö-
nern, eure Beziehung zu verbessern oder euch eine zündende
Idee einzuflößen, dann laßt ihr den Freiraum für eine Überraschung. Das wird euch auch dabei helfen, zu lernen, dem
Universum zu vertrauen. Viele von euch denken, daß Veränderung etwas Schlechtes bedeuten muß. Sie haben Angst vor
Überraschungen, weil sie befürchten, daß etwas Schlimmes
geschehen könnte. Laßt das Universum euch doch einfach
überraschen. Das gehört dazu, wenn ihr ein Teil der Energie
werdet, wenn ihr zu dem werdet, was ihr zum Teil schon seid
... Schöpfer.

→ Bewußtseinsübung

1. Arbeitet mit Gedankenformen, um den Erfolg zu schaffen, den ihr euch wünscht.

2. Beobachtet eure Realität. Wenn ihr Gedankenformen einsetzt und trotzdem nicht die Dinge bekommt, die ihr euch
   wünscht, bedeutet das, daß ihr von unbewußt erzeug-
   ten negativen Gedankenformen umgeben seid. Laßt diese alten Gedankenformen los. Bittet Gott um Unterstützung. Ihr müßt nicht wissen, woher die Gedankenformen
   kommen oder was es für Gedankenformen sind. Beobachtet eure Realität, und stellt fest, ob sich etwas verändert.

Kapitel 15

Liebe

Begebt ihr euch in das Innerste eures Wesens, so erkennt ihr, daß es die Liebe ist, die ihr erfahren möchtet. Das, was das Universum ausmacht, ist die Liebe, da Gott Liebe ist. Um aber Liebe erleben zu können, müßt ihr erst erfahren, wer ihr seid: Ihr seid Liebe, ihr seid Licht. Ihr seid Teil der Allmacht, und das bringt euch in Einklang mit dem Universum. Im Einklang zu sein bedeutet Heiligkeit, woraus folgt, daß ihr Dinge erschaffen könnt. Es ist die Göttlichkeit in euch Menschen selbst, die euch dazu befähigt, Schöpfer zu sein. Göttlich und heilig zu sein bedeutet, mit sich selbst und dem Universum in Harmonie zu sein. Wenn ihr mit Gott in Einklang seid, dann verläuft auch euer Leben harmonisch, und ihr habt gelernt, mit Gott zusammen zu erschaffen.

Die meisten von euch sind jedoch nicht im Einklang mit dem Universum. Sie denken, daß sie, wenn sie zu Gott beten, sich und anderen Gutes wünschen, visualisieren und Affirmationen aussprechen, ihre Realität erschaffen können. Leider funktioniert das nicht, weil sie viel zu vertieft in ihre Illusionen sind. Es ist notwendig, daß sie zuerst mit ihrer eigenen Realität in Einklang kommen, indem sie folgende Sätze sprechen: »Ich bin Licht. Ich bin Liebe. Ich bin Teil der Allmacht.«

»Ich bin Licht.« Diese Affirmation bezieht sich auf das, was der Mensch ist. Er ist Energie. Er ist Lichtenergie. Das Auge kann die Schnelligkeit, mit der sich Licht bewegt, nicht nachvollziehen, da sich dieses wahnsinnig schnell bewegt. Der menschliche Körper ist nur eine Lichtreflektion dessen, was sich im menschlichen Körper befindet. Man muß sich den physischen Körper des Menschen wie fast erstarrtes Licht vorstellen, das sich nur sehr langsam bewegt.

»Ich bin Liebe.« Diese Affirmation beschreibt das einzige wirklich existierende Gefühl. Alle anderen Gefühle sind lediglich Illusionen. Ihr seid auf der Erde, um zu lernen, wie sich Liebe in eurem Leben offenbaren kann. Liebe kann sich in vielen unterschiedlichen Situationen zeigen, und sie wird immer stärker. Als Gott das Universum schuf, hatte er die Absicht, die Liebe zu verstärken, sie zu vermehren. Er erzeugte die Grundlage dafür, indem er einen Teil von sich nahm und euch daraus schuf, er gestaltete euch als Individuen, damit ihr in der Lage wäret, euren freien Willen zu äußern. Mit jeder Äußerung des freien Willens erschafft ihr mehr Liebe. Eines Tages kehrt ihr mit allen euren gesammelten Erfahrungen, die eben aus Liebe bestehen, zu Gott zurück und bereichert ihn so um sein Wissen von der Liebe und somit auch seine Liebe. Das ist der Grund, warum der Mensch existiert. Wenn ihr also den Satz aussprecht: »Ich bin Liebe«, bringt ihr euch in Einklang mit der Idee, warum ihr existiert.

Wenn ihr den Satz sagt: »Ich bin Teil der Allmacht«, erklärt ihr, daß ihr ein Kind Gottes seid. Ihr erklärt damit, wer ihr seid. Das bedeutet nicht etwa, daß die anderen nicht wichtig sind. Die niedere Bewußtseinsebene hält diesen Satz zwar eher für einen Ausdruck der Trennung als für einen der Einheit. Doch in Wahrheit hilft euch der Satz »Ich bin Teil der Allmacht« dabei, zu erkennen, daß ihr Teil des Ganzen seid, ein einzelnes Molekül im großen Ganzen des Kosmos.

Ihr Menschen seid Gefühl und Energie. Ihr seid Liebe. Ihr sucht nur an den falschen Orten danach – nicht in euch selbst, sondern außerhalb. Ihr könnt die Liebe aber nur in euch selbst finden. Wenn ihr Liebe aussendet, wird sie zu euch zurückfließen, ohne Anstrengung und ohne daß ihr es erzwingen müßt.

Was ist Liebe?

Was ist Liebe? Liebe ist ein Gefühl der Freude. Liebe ist auch die Erfahrung von Schönheit und Einklang. Unausgeglichenheit äußert sich im menschlichen Leben als Schmerz und Leid. Ihr wißt sehr oft nicht, was Gleichgewicht überhaupt bedeutet. Ihr geht fälschlicherweise immer noch davon aus, daß ihr euch Liebe einfach nehmen könnt. Ihr denkt, daß ihr das tut, indem ihr materielle Besitztümer anhäuft oder indem ihr heiratet. Dann probiert ihr, euren Gefährten in eure Vorstellung hineinzuzwängen, wie ein Ehepartner zu sein hat. Ihr versucht, euch gegen den Verlust von Liebe abzusichern. Das ist aber keine Liebe, sondern Furcht!

Liebe bedeutet, euer Herz zu öffnen und euch verwundbar zu machen. Erfahrt ihr dann Schmerz, so solltet ihr den Schmerz durchleben, um so eure eigene Kraft zu finden. Ihr aber bemüht euch, euch abzuschotten, indem ihr euch sagt, daß der Schmerz, den ihr bereits kennt, besser ist als der Schmerz, den ihr noch nicht kennt. Das ließe sich auch mit folgenden Worten umschreiben: »Ein Mensch zieht es vor, in dem ihm bekannten Unglück zu verharren, anstatt sich zu den unbekannten Ufern des Glücks aufzumachen.« Wenn ihr aber endlich euren bekannten Schmerz aufgeben würdet, dann müßtet ihr erkennen, daß es keinen Schmerz gibt, den ihr nicht kennt. Es gibt nur Liebe.

Wenn ihr aufhört, euch an den bekannten Schmerz zu klammern, laßt ihr es zu, daß Gottes Liebe durch euch fließt und in euch schwingt. Dadurch werdet ihr zu dem Menschen, der ihr gerne sein möchtet. Sucht nicht im Himmel nach der Freude, sondern auf der Erde. Spürt sie auf in euren Gefühlen, eurem inneren Wesen, in der Schönheit des Lebens, in jedem Atemzug, in euren Visionen, in eurem Hören, in euren Berührungen, im Geschmack, in jedem Aspekt des Lebens. Wenn ihr wirklich lebt, seid ihr in der Freude.

Die Liebe Gottes stützt sich nicht auf die Dinge, die ihr tut. Sie beruht auf dem, was ihr als Seele seid, und auf der

Tatsache, daß ihr es wert seid, geliebt zu werden. Macht euch nur bewußt, daß ihr ein Kind Gottes seid, das aus Liebe geschaffen wurde. Wißt, daß Gott über jeden einzelnen von euch wacht und es nicht zuläßt, daß irgend jemandem wirklich Schaden zugefügt wird.

Mit diesem Wissen und diesem Vertrauen könnt ihr den Nadelstichen des Lebens gelassen entgegensehen. Jedes positive Ding auf eurem Planeten hat auch seine negative Seite, die sich wie ein Nadelstich in einen Finger anfühlen kann, das schafft den Ausgleich. Leugnet nicht die Polarität von Energie, weil das nur zu einer großen Disharmonie in euch führt, die sich in einer schwierigen Situation äußern kann. Ihr vervollständigt den Ausgleich, indem ihr den positiven und negativen Aspekt vereint. Der Mensch hat sich nur zu sehr auf die negativen Aspekte konzentriert. Er hat die Freude in seinem Leben nicht zugelassen, weil er sich vor der negativen Energie gefürchtet hat. Nadelstiche sind aber notwendig, um die Freude auszugleichen. Laßt ihr es aber zu, daß Gott euch diese Nadelstiche versetzt, und vertraut ihr ihm dabei, so werden sie euch nur für eine Millisekunde unbedeutsamen Schmerz zufügen. Sie verletzen euch nicht wirklich. Vertraut ihr nicht, bringt ihr sehr viel unnötigen Schmerz in euer Leben.

Wollt ihr wissen, warum die meisten von euch keine Liebe finden, sondern nur Schmerz, Verwirrung und Kummer empfinden? Es liegt an den Schwingungen, die ihr aussendet. Viele haben Angst vor der Liebe, weil sie Angst haben, verletzt zu werden. Ihr könnt aber von einer anderen Person nur verletzt werden, wenn ihr es zulaßt. Wenn zwei Menschen aufeinandertreffen, die beide die Schwingungen aussenden, verletzbar zu sein oder verletzen zu wollen, dann wird es sehr wahrscheinlich vorkommen, daß einer oder beide verletzt werden. Das ist das Ergebnis eines Lebens in Angst. Wenn einer der beiden wünscht, Schmerz zu empfinden, und der andere sich mit diesem Wunsch einverstanden erklärt, wird der eine sehr wahrscheinlich Schmerz erfahren. Ich könnte den Partner auch als Mittäter bezeichnen, weil er sich aus Liebe dazu bereit erklärt, dem anderen bei der Erfahrung zu unterstützen, die er machen möchte. Jeder macht immer die Erfahrungen, die er machen möchte, auch wenn es dem Tagesbewußtsein anders erscheinen mag.

Schmerz hat seinen Wert, wie alle Dinge im Universum. Schmerz und Leid haben Wert, schon weil es Mut erfordert, den Schmerz und das Leid zu überwinden, um so zur anderen Seite, zur Freude, zu gelangen. Der Wille, dies zu tun und sich dafür einzusetzen, zeigt das Vertrauen, und der Einsatz wird belohnt werden.

Vertrauen lohnt sich

Die Belohnung, die ihr erhaltet, wenn ihr vertraut, besteht in dem Wissen um das Vertrauen und den Frieden, den ihr dann verspürt. Beurteilt ihr Schmerz und Leid als etwas Schlechtes, dann werdet ihr sie so erleben, weil ihr sie so beurteilt. Ein Urteil, entstanden aus Furcht, zeigt, daß ihr eine Vorstellung oder eine Idee noch nicht ganz verstanden habt. Um zu verstehen, werdet ihr durch eure Seele einer Situation ausgesetzt, die euch mehr Weisheit verschaffen soll. Wenn ihr den Wert des Schmerzes nicht erkennt, so liegt es daran, daß ihr eigensinnig seid und es ablehnt zu fühlen. Ihr vertraut nicht darauf, daß alles, was passiert, zu eurem eigenen Wohl geschieht. Wenn ihr aber ehrlich seid und euren Emotionen Spielraum laßt, werdet ihr mehr Freude finden, als ihr euch jemals vorgestellt oder erhofft habt.

Ungeachtet der Einschränkungen, die euer physischer Körper mit sich bringt, habt ihr ein großes Potential an Kraft in euch, das euch dazu befähigt, euer Leben mit Liebe zu gestalten. Alles, was ihr tun müßt, ist wählen ... Entscheidet euch für die Liebe, das Leben, die Freiheit. Vergeßt nie, euch das auszusuchen, was ihr euch wünscht. Es ist Gottes Geschenk an euch, daß ihr unter unendlich vielen Möglichkeiten wählen könnt. Wählt mit Liebe, und sucht euch das aus, was ihr möchtet. Was ihr euch wünscht, wird euch auf dieser Ebene gegeben werden. Vergeßt nicht, daß jeder eurer Wünsche es wert ist, daß ihr dafür arbeitet und euch in Liebe für ihn entscheidet.

Ihr seid Bewußtsein ... bewußte Gefühle. Je mehr ihr bewußt zu dem werdet, was ihr in Wirklichkeit seid, desto mehr bringt ihr euch in Einklang mit euch selbst. Eure Seele und ihr werdet sozusagen eins. Jeder von euch hat etwas Göttliches in sich. Jede Handlung, jeder Gedanke wird durch die Göttlichkeit eures Wesens veranlaßt. Das Leben hat große Bedeutung und großen Wert. Wenn ihr wißt, wer ihr seid, werden Kräfte in euch freigesetzt. Ihr müßt euch das so vorstellen: Ihr lebt in einem Haus in einem Raum, den ihr nie verlassen habt. Eines Tages wird euch gesagt, daß ihr der Eigentümer des ganzen Hauses und des Gartens drum herum seid. Ihr sagt: »Ich besitze dieses Haus«, und öffnet dann die Tür, geht den Flur entlang, die Treppe hinunter. Ihr erkennt, daß alle Räume euch gehören. Sie haben schon immer euch gehört. Ihr geht in den Garten und erfaßt, daß das alles euch gehört. Schon immer hat alles euch gehört, nur wart ihr es, die sich freiwillig in dem einen Raum aufgehalten haben und sonst nirgendwo.

Der physische Körper ist wie dieser Raum, er hält euch gefangen und ist doch nur ein Spiegel eurer eigenen Ideen vom Leben. Je mehr ihr euch mit euch selbst in Einklang bringt, desto mehr werdet ihr erkennen, daß ihr nicht euer Körper seid. Ihr müßt die Körper nicht wechseln, um Aufklärung, Liebe und alles das zu erleben, das ihr euch wünscht. Ihr öffnet den Fluten die Tore, indem ihr euch die Dinge wünscht.

Liebe zwischen Eltern und Kindern

Laßt uns über die Liebe zwischen Eltern und Kindern sprechen. Jede Handlung, die Eltern begehen, ist auf ein wahres und liebendes Ideal gegründet. Es drückt sich jedoch durch die Gedanken und Ängste der Eltern verfremdet aus. Eltern sind voller Angst und beklemmender Vorstellungen. Sie sind der Meinung, sich Liebe nehmen zu müssen, um Liebe geben zu können. Eltern machen zwar alles, was sie für notwendig halten, und dennoch trampeln sie dabei auf den Gefühlen ihrer Kinder herum.

Jeder wählt seine Eltern selbst aus

Ihr sucht euch eure Eltern danach aus, daß sie euch ermöglichen, gewisse Seelenaspekte in euch zu erkennen und umzuwandeln. Eltern sind die vollkommenen Spiegel eures eigenen Wesens. Sie zeigen euch, an welchen Aspekten ihr zu arbeiten habt. Eltern werden von der Liebe angetrieben, aber weil sie sind, wie sie sind, können sie ihre Liebe nicht in reiner Form ausdrücken.

Man kann nicht sechs Millionen Ampere durch ein Kabel schicken, weil das Kabel sonst verschmoren bzw. in Flammen aufgehen würde. Deswegen versuchen Eltern, den von ihnen ausgehenden Energiestrom der Liebe einzudämmen. Sie müssen lernen, sich selbst zu einem Kanal zu entwickeln, der in der Lage ist, dem Energiestrom standzuhalten. Viele Eltern befinden sich jedoch in einer Sackgasse. Sie sind nicht in der Lage, sich weiterzuentwickeln, weil sie denken, daß sie die große Menge an Liebe nicht verarbeiten können. Diese Vorstellung schränkt Eltern und auch andere Menschen auf eurer Ebene ein.

Lernen zu lieben

Liebe zu geben und Liebe zu erhalten bedeutet, daß ihr euch über eure Gefühle im klaren sein müßt. Seid ehrlich. Teilt anderen eure Gefühle mit, so daß sie eure Gefühle teilen können. Auf diese Weise seid ihr in der Lage, eure Gefühle in die

Beziehung zu integrieren. Liebe bedeutet, euch selbst nicht aufzugeben, kein Märtyrer zu sein, verletzbar zu sein. Verletzbarkeit bedeutet auch, anderen zu vertrauen. Manchmal glaubt ihr, einen anderen vor Schmerz schützen zu können, indem ihr einen Teil eurer Gefühle von ihm fernhaltet.

Das funktioniert aus zwei Gründen nicht: Zum einen verweigert ihr ihm so, eine Erfahrung zu machen, weil ihr eure Gefühle für den anderen blockiert. Liebt ihr euch selbst und den anderen auch, seid ihr ehrlich zu ihm. Wenn ihr meint, den anderen nicht verletzen zu dürfen, wollt ihr vielleicht in Wirklichkeit euch selbst nicht verletzen. Ihr wollt wohl eher euch selbst schützen und nicht den anderen! Doch so funktioniert das nicht. Alle Seelen sind miteinander telepathisch verbunden, egal ob es euch bewußt ist oder nicht. Die Seele kennt die Wahrheit. Wenn ihr lügt, produziert ihr nur weiteren Seelenmüll, der später entsorgt werden muß, damit ihr wieder klarer sehen könnt.

Zum anderen führt Unehrlichkeit dazu, daß ihr euch gegenseitig verletzt, weil ihr euch selbst und dem anderen nicht preisgebt, wer ihr wirklich seid. Wenn ihr erst einmal erkennt, wieviel Freude es bereitet, ehrlich zueinander zu sein und euch gegenseitig zu vertrauen, werdet ihr diese Ehrlichkeit und das Vertrauen nicht mehr aufgeben wollen.

Seid ihr nicht ehrlich, wird sich euer Innerstes hintergangen fühlen und euch verletzen. Es wird das Projekt hintertreiben, an dem ihr arbeitet. Vielleicht handelt es sich dabei gerade um das Leben selbst. Ihr fühlt euch schuldig und wollt euch selbst bestrafen. Es entsteht ein Teufelskreis: Wenn ihr eure Vorstellungen nicht umsetzen könnt, denkt ihr, daß ihr keine Kraft habt. Ihr denkt, daß das Leben nicht funktioniert und ihr nicht das bekommt, was ihr euch wünscht. Mißtrauen, Unehrlichkeit, Schuld und Schmerz sind Schwingungen, die ihr dann aussendet, wodurch ihr Menschen mit denselben Schwingungen anzieht. Führt ihr mit ihnen eine Beziehung, zeigen sie euch nur, wie ihr selbst gerade seid.

Der Schmerz aus der Kindheit

Es ist die Aufgabe der Eltern, die Eigenschaften ihrer Kinder hervorzubringen, damit diese sie dann transformieren können. Eltern entwickeln sich nach ihrem eigenen Plan. Wenn ihr erkennt, daß die Motivation, aus der heraus eure Eltern handeln, eine gute ist, so ist dies ein Schritt nach vorn. Es ist wichtig, daß ihr lernt, euren Eltern zu vergeben. Erkennt, daß eure Eltern euch nur die Dinge angetan haben, die ihr im Innern von ihnen verlangt habt. Kinder wollen die Energien ihrer Eltern erfahren. Vergebt euch selbst, falls ihr damit kämpft, schreckliche Eltern gehabt zu haben. Vergebt euren Eltern das, was sie euch angetan haben, und setzt euer Leben fort. Gestaltet es so, wie ihr es euch vorstellt.

Wenn ihr inzwischen in der Lage seid, eure Vorstellungen umzusetzen, dann bedeutet das, daß ihr sie auf einer bewußten Ebene ausdrücken könnt. Normalerweise betrachtet ihr negative Erfahrungen als schlecht. Diese Sichtweise veranlaßt euch dazu, auf euch selbst herumzutrampeln. Wenn ihr nur erkennen würdet, daß das Universum jeden einzelnen eurer Wünsche befürwortet; wenn ihr erkennen würdet, daß ihr sie durch eure Kraft selbst verwirklicht! Dann würdet ihr die meiste Zeit damit verbringen, eure Vorstellungen auf einer bewußten Ebene in die Materie zu bringen, und nicht in Selbstmitleid zerfließen.

Wäre es euch lieber, wenn Gott die Entscheidungen für euch treffen würde und ihr keinen freien Willen hättet? Natürlich nicht! Trotzdem verhaltet ihr euch oft so. Ihr müßt nur erkennen, daß ihr selbst die Macht habt, Liebe, Schönheit und andere wunderbare Dinge in euer Leben zu holen. Warum tut ihr es nicht? Warum benehmt ihr euch wie Opfer, die darauf warten, daß Gott ihnen alles gibt? Er hat euch bereits alles gegeben. Ihr müßt es nur in eure Realität ziehen, indem ihr es euch wünscht und darauf vertraut, daß ihr es bekommen werdet.

Sehr oft konzentriert ihr euch auf andere Menschen und

zeigt ihnen ihre schlechten Eigenschaften auf, indem ihr sie kritisiert. Konzentriert euch auf euch selbst. Je mehr ihr über euch selbst herausfindet, desto mehr könnt ihr euch aus der negativen Bindung zu euren Eltern lösen – oder aus anderen Beziehungen. Eltern sind Eltern, und andere Personen sind eben andere Personen. Ihr müßt an euch selbst arbeiten. Fühlt ihr euch erst einmal als wertvolle Menschen, so ist der nächste Schritt, euch selbst zu lieben. Liebe kommt niemals von außen.

Das Pendel der Liebe

Liebe ist wie ein Pendel, das ihr anstoßt, so daß es zurückschwingt. Es bringt euch die Liebe zurück, mit der ihr es versehen habt. Wenn ihr es nur leicht anschubst, nur ein wenig Liebe gebt, wird es auch nur leicht zurückschnellen. Wenn ihr ihm einen starken Stoß versetzt, verfügt es über mehr Liebe und wird euch viel Liebe zurückbringen. Ein Ausgleich findet statt.

Liebe ist alles, was ihr braucht. Verbreitet soviel Liebe wie möglich. Sendet sie aus eurem Herzen heraus, laßt sie durch eure Gefühle fließen (nicht eingeschränkt von eurem Kopf, der Logik). Fühlt die Liebe in eurer Brust schlagen, und spürt sie in eurem Bauch. Konzentriert euch auf diese Bereiche, so daß ihr eure Chakras (Energiezentren) aktiviert. Durch Konzentration öffnet ihr eure Chakras und laßt die Liebe Gottes durch euch fließen (mehr zum Thema Chakras im Anhang).

Sprecht mehrmals am Tag folgende Sätze: »Ich liebe diesen Tag. Ich liebe den Regen. Ich liebe es, mein Auto zu fahren. Ich liebe meine wunderbaren Kinder. Ich liebe meinen Vorgesetzten. Ich liebe. Ich liebe. Ich liebe.«

Ihr lebt in einer Welt des Gleichgewichts. Ihr könnt die Waagschalen beeinflussen. Wenn ihr etwas wollt, müßt ihr ein Ungleichgewicht schaffen. Die zuvor gesprochenen Sätze der Liebe schaffen ein Ungleichgewicht von Liebe. Ihr schüttet dadurch so viel Liebe aus, daß sie zu euch zurückfließen muß, um das wieder auszugleichen. Wenn ihr euch mehr Liebe wünscht, könnt ihr das erreichen, indem ihr ein weiteres Ungleichgewicht an Liebe schafft, welches das Universum durch Liebe ausgleicht, die zu euch zurückfließt. Es ist bei dieser Vorgehensweise natürlich wichtig, daß ihr selbst der Meinung seid, daß ihr diese Liebe verdient.

Versucht ihr Liebe zu bekommen, indem ihr probiert, sie euch zu nehmen, so verursacht ihr eine Schwingung, die sagt: »Nimm Liebe von mir.« Diese Schwingung wird vom Universum aufgenommen, und es nimmt die Liebe von euch fort. Auch das ist Ausgleich.

Strebt danach, mit der Liebe im Einklang und im Ausgleich zu sein, indem ihr dem Universum die Botschaft schickt: »Ich bin Liebe.« Das Universum reagiert darauf, indem es euch mehr Liebe sendet, denn genau diese Energie ist es, die ihr selbst an das Universum gesendet habt. In den Religionen gibt es Aussagen wie: »Liebe deinen Nächsten.« Oder: »Was du nicht wünschst, das man dir tu, das füg auch keinem andern zu.« Es handelt sich hierbei um großartige Lehrsätze, weil sie uns beibringen, daß die Absicht immer das Wichtigste ist.

Behaltet eure Freude für euch, und beschenkt andere mit dem Gedanken und dem Gefühl der Liebe. Wenn ihr Freude verspürt und in euch habt, wird die Liebe in euch regelrecht zum Strahlen kommen. Ihr müßt nur den Gedanken haben, etwas oder jemanden zu lieben, und das Gefühl der Liebe hinzukommen lassen. So bringt ihr Liebe in euer Leben.

Kaputte Beziehungen

Gibt es jemanden in eurem Leben, mit dem ihr eine Beziehung hattet, die dann zerbrochen ist? Wenn ihr an den Menschen denkt, tut dies in liebender Weise. Sendet ihm keine negativen Gedanken, weil sich der Ausgleich der Energien auf euch negativ auswirken würde. Sendet ihm positive Gedanken. Das bedeutet nicht, daß ihr eure Gefühle unterdrücken sollt. Falls ihr verletzt oder wütend seid, so ist es wichtig, daß ihr diese Gefühle auch empfindet. Viele spirituell veranlagte Menschen leugnen diese Gefühle, weil sie denken, daß sie nur Liebe und Freude empfinden sollen. Wenn ein negatives Gefühl in ihnen hochsteigt, dann ignorieren sie es. So ist das Ganze aber nicht gedacht.

Es gibt eine Fülle von Erfahrungen, die es im Bereich der Gefühle zu machen gilt, wie z.B. Wut, Bedauern, Traurigkeit und viele andere. Leugnet ihr diese Seiten an euch, so werdet ihr so lange immer wieder auf die Erde zurückkehren, bis ihr euch diesen Gefühlen nicht mehr verweigert und sie durchlebt. Wenn ihr eure Gefühle ignoriert, wird eure Seele sich ausgehungert und hintergangen fühlen, weil ihr mit euch selbst nicht ehrlich seid und euch selbst davon abhaltet, zu fühlen und auszudrücken, was ihr empfindet. Fühlt eure Gefühle, egal ob Schmerz oder Wut oder was auch immer es sein mag. Wenn ihr diese Gefühle integriert, werden sie sich in Freude verwandeln. Das bedeutet nicht, daß ihr den Schmerz oder die Wut an den anderen zurückschickt. Wenn ihr das macht, werdet ihr nur noch mehr Schmerz und Wut erleben.

Es handelt sich um einen Teufelskreis, den ihr nur vermeiden könnt, wenn ihr Beziehungen von Anfang an aus dem Weg geht. Denn um eine Veränderung zu erreichen, müßt ihr euch außerhalb des Kreislaufs befinden. Veränderung kann nicht erzwungen werden. Sie kann nur dann stattfinden, wenn ihr in euch geht und herausfindet, was euch Schmerz bereitet. Seid ihr gewillt, den Schmerz zu empfinden, werdet ihr zur anderen Seite des Schmerzes durchdringen. Dort ist die Freude. Denkt daran, daß ihr den Schmerz nur so lange ertragen müßt, bis eure Seele ihn als Ganzes erfahren hat. Die Dauer des Schmerzes hängt davon ab, wieviel Vertrauen ihr zeigt, ob ihr gewillt seid, verletzbar zu sein, und ob ihr bereit seid, den Schmerz zu durchleben. Es hängt von euch ab.

Eine Erfahrung ist vergleichbar mit einem Sprung in den Ozean. Das Gefühl des Schmerzes wiederum können wir mit dem Eintauchen in die Fluten des Ozeans vergleichen. Ihr könnt direkt ins Wasser eintauchen, oder ihr stellt euch an den Strand und tippt einen Zeh alle paar Minuten ins Wasser, um zu testen, wie es sich anfühlt. Zieht ihr letztere Weise vor, so könnte es ewig dauern, bis ihr ganz eintaucht. Außerdem wird der Schmerz länger andauern. Jemand, der vertraut, weiß, daß Gott es nicht zulassen wird, daß ihm wirklich etwas passiert, deswegen taucht er einfach in das Wasser ein. Er wird beim Eintauchen etwas geschockt sein, weil das Wasser etwas kühl sein wird. Innerhalb einer Minute wird sich der Körper an die Temperatur des Wassers gewöhnt haben, und es wird sich angenehm anfühlen. Derjenige, der am Strand steht, zeigt keinerlei Vertrauen und wird dort noch eine lange Zeit verweilen. Es ist eure Entscheidung. Empfindet eure negativen Gefühle, dann laßt sie los, und übergebt sie Gott, damit er sie in Liebe zurückverwandeln kann.

Sucht nicht nach der Liebe, damit sie euch aus eurer Welt erlöst. Ihr werdet alle mehr geliebt, als ihr euch das jemals vorstellen könntet. Ihr werdet mit allen euren Fehlern geliebt. Wenn ihr so geliebt werdet, warum tut ihr euch dann so schwer, Liebe zu erlangen? Warum seid ihr bereit, soviel von euch selbst aufzugeben, um etwas zu bekommen, das so unrealistisch ist? Mit unrealistisch meine ich nicht Liebe an sich, sondern die Liebe, nach der ihr außerhalb eures Selbst sucht. Manche Menschen wollen Liebe aus merkwürdigen Gründen. Zum einen denken sie, daß Liebe sie vor etwas retten könnte. Oder ihr wollt Liebe, weil ihr meint, alles andere wäre dann unwichtig, wenn ihr sie hättet. Das stimmt! Doch nur wenige wissen, was Liebe wirklich ist! Wenn ihr es wüßtet, dann würdet ihr wissen, daß ihr bereits im Besitz der Liebe seid. Ihr würdet begreifen: Ihr seid Liebe.

Zu lieben bedeutet, verletzbar zu sein. Das heißt nicht, daß der, der liebt, nach Schmerz sucht, auch nicht, daß er durch ein Leben von Schmerz watet. Liebe ist, sich anderen gegenüber so weit zu öffnen, daß sie eure Gefühle erkennen können. Damit will ich euch nicht etwa auffordern, euch auf die Dächer zu stellen und eure Gefühle für jedermann hörbar herauszuschreien. Vielmehr möchte ich euch klar machen, wie wichtig es ist, in einer Beziehung mit einem Menschen eure Gefühle zu teilen. Es ist dabei egal, ob es sich um eine Beziehung zu einem Partner, einem Vorgesetzten, einem Nachbarn oder eurem Friseur handelt.

Gefühle, die im Rahmen einer Beziehung entstehen, solltet ihr miteinander teilen. Wenn ihr diese Gefühle voreinander versteckt, lebt ihr entweder eine Lüge, eine Unwahrheit oder eine Teilwahrheit. Die Teilwahrheit läßt aber auch nur einen Teil der Liebe zu. Gebt eure Liebe nicht auf, um von anderen Zustimmung zu erhalten. Tut ihr das, so werdet ihr weder Zustimmung noch Liebe von ihnen bekommen. Dann wendet ihr euch verletzt ab und behauptet, im Universum gebe keine Liebe.

Je mehr ihr euch selbst liebt und akzeptiert, desto mehr zieht ihr Menschen in euer Leben, die sich selbst lieben. Da sie sich selbst lieben und sich über sich selbst im klaren sind, werden sie Partner sein, mit denen ihr auf wunderbare Art Liebe in der Beziehung offenbaren könnt. Mit so einem Partner könnt ihr ein wunderbares Leben führen und dabei Freude erfahren.

Wahre Liebe macht keine Märtyrer

Was ist Liebe? Einige sagen, Liebe bedeute »geben und nehmen«. Die meisten Menschen geben nur. Sie geben ihre Freude auf und sind nicht in der Lage, Liebe zu empfangen. So sollt ihr eure Leben nicht leben. Liebe ist die Essenz. Wenn ihr eure Freude aufgebt, leugnet ihr, wer ihr wirklich seid. Ihr führt ein erbärmliches Leben! Es gibt auf der Erde nichts, was wichtiger wäre als das freudige Gefühl der körperlichen und seelischen Vereinigung, die ihr nur durch die Liebe erfahrt.

Was macht Liebe? Liebe bringt alle die Eigenschaften zum Vorschein, die noch nicht ganz entwickelt sind, aber unbedingt weiterentwickelt werden müssen. Wenn ihr von jemandem wahrhaftig geliebt werdet, dann wird der andere unter gar keinen Umständen wollen, daß ihr stagniert. Er möchte nicht, daß ihr euch in eurem Leid gefangen fühlt. Er erkennt vielleicht noch nicht einmal, daß seine Liebe ein großartiger Katalysator für euch ist. Liebe bedeutet nicht, daß ihr euch nicht sorgt. Liebe bedeutet, dem Gefährten dabei zu helfen, stärker zu werden und mehr Freude zu erfahren. Ebenso ist ein Ziel, durch die Liebe die eigene Freude weiterzuentwickeln.

Das großartigste an der Liebe ist, daß sie Dinge in euch zum Vorschein bringt, mit denen ihr nicht gerechnet habt. Liebe ist wie ein Spaten, der sich die Tiefen unserer Seele gräbt und dabei ungelöste, verwirrende, alte Ideen zum Vorschein bringt, die ihr bereits seit langer Zeit als überflüssiges Gepäck mit euch herumschleppt. Das ist der Grund, warum es in so vielen Beziehungen »Beziehungsstreß« gibt. Unter »Beziehungsstreß« versteht man Streitigkeiten, welche die Dualität der Energien in der Beziehung zum Vorschein bringt, so daß die Energien sich mit der Liebe vereinen können. Die Liebe gräbt sehr tief in der Seele des Menschen, und es ist die Aufgabe des Menschen, alles, was sie an den Tag bringt, aufs genaueste zu untersuchen. Dabei sollte jeder prüfen, was er davon noch gebrauchen kann und was er davon entsorgen will. Folgendes Beispiel soll verdeutlichen, was gemeint ist: Einem Menschen, der jahrelang von zu Hause weg gewesen ist, bringt seine Mutter eine Schachtel mit Dingen, die ihm in der Kindheit gehört haben. Er schaut sich die Dinge an und beginnt zu sortieren, welche er behalten möchte, weil sie einen Wert darstellen, und welche er wegwerfen will.

Menschen fürchten sich allerdings davor, ihre alten Ideen über Bord zu werfen, auch wenn diese sie von einer Weiterentwicklung abhalten. Obwohl sie unglücklich sind und ihre Freude aufgeben, können sie sich nicht dazu durchringen, ihre überkommenen Vorstellungen aufzugeben. Wenn ein Partner oder ein Freund euch etwas aufzeigt, das ihr untersuchen solltet, dann schaut es euch an. Betrachtet es als ein Geschenk. Aber was machen die meisten von euch, wenn sie so ein Geschenk erhalten? Ihr geht in die Verteidigung, gebt vor, verletzt zu sein, und zieht euch in euer Schneckenhaus zurück! Dann werdet ihr wütend und ärgert euch über den Menschen, der euch diesen Aspekt in euch aufgezeigt hat. Manchmal geht die Wut so weit, daß ihr ihn nicht mehr sehen und nie wieder mit ihm sprechen wollt!

Ihr Menschen seid schon seltsam! Ihr erkennt nicht, daß jemand mit ausgestreckten Händen vor euch steht, in denen er eine schöne Perle hält, und ihr lehnt die Perle ab, weil sie ein bißchen schmutzig ist. Wascht doch den Schmutz ab und behaltet die Perle! Jeder Tag eures Lebens könnte wie Weihnachten sein, doch nur wenige von euch erkennen das. Viele verbinden mit Weihnachten Geschenke kaufen, Schulden für Geschenke machen, die der andere sehr wahrscheinlich sowieso nicht mag! Ihr versucht, eure Liebe voneinander abzukaufen, und merkt dabei nicht, was ihr da tut! Weihnachten zu feiern bedeutet, das innere Licht zu erkennen. Genau das ist es, wobei euch euer Partner unterstützt. Er zeigt euch, wo in euch noch Müll lagert, der das Licht blockiert. So könnt ihr den Müll entsorgen, und das Licht kann euch den Weg wieder weisen.

Ihr müßt lernen, euch unaufhörlich zu lieben. Eure Absichten und eure Wünsche müssen ständig und bewußt in euch spürbar sein. Daran müßt ihr arbeiten, indem ihr Affirmationen benutzt. Bevor ihr sie aussprecht, solltet ihr mit folgendem Satz beginnen: »Ich liebe mich.« Dieser Satz wird die Chakras miteinander in Einklang bringen. Ein weiterer Satz, der nicht fehlen sollte, lautet: »Das, was mir geschieht, ist gut für meine spirituelle Entwicklung und Freude.«

Vergeßt nicht, daß Gott euch erschaffen hat. Deswegen seid ihr durch und durch göttlich. Es mag Gurus geben, die euch bei eurer spirituellen Weiterentwicklung helfen können. Gebt eure Macht aber niemals ab. Ein guter Lehrer wird immer darauf hinweisen, daß er nur versucht zu helfen. Er verlangt keine Aufopferung von euch. Das einzige Opfer, das ihr bringen solltet, ist für Gott.

Die Bedeutung der wahren Liebe

Einander zu lieben bedeutet, sich gegenseitig die Freiheit zu geben, daß jeder seine Wünsche leben kann. Das ist bedingungslose Liebe. Es ist keine Liebe, wenn ihr euch gegenseitig weh tut. Viele von euch meinen, daß Liebe bedeutet, eure Freude einem anderen zu geben. Das ist keine Liebe. Das ist die andere Seite der Liebe, eine Form der Selbstablehnung. Kein Märtyrer hat jemals etwas aus wahrer Liebe getan. Sie alle haben durch ihre Handlungen nur deutlich gezeigt, daß sie bestraft werden wollten. Das ist keine Liebe.

Zu lieben heißt, sich seinen Ängsten zu stellen und zu erkennen, daß sie Illusionen sind. Liebe bedeutet nicht, etwas für einen anderen aufzugeben. Ihr helft dem anderen nicht, indem ihr euch selbst ablehnt. Liebe besteht auch nicht darin, daß ihr andere dabei unterstützt, in einer Haltung zu verharren, in der sie sich selbst weh tun und blockieren. Es besteht zwar keine moralische Verpflichtung, daß ihr anderen dabei helft, ihre Blockaden aufzulösen, denn jeder kann seine Blockaden nur selbst auflösen. Es gibt allerdings sehr wohl eine Verpflichtung, eure Wahrheiten mit anderen zu teilen, um so etwas Licht in ihr Inneres zu senden, damit sie andere Wege des Daseins erkennen können. Deswegen müßt ihr aber nicht ihre Kleinmütigkeit, ihre kindische Art, ihr Bedürfnis nach einer Mutter oder einer anderen Form der Abhängigkeitsbeziehung teilen, nur um ihnen zu zeigen, daß ihr sie liebt.

Liebe ist eine Schwingung, die sehr exklusiv ist. Sie ist wie ein Komponist, der ein Lied komponiert und dabei die disharmonischen Klänge außen vor läßt, weil er keine Dissonanzen in seinem Lied haben möchte. Bezieht ihr dieses

Gleichnis auf die Schwingung Liebe, so bedeutet es, daß die Liebe eine stolze Schwingung ist, die es nicht schätzt, wenn sie andere Schwingungen um sich hat, die nicht mit ihr harmonieren. Kommen wir wieder auf das Gleichnis mit dem Komponisten zurück, so stellt sich natürlich die Frage: Ist es schlecht, wenn er gewisse Noten nicht verwendet? Nein, es ist nicht schlecht, denn er komponiert ein wunderschönes, harmonisches Stück. So arbeitet die Liebe. Sie komponiert aus dem Leben ein wunderbares, harmonisches Stück und läßt dabei die unharmonischen Klänge, die Dissonanzen verursachen können, einfach weg.

Dennoch funktioniert die Liebe ein wenig anders als der Komponist, der einfach gewisse Noten aus seinem Stück wegläßt. Die Liebe verstärkt nämlich zunächst die disharmonischen Schwingungen, weil es uns dann leichter fällt, sie zu erkennen und daran zu arbeiten. Die Liebe geht davon aus, daß die disharmonischen Schwingungen zerstreut werden müssen, damit ihre Komposition rein bleiben kann. Die Liebe sorgt also dafür, daß alles erkennbar wird, was nicht die gleiche Schwingung hat wie sie, so daß ihr feststellen könnt, daß dieser Mensch, diese Einstellung, diese Idee oder diese Vorstellung nicht mit der Liebe und der Harmonie in eurem Leben übereinstimmt. Alles, was zwischen euch und eurem Partner geschieht, ist das Resultat eurer intensiven Liebe zueinander. Ihr arbeitet zusammen, um ein wunderbares musikalisches Stück zu komponieren. Das Stück, das ihr komponiert, nennt sich Leben.

Liebe ist kein Trost

Viele Menschen verwechseln Liebe mit Trost. Sie haben die Liebe aufgegeben und suchen Trost. Die meisten verstehen unter Trost, daß derjenige, der getröstet werden will, nur eine Entschuldigung für seine Niederlage sucht. Trost im weiteren Sinne ist etwas Gutes, weil er nach einer Niederlage Hoffnung schenkt. Wenn ein Mensch aber aufgegeben hat, dann muß er immer wieder getröstet werden. Aufgeben bedeutet, daß man sich entschieden hat, nicht mehr für das zu arbeiten, was man sich wünscht. Bekommt ein Mensch nicht das, was er sich wünscht, dann kann er wenigstens Trost finden. Wenn ihr also Trost haben wollt, so verwechselt ihn nicht mit Liebe.

Falsche Vorstellungen von Liebe

Es gibt viele falsche Vorstellungen von Liebe, die ihren Ursprung zum Teil in den verschiedenen Religionen haben. Diese vermitteln, daß Liebe mit Leid und Opfern verbunden ist, der Mensch sich die Liebe sozusagen verdienen muß. Es kommt in euren Liebesbeziehungen oft vor, daß ihr meint, immer nur geben zu müssen, ohne daß ihr etwas zurückbekommt. Eure Seele aber erwartet, Liebe zu bekommen, weil sie meint, daß ihr sie verdient. Bekommt ihr sie nicht, fühlt ihr euch verletzt.

Es ist nicht falsch, Liebe zu geben und zu erwarten, daß sie zu euch zurückkommt. Der Fehler liegt darin, daß ihr euch durch eure Erwartungshaltung, wie und wann die Liebe zu euch zurückkommen sollte, einschränkt. Ihr seid in Gottes Universum, in dem alles ausgeglichen wird. Es wird nicht immer so ausgeglichen, wie ihr euch das vorstellt. Ihr müßt nur wissen, daß sich die Dinge, wenn ihr Gott vertraut, so entwickeln, wie sie für euch am besten sind.

Wenn ihr ein Kind liebt, erwartet ihr, Liebe zurückzubekommen. Vielleicht weiß das Kind aber gar nicht, was Liebe ist, oder es kann die Liebe nicht so ausdrücken, daß ihr sie erkennt. Ihr fühlt euch abgelehnt und möchtet aufgeben. Aber im Universum Gottes, in dem immer ein Ausgleich der Energien stattfindet, kann es sein, daß euch vielleicht ein Nachbar einen Kuchen schenkt, den er für euch gebacken hat. Auf diese Art und Weise kommt die Liebe, die ihr dem Kind geschenkt habt, wieder zu euch zurück. Es kann sein, daß ihr daraufhin das Gefühl habt, eurem Nachbarn nun etwas schuldig zu sein. Ihr habt Probleme damit, ein Geschenk in Dankbarkeit anzunehmen. Ihr könnt euren Nachbarn aber auch ohne besonderen Grund mit einem Strauß Blumen überraschen. Macht nie irgend etwas, weil ihr meint, daß es von euch erwartet wird. Um bei dem Kuchenbeispiel zu bleiben: Schenkt eurem Nachbarn keine Blumen, nur weil er euch einen Kuchen gebacken hat. So ein Verhalten wird euch nur die Freude nehmen, und ihr werdet weniger Möglichkeiten finden, die Liebe zu erfahren, die ihr erfahren möchtet.

Kein Mann und keine Frau kann uns wirklich Liebe geben, denn die Liebe kommt aus unserem Inneren heraus. Dadurch, daß ihr euch selbst liebt, erfahrt ihr Freude mit einem Partner. Er spiegelt die Liebe wider, die in euch ist. Liebe ist selbstsüchtig, sie will, daß jeder seine eigene Freude erlebt. Mit Selbstsucht ist nicht Egoismus gemeint, sondern die Liebe zum eigenen Wesen, die es der schönen Frau, dem schönen Mann, dem Geld oder was auch immer ermöglicht, in unser Leben zu treten.

Liebe bedeutet Vertrauen

Ein wichtiger Aspekt der Liebe ist Vertrauen. Vertrauen darauf, daß ihr geliebt werdet. Das ist einer der Gründe, warum ihr auf der Erde lebt. Einer der Gründe, warum ihr als Menschen geboren werdet, um Gott vertrauen zu lernen. Das lernt ihr, indem ihr eurer Intuition folgt. Dadurch wiederum begebt ihr euch in Situationen, die ihr erleben müßt, um zu lernen. Wenn ihr dem Fluß eures Lebens vertraut, werdet ihr Schmerz lediglich in der Stärke eines Nadelstichs empfinden. Der wird unangenehm sein, aber auch nicht mehr. Danach werdet ihr viel Freude erleben.

Wenn ihr aber großen Schmerz erwartet, blockiert ihr eure Intuition, ebenso alle eure Gefühle und eure innere Stimme. Ihr versucht, eure Realität mit Logik auszuloten. So funktioniert es nicht! Denn arbeitet ihr nur mit eurer Logik, so bedeutet das, daß ihr nur eure männlichen Energien benutzt. Ihr wendet euch von euren weiblichen Energien ab. Nur durch den Ausgleich der Energien ist es aber möglich, die zukünftigen Situationen zum eigenen Besten zu gestalten und zu erschaffen.

Bevor ihr eine wichtige Entscheidung trefft, solltet ihr euch zwei Minuten hinsetzen, in euch hineinhören, meditieren und darum bitten, daß sich ein Kanal öffnet, so daß alle himmlischen Wesen die Möglichkeit haben, euch zu helfen. Sprecht den Satz: »Ich habe ein Problem, das mich stört. Bitte helft mir zu verstehen.« Ich bin sicher, daß ihr binnen kurzer Zeit Hilfe bekommen werdet. So ist das Gesetz.

Vergnügen und Liebe

Vergnügen ist eine Form der Liebe. Viele von euch fühlen sich schuldig und gönnen sich deshalb selbst kein Vergnügen. Schuldgefühle sind aber nicht notwendig, auch wenn ihr es gewohnt seid, solche Gefühle in euer Leben zu bringen. Arbeitet daran, eure Schuldgefühle so gut wie möglich loszulassen. Doch das geht nicht, wenn ihr sie nicht liebt. Liebe bedeutet nicht nur, etwas zu mögen. Liebe bedeutet verstehen. Wenn ihr Liebe gebt, öffnet ihr euch gleichzeitig der Liebe. Wenn ihr euch öffnen und Liebe empfangen könnt, bedeutet das, daß ihr auch in der Lage seid, Liebe zu geben. Es ist wie ein Karussell. Genauso verhält es sich mit dem Vergnügen. Vergnügen ist ein körperlicher Ausdruck der Liebe. Über Vergnügen kann sich die Liebe so äußern, daß ihr sie schmecken, riechen, fühlen, in den Arm nehmen, küssen und in ihrer Gesamtheit erfahren könnt.

Der Sinn des Lebens besteht in den Erfahrungen, die ihr sammelt, und in der Liebe, die ihr findet. Mit »Liebe finden« ist nicht nur die körperliche Vereinigung zwischen Männern,

Frauen, einem Partner gemeint, sondern daß ihr zur Liebe werdet. Wenn ihr zur Liebe werdet, bedeutet das, daß ihr Liebe gebt und Liebe bekommt. Dies heißt nicht, daß ihr das, was ihr hineinsteckt, auch wieder herausbekommt. Wenn ihr zur Liebe werdet, seid ihr Teil eines Kreises, der aus Liebe gewoben ist.

Ihr seid als Menschen auf die Erde gekommen, um zu lernen, wie ihr zur Liebe werdet und dabei Freude empfindet. Freude bedeutet, Spaß zu haben, gemeinsam zu lachen und sich im Inneren seines Herzens gut zu fühlen. Laßt euch eure Freude nicht nehmen, denn Freude liegt im Kern eures Wesens.

Sex ist keine Liebe

Liebe ist eine Idee, und sie zeigt sich in Handlungen und physischen Körpern. Damit ist nicht unbedingt das männliche Geschlechtsteil im weiblichen gemeint! Oft verwechselt der Mensch Liebe mit Sex. Wenn ein Mensch eine sexuelle Beziehung mit einem Partner hat, kann das eine wunderbare, liebende und erfüllende Erfahrung sein. Wichtig ist dabei – wie immer – die Absicht. Sie ist die treibende Kraft, die die Schönheit und die Liebe erst entstehen läßt. Wenn ihr die Idee der Liebe mit euren Gedanken, euren Worten, euren Gefühlen und eurem Herzen verschmelzen laßt, wird jeder Tag eine Bereicherung sein. Ihr bereitet euch selbst Freude. Der Himmel ist ein Ort der Freude, und je mehr Freude ihr in euer Leben ziehen könnt, desto näher kommt ihr dem Himmel auf Erden, so daß ihr Teil der Allmacht werdet.

Zum Schluß sei noch einmal gesagt: Um Liebe in der Welt zu finden und um sicherzugehen, daß ihr in einer Welt voll Liebe lebt, müßt ihr euch entscheiden, soviel Liebe wie möglich in eure Realität aufzunehmen und so wenig Schmerz und Boshaftigkeit wie möglich darin sein zu lassen. Ihr könnt zwar nicht alle Menschen verändern, insbesondere nicht die, die andere Menschen verletzen wollen. Doch ihr könnt sagen, daß ihre Realität nicht Teil der eurigen sein soll. Nach und nach wird eure Realität nur Licht und Liebe enthalten.

→ Bewußtseinsübung

1. Meditiert täglich. Sprecht den Satz: »Ich liebe mich selbst.« Wiederholt ihn immer wieder. Wenn ihr euch selbst so viel Liebe wie möglich schickt, werdet ihr feststellen, daß sich euer Vorrat an Liebe erhöht und ihr mehr Liebe geben könnt und bekommen werdet.

2. Übt das Aussenden von Liebe. Sprecht z.B. beim Autofahren folgende Sätze: »Ich liebe die Bäume.« »Ich liebe die Sonne.« »Ich liebe mein Auto.« Wenn ihr am Zielort angekommen seid, sagt, je nachdem, wo das sein mag, z.B.: »Ich liebe das Restaurant.« »Ich liebe meinen Job.« Wenn ihr nach Hause kommt sagt: »Ich liebe meinen Partner.« »Ich liebe meine Kinder.« So werdet ihr die Energie der Liebe aussenden, und das Universum wird euch dafür mehr Liebe schicken.

Kapitel 16

Gefühle

Man sollte nicht meinen, daß ein Mensch urteilt, wenn er behauptet, es sei falsch, seine Gefühle zu unterdrücken. Es ist wirklich sehr schädlich für die emotionale, geistige und körperliche Gesundheit, wenn ihr eure Gefühle unterdrückt. Damit öffnet ihr der Krankheit Tür und Tor, bereitet den Weg für eine große Auswahl an Deutungsmöglichkeiten bezüglich der Dinge, die euch widerfahren, und in der Regel deutet ihr sie als schmerzvoll und negativ.

Die Gefühle, die ihr empfindet, stammen von der Allmacht und werden so übersetzt, daß ihr Menschen sie verstehen könnt. Egal welche Gefühle ihr in der Vergangenheit hattet, in der Gegenwart habt oder in der Zukunft haben werdet, sie kommen aus einer göttlichen Quelle. Seid ehrlich mit euren Gefühlen. Stilisiert sie weder hoch, noch verdrängt oder versteckt sie. Versteckt ihr eure Gefühle, so ist es, als wenn ihr sie abtöten würdet. Nur tötet ihr dabei auch einen Teil von euch selbst. Wenn ihr eure Gefühle nicht empfindet, verdrängt ihr das Göttliche in euch selbst.

Die Dinge hingegen, die euch einschränken, haben keinen göttlichen Ursprung, sondern entspringen euch selbst. Wenn ihr in guter Absicht handelt, so ist es von Zeit zu Zeit wichtig, euch selbst einzuschränken, damit ihr euch auf eure Energie, die ihr auf etwas Spezielles richten möchtet, konzentrieren könnt. In diesem Zusammenhang ist es in Ordnung, wenn ihr euch einmal einschränkt. Langfristig gesehen ist Einschränkung aber ein schmerzhafter Prozeß.

Es ist wichtig, daß ihr euch selbst liebt, mit allen Gefühlen, die ihr habt. Dazu gehören auch Wut und Ablehnung. Wenn ihr Angst vor euren Gefühlen habt, dann deshalb, weil sie nicht in die eigene vorgefaßte Vorstellung von euch selbst passen. Jeder hat ein bestimmtes Bild von sich selbst. Wenn eure Gefühle diesem Bild nicht entsprechen, dann habt ihr Angst vor euren Gefühlen. Die Gefühle sind aber dazu da, euch zu zeigen, wer ihr seid. Wenn ihr sie verdrängt, dann schränkt ihr euer Leben und den Fluß des Lebens ein. Das Leben soll euch zeigen, wer ihr seid.

Wenn ihr euer Leben nicht mögt, so ist nicht das Leben schuld daran. Urteilt ihr über euer Leben, blockiert ihr den Fluß der göttlichen Energien. Wenn ihr urteilt, nehmt ihr die Dinge nicht mehr so wahr, wie sie wirklich sind, weil ihr euch von euren Gefühlen abgespalten habt. Ihr lebt also nicht nur in einer Illusion, sondern verfälscht sie sogar noch. Was bedeutet das für euch? Ihr entfernt euch mehr und mehr vom liebenden göttlichen Wesen, der Allmacht, und verlängert damit euren Aufenthalt auf dieser Ebene.

Versteht, daß ihr eure Vorlieben habt und daß es Dinge gibt, die ihr nicht mögt. Trotzdem solltet ihr nicht über eure Gefühle urteilen. Geht auf eure Gefühle ein, und durchlebt Gefühle wie Wut oder Furcht. Es ist nicht gut, sie zu verdrängen. Der einzige Weg, wie ihr die Negativität der Gefühle beseitigen könnt, besteht darin, sie einfach fließen zu lassen. Ihr könnt euch nicht verändern, indem ihr eure Energien blockiert. Laßt eure Energien zur Erde fließen, wo sie umgewandelt werden und als stärkere, angereicherte Energie zurückfließen können. Woher solltet ihr eure Energie bekommen, wenn ihr die einzige Quelle der Energie blockiert?

Die meisten Menschen auf eurer Ebene fühlen sich unglücklich. Sie suchen in ihrem Leben nicht nach Liebe, sondern sie versuchen, die Dinge zu vermeiden, die negativ sind. Ich kann es nur immer wieder betonen: Erlebt die Freude, und liebt euch selbst. Liebt euch selbst so, wie Gott euch liebt. Er verurteilt euch nicht. Wenn sich Menschen euch gegenüber negativ verhalten, dann liegt das daran, daß ihr negative Schwingungen aussendet, die von den Menschen reflektiert werden. Das ist der Grund, warum die meisten Menschen so unglücklich sind. Die Menschen spiegeln sich gegenseitig ihr eigenes Unglück wider und verstärken es so.

Es gibt aber keinen Grund, sich unglücklich zu fühlen. Gott will nicht, daß ihr euch unglücklich fühlt. Er kann sich aber nicht gegen euren freien Willen richten. Wenn ihr aber meint, daß es notwendig ist, sich für einen bestimmten Zeitraum unglücklich zu fühlen, um zu lernen, daß es nicht notwendig ist, unglücklich zu sein, dann macht das. Eure Gefühle werden euch den Weg in die Tiefe eurer Seele weisen.

Blockiert eure Gefühle nicht, indem ihr zuviel raucht, trinkt, eßt oder Drogen zu euch nehmt. Gefühle sind etwas, das ihr einfach zulassen müßt. Laßt euren Gefühlen die Freiheit, einfach dazusein, ohne daß ihr versucht, sie zu unterdrücken. Je mehr ihr eure Gefühle zulaßt, desto weniger werden sie euch beherrschen können. Gelingt es euch, eure Gefühle bewußt zu erfahren, könnt ihr sie in Energie transformieren, die ihr nutzen könnt. Je mehr ihr daran arbeitet, eure Gefühle umzuwandeln, desto mehr Freude werdet ihr in euer Leben bringen.

Es gibt viele unter euch, die der Meinung sind, daß sie ihre Gefühle kontrollieren müssen, um sich selbst im Griff zu haben. Um diese Kontrolle ausüben zu können, müssen sie die in ihren früheren Leben angestaute »Krieger-Energie« zum Einsatz bringen. Es geht aber nicht darum, eure Gefühle zu kontrollieren, sondern es geht darum, eure Gefühle zu erleben. Das einzige, was ihr kontrollieren könnt, ist die Reaktion, die ihr einem Gefühl entgegenbringen könnt. Es kann sein, daß ihr das Bedürfnis habt, jemanden zu erwürgen. Großartig, dann sollte man sich dem Wunsch, dies zu tun ganz hingeben ... und man wird feststellen, daß der Wunsch irgendwann verschwunden ist. Wenn ihr einen Wunsch unterdrückt, wird er sich irgendwo im Körper festsetzen, und am Ende werdet ihr selbst das Gefühl haben, erwürgt zu werden!

Der größte Schatz im Leben ist die Emotion. Der emotionale Körper ist einer von vielen feinstofflichen Körpern, aus denen der Mensch besteht. Diese Körper nimmt er mit, wenn er diese Ebene verläßt und sich in einer anderen Dimension weiterentwickelt. Schenkt niemandem Glauben, der behauptet, es sei notwendig, daß ihr eure Gefühle leugnet. Es gibt viele Gurus und Religionen, die lehren, daß es gute und böse Gefühle gibt. Es gibt religiöse Lehrer, die euch dazu verhelfen möchten, so viele Gefühle wie möglich zu beseitigen, so daß ihr so wenig wie möglich fühlt. Ihr könnt euch durchaus irgendwelchen Gurus oder Religionen anschließen. Nur solltet ihr wissen, daß es nur dann gut für euch ist, wenn ihr dadurch etwas lernen könnt und wenn ihr euch freiwillig anschließen möchtet. Es ist nie gut, wenn ihr Gefühle aufgeben müßt. Sie sind das Göttliche in euch. Sie sind die Gedanken Gottes, die sich so im Leben äußern.

Wie könnt ihr erkennen, daß ihr es mit einem Menschen zu tun habt, der andere manipulieren will? Ihr wißt es, sobald ihr einer Person begegnet, die euch Schuldgefühle einredet, die versucht, eure Freiheit einzuschränken, die euch das Wissen streitig macht, was für euch richtig ist und was nicht. Das ist Manipulation. Erkennt ihr nun, wie wunderbar es ist, von Tag zu Tag mehr in das Gefühl hineinzuwachsen, zu wissen, was richtig für euch ist?

Freude läßt sich nicht erzwingen

Es gibt den Weg, die Dinge zu erzwingen (der Weg des Kriegers), und es gibt den Weg, die Dinge laufen zu lassen (der Weg des Abenteurers). Es ist wichtig, die Energien aus dem Herz-Chakra und auch ein wenig aus dem Solarplexus fließen zu lassen. Der Drang, etwas zu erzwingen, entsteht normalerweise auf der männlichen Seite des Gehirns und liegt in der Vorstellung begründet, etwas haben zu müssen, oder in der, daß etwas eine bestimmte Form zu haben hat. Das rührt daher, daß ein Krieger fälschlicherweise davon ausgeht, daß Willenskraft dafür eingesetzt werden kann, seine Vorstellungen zu erzwingen. Das einzige Problem dabei ist, daß Willenskraft, die dazu eingesetzt wird, Vorstellungen umzusetzen, die auf gesellschaftlichen Vorgaben basieren, nicht besonders gut funktioniert, da sie verfälscht ist. Wenn man sie anwendet, stemmt man sich sozusagen gegen den Fluß des Lebens.

Wahre Willenskraft entdecken

Wahre Willenskraft liegt darin, eine Entscheidung in einer wichtigen Sache zu treffen und dann entsprechend zu handeln. Um echte Kraft bei einer Entscheidung zu verspüren, müßt ihr sie nur in liebender Absicht treffen und bei der daraus folgenden Handlung aus tiefstem Herzen dabeisein. Geht ihr so vor, zwingt ihr euch nicht, etwas zu tun, was ihr gar nicht wollt, sondern setzt eure göttliche Kraft ein, um euer Ziel zu erreichen.

Die Willenskraft derjenigen, die sich dem sozialen Bewußtsein sehr stark beugen, richtet sich weniger nach der wahren Absicht und dem Herzen, sondern danach, daß sie meinen, stark und diszipliniert sein zu müssen. Das funktioniert aber nicht, weil es ihre Seele nicht befriedigt. Wenn ihr etwas haben wollt, solltet ihr es nicht erzwingen, sondern es erschaffen, es in euer Leben fließen lassen. Natürlich müßt ihr handeln, wenn ihr etwas haben wollt, aber ihr solltet es nicht erzwingen, weil ihr so der Handlung die Macht nehmt.

Woher kommt eigentlich die wahre Kraft? Die Kraft des Menschen liegt im Fühlen ... aus dem Herzen heraus ... und sie fließt in den Meridianen (Energiekanälen) des Körpers. Wenn ihr eure volle Kraft spürt, bedeutet das, daß die Energien durch euch strömen, ohne daß sie in irgendeiner Form behindert werden. Ihr fühlt euch wohl und spürt, daß ihr eins mit euch seid.

Gefühle sind das Wichtigste

Nur wenige erkennen, daß Gefühle das Wichtigste, das Gold, im Leben sind. Negative Gefühle sind ebenfalls wichtig. Bewertet sie deswegen nicht als schlecht, und versucht nicht, sie zu beseitigen. Eine unharmonische Beziehung bedeutet oft Schmerz, Enttäuschung und Frustration, doch diese können dazu führen, daß ihr den wahren Gefühlsschatz in euch findet, wenn ihr euch nur auf diese Gefühle einlaßt.

Stellt euch das so vor: Ihr grabt in eurem Garten einen Brunnen, doch statt auf Wasser zu stoßen, findet ihr Öl. Da ist dieses schwarze Zeug, und ihr seid reich! Doch anstatt zu sagen: »Klasse, jetzt bin ich reich«, schimpft ihr über das schwarze Zeug im Garten, das dickflüssig, klebrig und dreckig ist, wo ihr doch Wasser wolltet und kein Öl! Wenn ihr euch auf Gefühle wie Wut, Traurigkeit oder Enttäuschung einlaßt, sie empfindet, erlaubt ihr euch, euch zu verändern und zu erkennen, wie ihr euch selbst eingeschränkt habt. Wie erkennt ihr, daß man sich selbst blockiert, wenn es nichts gibt, was euch darauf hinweist? Lernt ihr, euch selbst zu vertrauen, so werden die Gefühle euch zeigen, in welchen Bereichen ihr euch behindert. Laßt eure Gefühle zu.

Gefühle sind die Gedanken Gottes, die sich im Menschen äußern. Wenn Handlungen und Gefühle nicht übereinstimmen, sind eure Energien nicht im Fluß, und ihr vernachlässigt eure höhere Bewußtseinsebene. Gefühle sind eigentlich Formen, die aber vom Menschen nicht als solche wahrgenommen werden, und trotzdem sind sie wirklich, auch in eurer Realität.

Wenn ihr euch zum Beispiel gestattet, eure Wut zu empfinden, werdet ihr allmählich erkennen, warum ihr Wut empfindet. Je öfter ihr so vorgeht, desto mehr Kraft verspürt ihr, neue Situationen in eurem Leben zu meistern. Außerdem versteht ihr, warum es wichtig war, die Wut zu empfinden. Das Wissen wird die Wut beseitigen. Bis ihr soweit seid, tragt ihr das Gefühl der Wut in euch, was auch in Ordnung ist.

Ärzte behaupten, daß Streß, Wut und alle anderen Gefühle dieser Art, schlecht für den Menschen seien. Sie sind aber nur dann schlecht, wenn sie euch Schaden zufügen. Wenn ihr diese Gefühle jedoch ummantelt, sie einschweißt, sie quasi konserviert, dann können sie euch Schaden zufügen. Laßt ihr sie zu und durchlebt sie, so fließen sie durch euch hindurch und können euch keinen Schaden mehr zufügen.

Es hört sich unlogisch an und widerspricht zahlreichen Lehren spiritueller Entwicklung, wenn ich behaupte, daß es in Ordnung ist, wütend zu sein. Es ist in Ordnung, wenn ihr diese Wut mit euch herumtragt, bis sie langsam nachläßt und verschwindet. Macht euch nur bewußt, daß die Wut nicht einfach so verschwindet, sondern daß es die Erkenntnisse sind, die ihr über eure Wut sammelt, die dazu beitragen, daß die Wut sich langsam auflöst. Ihr müßt nur die nötige Geduld aufbringen, und die Wut löst sich auf. So einfach oder kompliziert ist das!

Drückt eure Gefühle aus. Sie sind ein Teil von euch, ein Teil eurer Verantwortung gegenüber euch selbst und eurer Umgebung. Indem ihr euren Gefühlen Ausdruck verleiht, zeigt ihr, wer ihr seid. Versucht ihr, euch durch Pflichtgefühl oder Schuldgefühl einzuengen, so werden andere dies bemerken und entsprechend darauf reagieren. Verdrängt ihr eure Gefühle und drückt sie nicht aus, so werdet ihr als gefühlskalt eingestuft. Menschen in eurer unmittelbaren Umgebung werden ebenfalls gefühlskalt reagieren. Das ist ein leichter Vorgeschmack davon, wie Karma funktioniert. Die Menschen in eurer Umgebung spiegeln nur die Energie wider, die ihr selbst aussendet.

Es gibt keine Schuld, und wenn ihr eure Gefühle nicht immer richtig spürt, dann gibt es immer noch die Möglichkeit, sie zu einem andern Zeitpunkt zu erfahren. Es ist sehr, sehr wichtig für euch, eure Gefühle regelmäßig zu erleben und sie eurer Umgebung mitzuteilen. Teilt eure Enttäuschung und euer Glück mit. Nicht auf vorwurfsvolle Art und Weise, sondern einfach durch ehrliche Erklärungen. Entscheidet ihr euch dafür, eure Gefühle mit jemandem zu teilen, so wird sich die Freude, die dabei entsteht, vervielfachen, aus dem einfachen Grund, weil ihr eure Wahrheiten mit ihm teilt. Wollt ihr eure Wahrheiten nicht teilen, dann ist es eben so. Aber seht ein, daß ihr es euch schuldig seid, ehrlich zu euch selbst zu sein. Wenn ihr euch spirituell weiterentwickelt, Liebe gebt und nehmt und lernt, eure Gefühle mit andern zu teilen, werdet ihr einen Menschen anziehen, der die gleichen Gefühle hegt. Wenn ihr niemanden findet, der eure Gefühle mit euch teilen will, dann ist das ein Hinweis darauf, daß es noch Bereiche im Leben gibt, die es zu bearbeiten gilt, damit ihr auch diese Bereiche mit anderen teilen könnt.

Die meisten von euch denken, es sei nicht notwendig, zu zeigen, wie sie wirklich sind. Sie setzen darauf, daß sich der andere schon ändern wird. Klar, so denkt ein Mensch, weil er nur eine kurzsichtige, dreidimensionale Sichtweise der Dinge hat. Wenn ihr dem Universum nicht zeigt, wer ihr seid, was ihr fühlt und was euer Defizit ist, kann sich das Universum nicht für euch einbringen. Wenn ihr versucht, einen Menschen zu manipulieren, indem ihr ihm vorschreibt, wie er sich zu verhalten hat, oder wenn ihr mit Menschen umgeht, ohne eure Gefühle dabei zu zeigen, dann hört das Universum zwar zu, denkt sich aber, daß euch eure Vorstellungen gar nicht wichtig sind, also muß sich das Universum auch nicht dafür einsetzen, daß sie sich verwirklichen können. Äußert ihr eure Gefühle, ohne dabei eure Gedanken von den Gefühlen zu trennen, so wird das Universum alles daransetzen, damit sich eure Vorstellungen in eurem Leben umsetzen können.

Wir haben bereits über Dualität (vgl. Kapitel 6) gesprochen und dabei herausgefunden, daß es das Ziel des Menschen auf der Erde ist, seine polaren Energien zu vereinen. Es ist einfach zu erkennen, daß männliche und weibliche Energien gegensätzliche Polaritäten sind, die der gleichen Energie angehören. Ebenso einfach zu erkennen ist, daß Eigensinnigkeit und Hartnäckigkeit zur selben Energie gehören. Sogar Gedanken und Gefühle gehören ein und derselben Energieform an. Sie können nicht getrennt werden, und wenn ihr es dennoch versucht, reißt ihr etwas auseinander, das ein liebender Teil eures Daseins ist. Versucht ihr, Gedanken und Gefühle voneinander zu trennen, so beraubt ihr euch eurer Göttlichkeit, ihr liebt euch selbst nicht. Es ist wichtig, für jeden Gedanken ein Gefühl zu empfinden. Das gleiche gilt umgekehrt: für Gefühle, die ihr empfindet, solltet ihr sie immer mit passenden Gedanken begleiten. So werdet ihr zu Licht, Liebe und Teil der Allmacht.

Bis zu einem gewissen Grad habt ihr vor euren Emotionen Angst, weil sie euch davonzutragen scheinen. Das macht den Eindruck, als ob sie euch und die Umgebung um euch herum zerstören würden, wenn man ihnen freien Lauf ließe. Es kann vorkommen, daß ihr so wütend werdet, daß ihr nur noch Zorn empfindet, insbesondere dann, wenn ihr meint, daß euch ein anderer etwas Schlechtes antut. Solche Emotionen sind der Schlüssel zu euch selbst. Hinter aller Frustration, die unbefriedigte Bedürfnisse hervorrufen, verbirgt sich die Liebe. Je mehr ihr etwas liebt, die Liebe aber blockiert wird, desto größer ist die Frustration, die ihr empfindet. Liebt ihr jemanden, könnt aber diese Liebe nicht zeigen, so ist es ganz natürlich, wenn ihr darüber Wut empfindet. Ich möchte, daß ihr diese Wut in euch spürt, ich möchte, daß ihr euch direkt in sie hineinbegebt, und dann möchte ich – und das wird euch fast unmöglich erscheinen –, daß ihr dieses Gefühl durch euch fließen laßt, es an Gott sendet, der es zurück in Liebe verwandelt. Wenn ihr dazu in der Lage seid, werdet ihr die Liebe hinter der Wut entdecken und fühlen. Seid ihr dazu nicht in der Lage, so werdet ihr die Wut für Wochen, Monate, Jahre, vielleicht sogar mehrere Leben lang, mit euch herumtragen. Diese Wut wird unangenehme Folgen in eurem Leben haben. Deswegen: Laßt das Gefühl der Wut aus euch heraus.

So wichtig es ist, daß ihr eure Gefühle wirklich empfindet, so wichtig ist es auch, sie loszulassen, wenn ihr sie erfahren habt. Wenn Menschen ihre Gefühle nicht loslassen wollen, hat das oft damit zu tun, daß sie kein Vertrauen haben. Sie trauen sich nicht, ihren eigenen Müll loszulassen. Ihr müßt euch das so vorstellen, als wenn ihr nie zur Toilette gehen und euch so die Möglichkeit verwehren würdet, das auszuscheiden, was der Körper nicht mehr verwerten kann. Eure Körper wären inzwischen so groß wie Häuser! Was würde geschehen, wenn die Müllabfuhr nicht mehr käme, um den Müll abzuholen? Die Mülleimer würden überquellen, Ratten und Ungeziefer die Straßen erobern. Ihr vergeßt, daß ihr nicht nur aus einem materiellen Körper besteht, um den ihr euch kümmern müßt, sondern auch aus weiteren, feineren emotionalen Körpern, die ebenfalls der Pflege bedürfen.

Emotionale Körper

Der emotionale Körper muß seinen »Müll« ebenso ausscheiden, wie dies auch der physische Körper tut. Zu diesen Ausscheidungen gehört Wut, die ihr empfunden, aber nie losgelassen habt. Ebenso gehört dazu extreme Trauer darüber, daß ihr euch selbst enttäuscht habt, Leben für Leben. Lernt, darauf zu vertrauen, daß emotionale Altlasten vom Universum aufgenommen und von Gott in Liebe zurückverwandelt werden.

Ihr entwickelt euch auf vielen Ebenen. Der materielle Körper entwickelt sich vom Baby zum Erwachsenen. Das Gedächtnis entwickelt sich und wird durch Gedächtnisübungen, Herausforderungen etc. trainiert. Aber Gefühle zuzulassen und sich entwickeln zu lassen, das übt ihr nicht.

Noch einmal im Klartext: Jeder auf der Erde ist hier, um mehr über seine Emotionen zu lernen. Es ist an der Zeit, daß ihr langsam lernt, eure Gefühle zuzulassen und sie wachsen zu lassen.

Gefühle wachsen lassen

Um eure Gefühle wachsen zu lassen, geht ihr folgendermaßen vor: Zuerst hört ihr auf die starken Gefühle, die ihr in gewissen Situationen empfindet – Wut, Verachtung, Enttäuschung, Frustration, Traurigkeit. Dann gebt ihr diese Gefühle an Gott, der sie in Liebe zurückverwandelt. Ihr wißt noch nicht, wie ihr negative Energie in Liebe umwandeln könnt, deswegen müßt ihr darauf vertrauen, daß Gott dies für euch tut. Erst wenn ihr eure negativen Gefühle losgelassen habt, können sich die negativen Schwingungen in positive zurückverwandeln. Die positive Schwingung, die dann wieder entsteht, ist Liebe. Denn Liebe ist die einzig wahre Emotion, die wirklich existiert. Die anderen Emotionen sind lediglich eine verfälschte Form der Liebe.

Aber auch die verfälschten Formen der Liebe sind es wert, erfahren zu werden. Was euch auf der Erde umgibt, sind Illusionen ... Bäume, Berge, Flüsse ... und trotzdem gibt es sie, damit der Mensch sie erfahren kann. Wut ist eine Illusion, aber ihr müßt sie fühlen. Wut ist eigentlich nur vereitelte Liebe. Wut ist nicht falsch, denn dahinter verbergen sich immer eine gute Absicht und die Liebe. Deswegen müßt ihr euch nicht vor negativen Gefühlen im Leben fürchten. Hinter diesem negativen Gefühl liegt immer Liebe. Fühlt eure Emotionen, erlebt sie, teilt sie denjenigen mit, die sie betreffen. Danach geht in euch, und gebt sie an Gott weiter. Wenn ihr eure Gefühle an Gott weitergeben möchtet, könnt ihr folgenden Satz sprechen: »Gott, ich gebe Dir diese Wut als ein Geschenk von mir. Ich bin noch nicht in der Lage, Wut in Liebe umzuwandeln, und bitte Dich, es für mich zu tun, da ich die Freude vergrößern will. Ich möchte gerne, daß mir diese Energie Liebe zurückbringt.« Liebe wird zu euch zurückfließen, weil es das Ziel Gottes ist, die Liebe im Universum zu vergrößern.

Ihr, die ihr dabei seid, Liebe in euer Leben zu bringen, seid ebenfalls dabei, anderen Menschen in ähnlichen Situationen zu helfen. Ihr seid alle miteinander verbunden, so daß eure Erfolge den Weg für andere bereiten werden.

Furcht

Was ist Furcht? Ich habe euch bereits erklärt, daß der Mensch zwei Dinge im Leben bekommt: das, was er sich wünscht, und das, was er fürchtet. Wenn ihr euch vor etwas fürchtet, dann gebt ihr dem Universum zu verstehen, daß ihr in bezug auf eine Vorstellung, ein Gefühl oder eine Sache ein Wissensdefizit habt.

Betrachten wir dazu einmal die Furcht davor, zu wenig Geld zu haben: Fürchtet euch nicht vor Armut, und verurteilt sie nicht. Wenn ihr Armut als etwas Schlechtes einstuft oder arm zu sein für euch einen schlechten Ruf zu haben bedeutet, werdet ihr euch ihr schneller stellen müssen, als euch lieb sein kann. Ihr werdet dann vielleicht erfahren, wie viele wunderbare Momente es in Armut gibt. Gemeint ist damit nicht, daß ihr Armut akzeptieren solltet – nein, das nicht, denn das Schicksal des Menschen ist das Gegenteil, Reichtum. Achtet nur darauf, daß ihr euch für Erfüllung und Überfluß entscheidet, weil ihr sie euch wirklich wünscht. Wünscht ihr euch Reichtum, weil ihr euch vor der Armut fürchtet, so ist die Schwingung, die von der Furcht ausgeht, stärker und wird die Situation anziehen, die ihr nicht wollt. Das ist der Grund, warum alle spirituellen Schulen predigen, daß ihr eure Ängste loslassen sollt. Wenn ihr es nicht tut, zieht ihr das an, was ihr fürchtet, und zwar in immer neuen Situationen.

Furcht hat einen Wert, und in eurem Entwicklungsstadium kann Furcht euch sogar Freude bereiten. Warum sonst würden so viele an ihrer Furcht festhalten? Sie wird erst in dem Moment unangenehm, wenn ihr ihr erlaubt, sich zu offenbaren, wodurch angsteinflößende Situationen entstehen können. Ihr Menschen braucht ein wenig Furcht, weil ihr das Ende nicht vor dem Anfang kennen möchtet. Furcht wird es auf dieser Ebene immer geben. Trotzdem versucht jeder, in Sicherheit zu leben und Furcht zu beseitigen. Es wird auf dieser Ebene aber nicht dazu kommen, daß sich die Furcht vollständig beseitigen läßt. Vertrauen zu erlernen führt dazu, daß die Furcht sich verringert, immer kleiner wird.

Wenn ihr einem Kind eine Geschichte vorlest und es gruselig wird, regt sich das Kind auf. Kinder identifizieren sich mit der Hauptfigur der Geschichte, sie fürchten sich für die Hauptfigur. Im Leben der Erwachsenen sind auch die Menschen Kinder, die ganz vergessen haben, daß ihr Leben nur eine Geschichte ist. Das Leben besteht aus vielen Ideen und Vorstellungen, die ihr auslebt. Das Leben ist die Wirklichkeit des Menschen, die er auf der Erde lebt.

Ihr müßt euch das so vorstellen: Ihr seid ein Kind, das sich selbst eine Geschichte vorliest. Nur erfindet ihr eine derart gruselige Geschichte, daß ihr vor lauter Angst fast die Hosen voll habt. Da ihr zum derzeitigen Standpunkt eurer Entwicklung aber Spaß an der Furcht habt bzw. an der Aufregung, die mit der Furcht einhergeht, will auch niemand von euch die Furcht aus seiner Geschichte herausnehmen. Ihr müßt aber erkennen, daß ihr eure eigene Furcht und die Bilder der Furcht selbst erfindet und erschafft. Ihr seid die Opfer eurer Furcht, aber gleichzeitig seid ihr auch die Erzähler eurer Geschichten.

Ich will nicht sagen, daß ihr Furcht auslöschen sollt. Ich will nur, daß ihr erkennt, daß Furcht ein Teil einer Geschichte ist, die ihr selbst erzählt. Es ist wie das Spinnen von Garn, nur daß es sich dabei um Garn handelt, mit dem ihr etwas erschaffen könnt. Ihr selbst bestimmt, wieviel Furcht ihr erfahren möchtet. Dieses Maß an Furcht erschafft ihr euch dann und erlebt es. Das Leben ist wie ein Märchen. Es ist wie ein Gemälde. Es ist wie eine Skulptur. Es ist wie all diese Dinge in einem. Ihr formt eure Körper, ihr malt eure Landschaften und verliert euch darin, obwohl es alles gar nicht real ist. Es ist alles eine Illusion.

Warum, glaubt ihr, gibt es Furcht im Leben? Dafür gibt

es zwei Gründe. Einer ist, daß ihr dadurch feststellen könnt, in welchen Bereichen ihr noch an eurem Vertrauen arbeiten müßt. Der zweite Grund ist, daß euch Furcht davor bewahrt, zu viele Schritte auf einmal zu tun, was euch möglicherweise in Schwierigkeiten bringen könnte. Furcht ist eine gute Sache. Sie hält euch dazu an, vorsichtig zu sein. Was aber machen viele von euch? Sie lassen sich durch Furcht entmutigen. Das ist aber nicht Sinn und Zweck der Furcht. Wenn ihr euch fürchtet, gebt euch diesem Gefühl ganz hin, und laßt dann los. Die Freude, die ihr nach dem Loslassen empfindet, ist eine Belohnung für den Mut, eure Gefühle zu empfinden.

Furcht veranlaßt euch, kleine, wohlüberlegte Schritte zu tun. Wenn ihr euch so fortbewegt und Gott vertraut, wird er das Universum für jeden einzelnen von euch so ausrichten, wie ihr euch das wünscht. Es bedarf vieler kleiner Schritte und Veränderungen, bis ihr das Universum dort habt, wo ihr es haben wollt. Es kann sich nicht übergangslos an die Vorstellung eines Menschen anpassen. Das geht nur Schritt für Schritt, wobei es sich langsam auf die neue Position ausrichtet. Ihr könnt das Universum nicht zwingen, etwas zu sein, was es nicht sein kann. Die Furcht soll nur dazu dienen, daß ihr eure Vorstellungen Schritt für Schritt an das Universum weitergebt, damit es sich langsam nach euch ausrichten kann. Furcht sorgt sozusagen dafür, daß ihr mit dem Universum auf eine Wellenlänge geht.

Nehme ich euch durch die Methode der kleinen Schritte eure Ziele? Nein. Nehme ich euch dadurch die Möglichkeit, eure Ziele über Nacht zu verwirklichen? Ja. Nehme ich euch die Vorstellung, daß es eine einzige Vorgehensweise gibt, die Antworten auf alle Fragen bringen kann? Ja, weil jede Methode die Lösung für alle Probleme sein kann, solange sie mit der richtigen Absicht und mit dem Vertrauen auf Gott angewendet wird. Nennt es Vertrauen in die göttliche Energie, nennt es Vertrauen in das Universum. Ich beschreibe euch nur, wie ihr in Freude leben könnt.

Schuld

Schuldgefühle sind nicht notwendig. Die meisten von euch suchen sich dieses Gefühl aus, um sich für etwas zu bestrafen, wofür sie sich verurteilen. Wenn ihr euch für etwas schuldig fühlt, zieht ihr Situationen an, die euch weiter das Gefühl der Schuld vermitteln. Die inneren Gedanken und Gefühle offenbaren sich in der äußeren Wirklichkeit.

Laßt eure Schuldgefühle los, sonst zieht ihr immer wieder Situationen in euer Leben, in denen ihr Schuld empfindet. Die meisten von euch sind nicht stark genug, um die Schuld aus den vergangenen Leben loszulassen. Das ist der Grund, warum ihr immer wieder mit Situationen konfrontiert werdet, die euch Gelegenheit geben, diese Gefühle loszulassen. Wendet die Technik der kleinen Schritte an.

Wenn sich ein Mensch schuldig fühlt, ist er manipulierbar. Schuld ist der Anfang eines Teufelskreises. Wenn ein Mensch sich schuldig fühlt, läßt er zu, daß sich seine Schuldgefühle verstärken und die Seele sich nicht mehr in Einklang mit den inneren göttlichen Energien ist. Klipp und klar ausgedrückt bedeutet das, daß ihr euch selbst belügt, weil ihr euch nicht um die restlichen Energien kümmert, sondern euch allein auf die Schuldgefühle konzentriert.

Da es keine Opfer gibt, solltet ihr niemandem erlauben, euch Schuldgefühle einzureden. Egal, was ihr jemandem angetan habt, es wurde von ihm auch zugelassen. Es ist nicht gut, andere zu verletzen. Doch Menschen, die sich schuldig fühlen, lassen Situationen in ihr Leben, die sie dazu bringen, Schmerz zu empfinden. Wenn sie lernen, die Schuld in ihrem Leben loszulassen, werden sie erkennen, daß sie schönere Erfahrungen anziehen, und sie werden es nicht mehr zulassen, daß sie durch Schuldgefühle, die ihnen von anderen eingeredet werden, manipuliert werden.

Wie könnt ihr Schuldgefühle loslassen, die schon lange in eurer Seele wohnen? Beginnt immer bei der Liebe. Es ist wichtig, daß ihr Liebe annehmt. Das ist eines der schwierigsten

Dinge, wenn man sich schuldig fühlt. Bittet Gott, daß er euch hilft, eure Schuld loszulassen. Bietet eure Schuld als Geschenk dar, und bittet ihn darum, eure Schuld in Liebe zu verwandeln.

Schmerz und Freude

Schmerz und Leid müssen, wie die Freude, in all ihren Formen erlebt werden. Das bedeutet nicht, daß ihr Schmerz nicht von einem intellektuellen Standpunkt aus erfahren könnt. Ihr müßt ihn nur auf manchen Ebenen erfahren, er muß sich nicht auf der physischen Ebene äußern. Das gleiche gilt für Freude. Ihr wollt Freude erfahren und Freude in euer Leben bringen. Beim Schmerz seid ihr jedoch nicht darauf ausgerichtet, ihn zu erfahren. Trotzdem erfahrt ihr mehr Schmerz als Freude! Die Freude bleibt Theorie, und der Schmerz verwirklicht sich.

Ihr erkennt den Wert von Schmerz nicht. Schmerz reinigt euch, und er ist euch ein Lehrer. Erfahrt den Schmerz, und laßt ihn fließen. Er wird eine Menge Müll mit sich fortreißen. Schmerz ist etwas, wovon ihr euch schnell lösen möchtet. Doch er hat seine eigene Geschwindigkeit. Je langsamer der Schmerz durch euch fließt, desto gründlicher ist der Reinigungsprozeß, dem er euch unterzieht.

Viele Menschen haben eine Meßlatte, die ihnen anzeigt, wie groß ihre Freude sein darf. Übersteigt ihre Freude einen bestimmten Pegel, beginnen sie, sich selbst zu sabotieren, weil sie der Meinung sind, daß sie so viel Freude nicht ertragen können. Sie tun dies über ihre Denkweise und ihre Einstellung. Manche behaupten, daß sie sich vor Schmerz fürchten, dabei scheuen sie die Freude, die andere Seite des Schmerzes. Manchmal fürchten sie sich sogar mehr vor der Freude als vor dem Schmerz.

Warum ist es für euch so schwer, Freude zu ertragen? Die meisten denken, daß sie nur dann Freude verdienen, wenn sie zuvor sehr viel Schmerz erfahren haben. So hat Gott sich das allerdings nicht vorgestellt. Warum läßt Gott Schmerz zu? Weil der schnellste Weg, Schmerz zu beseitigen, ist, ihn zuzulassen und zu erfahren.

→ Bewußtseinsübung

1. Um im Jetzt zu leben, müßt ihr alle alten, nicht geäußerten Emotionen loslassen. Schreibt euch die wichtigsten Emotionen auf: Wut, Trauer, Haß, Verachtung, Liebe, Furcht etc.

   A. Schreibt auf, worüber ihr euch ärgert. Worüber habt ihr euch versagt, Trauer zu empfinden? Was liebt ihr? Wovor habt ihr Furcht? Die Antworten auf diese Fragen werden euch die Bereiche aufzeigen, in denen ihr eure Emotionen verdrängt oder vernachlässigt habt.
   B. Empfindet eure Gefühle in jedem Moment und in vollem Umfang.
   C. Gebt eure negativen Emotionen an Gott, und laßt ihn sie in Liebe umwandeln.
   D. Seid ihr euch im klaren über eure negativen Emotionen? Wenn nicht, arbeitet so lange daran, bis sie euch klarwerden.

2. Welche unterdrückten Gefühle habt ihr gegenüber eurer Mutter, eurem Vater, euren Geschwistern, euren Kindern, euren Nachbarn, euren Kollegen? Was wolltet ihr ihnen schon immer sagen und habt es nicht getan? Schreibt es auf, erzählt es jemandem oder nehmt es auf Kassette auf. Wenn es notwendig ist, schreit es einfach hinaus. Wenn ihr der Meinung seid, daß es euch bereichern würde, eure Gefühle mit der betreffenden Person zu teilen, dann solltet ihr sie ihr auf sanfte und mitfühlende Art mitteilen. Seid vorsichtig, wenn ihr mit anderen über eure unterdrückten Gefühle sprecht. Macht euch bewußt, daß es

nicht darum geht, ihnen Dinge zu sagen oder zu schreiben, nur um ihnen etwas heimzuzahlen. Übernehmt beim Kommunizieren mit anderen Verantwortung. Denkt daran, daß ihr für eure Gedanken und Gefühle verantwortlich seid. Wenn ihr verantwortlich handelt bedeutet das, daß ihr es in liebender Absicht tut.

Ihr redet mit anderen, um Dinge zu klären, und nicht, um Rache zu üben (der Weg des Kriegers). Wenn ihr mit anderen sprecht, um auszuteilen oder um Schuldgefühle zu vermitteln, werdet ihr mehr Unordnung schaffen, als am Anfang da war. Denkt daran, daß ihr die Situation mit der betreffenden Person zusammen geschaffen habt. Eure Gefühle hinsichtlich dessen, was passiert ist, sind kein Fehler der betreffenden Person. Eure Gefühle waren eure Antwort auf die Situation.

Findet einen Weg, eure Gefühle mitzuteilen, so daß ihr sie nicht länger in eurem Körper speichern müßt. Seid ihr euch jetzt im klaren über eure gespeicherten Gefühle?

3. Meditiert. Bittet Gott darum, daß euch eure ungeklärten und unterdrückten Gefühle bewußt werden. Bittet ihn, diese Gefühle in Liebe umzuwandeln – denn das ist es, was sie sind.

4. Wenn ihr das geschafft habt, bleibt nur noch das übrig, was ihr in eurem Leben liebt. Wenn neue Wut, Traurigkeit, Furcht oder eine andere Emotion in euch hochsteigt, bearbeitet sie sofort. Sprecht über eure Gefühle, und teilt sie mit anderen, wenn es angemessen erscheint. Wenn nicht, zum Beispiel am Arbeitsplatz, findet einen anderen Weg, mit euren Gefühlen umzugehen. Denkt daran, daß alle Menschen telepathisch miteinander verbunden sind. Deshalb ist es egal, ob ihr eure Gefühle im Gespräch mitteilt, in der Meditation oder durch einen Brief, den ihr nicht verschickt, die Botschaft wird bei der betreffenden Person ankommen.

5. Erkennt, daß ihr mehrere Leben mit nicht geklärten oder unterdrückten Gefühlen gelebt habt. Ihr werdet nicht in der Lage sein, sie alle auf einmal loszulassen. Beginnt mit diesen Übungen, die euch dabei helfen werden, den Zugang zu eurem emotionalen Körper zu finden. Schritt für Schritt werdet ihr eure Gefühle loslassen können. Wenn ihr euch eines Tages traurig fühlen solltet, laßt das Gefühl zu, und gebt es dann an Gott weiter. Wenn ihr dies übt und dazu entschlossen seid, euren emotionalen Körper zu heilen, wird sich die Verbindung zwischen euch und der Allmacht stärken.

Kapitel 17

Erschaffen

Dieses Kapitel befaßt sich mit neuen Informationen zum Thema »Erschaffen« und bringt Ideen zu den Themen, die bereits in den vorherigen Kapiteln besprochen wurden. Das ganze Leben besteht aus dem Erschaffen, Gestalten oder Erfinden von Dingen. Es ist nicht möglich, über Gefühle, Entscheidungsfindung, Willensfreiheit und Liebe zu sprechen, ohne dabei das Thema »Erschaffen« zu streifen. Es wird also in diesem Kapitel einige Rückblicke auf vorangegangene Themen geben.

Die Fakten entstehen in eurer Realität durch Gedanken und Emotionen, da sie sich nur verwirklichen können, wenn sie erst gedacht und dann gefühlt werden. Alle Fakten und Wirklichkeiten, die wir in Büchern finden, waren irgendwann einmal Gedanken von jemandem, bevor er sie fühlte und niederschrieb. Da nicht alle Menschen immer einer Meinung sind, äußern sich ihre Vorstellungen und Ideen unterschiedlich.

Ihr könnt euch vorstellen, daß es nicht einfach ist, eine Welt wie diese zu erschaffen, weil jeder seine eigene Wirklichkeit lebt. Denkt daran, daß die Erde nicht nur einmal erschaffen worden ist. Sie wird durch die Wünsche derjenigen, die auf ihr leben, immer wieder neu gestaltet. Je mehr ihr lernt, eure Energien mit denen eurer Mitmenschen in Einklang zu bringen, je mehr ihr lernt, eure Gefühle gemeinsam zu erfahren, desto einfacher wird es sein, die Wirklichkeit gemeinsam zu erschaffen. Wenn ihr in Harmonie zusammenarbeitet, ist es für Gott einfacher, das Universum mit euren Wünschen in Einklang zu bringen.

Die Wirklichkeit verändern

Ihr habt immer die Möglichkeit, eure Wirklichkeit zu verändern. Nichts auf der Welt ist für die Ewigkeit gedacht. Der Planet Erde bietet eine Vielzahl von Erfahrungen, die euch lehren, wie ihr Dinge in euer Leben bringen könnt. Ihr beginnt mit einer Vorstellung, gebt etwas Gefühl hinzu und erlaubt der Idee, sich in eurer Wirklichkeit zu verwirklichen. Wenn ihr eine Vorstellung verändern wollt, denkt aber daran, daß ihr nicht allein auf der Erde seid: Eure Idee wird von anderen Menschen geteilt. Lernt, mit euren Energien umzugehen.

Respektiert, daß die Erde eine vereinte Schöpfung der auf ihr lebenden Menschen ist. Die Verbindung von Gedanken und Gefühlen der vielen Menschen, die eine bestimmte Form der Wahrheit auf der Erde leben, ist stärker als die eines einziger Menschen. Wenn ihr also etwas erschaffen wollt, richtet sich dieser Wunsch möglicherweise gegen die Energien der anderen. Dann müßt ihr nicht gegen diese Energien ankämpfen, sondern eure Energie auf eine höhere Ebene heben, auf der kein Widerstand zu erwarten ist. Bringt euch mit der Allmacht in Einklang, und erschafft das, was ihr verwirklicht sehen wollt, gemeinsam mit Gott und weiteren Menschen, die sich wünschen, euch beim Gestalten zu unterstützen. Sind andere nicht in Einklang mit euch, wenn ihr etwas neu erschaffen möchtet, ist es besser, nicht jedem zu erzählen, woran ihr gerade arbeitet. Würden sie von dem Vorhaben Kenntnis haben, so bestünde die Möglichkeit, daß sie versuchen, es zu unterbinden. Ihr Beweggrund besteht nicht darin, euch zu verletzen, sondern sie haben nur Angst vor dem, was ihr erschaffen wollt. Genauer gesagt, sie haben Angst vor der Verantwortung des Erschaffens, obwohl sie es eigentlich selbst tun wollen.

Ihr könnt eure Umgebung nicht radikal verändern. Das hängt mit den Vereinbarungen zusammen, die ihr mit den anderen Menschen getroffen habt. Wenn es diese nicht gäbe, würdet ihr im direkten Wettbewerb miteinander stehen. Die Tatsache, daß ihr eure Umgebung nicht grundlegend verändern könnt, bedeutet, daß die individuelle Macht der Veränderung sich auf die Veränderung eurer eigenen Wirklichkeit bezieht. Jeder von euch ist Teil der Allmacht und arbeitet mit Gott zusammen. Wenn ihr dies bedenkt und euch mit euren göttlichen Energien in Einklang bringt, werdet ihr feststellen, daß sich eure Probleme fast von selbst lösen.

Der Mensch erschafft sein Leben selbst

Habt ihr vergessen, daß ihr der Maler seid, der das Gemälde malt, das euer Leben ist? Ihr gestaltet euer Leben, und ihr seid dabei so in die Illusionen der Welt versunken, daß ihr einige wichtige Dinge vergessen habt. So z.B., daß ihr der Schöpfer, der Erfinder seid. Ihr habt vergessen, daß alles in eurer Wirklichkeit – die Wände eures Hauses, euer Bett, eure Möbel – nur Vorstellungen sind, die sich in der dreidimensionalen Wirklichkeit verwirklicht haben. Sie erscheinen euch so real, daß ihr darüber eure eigene Göttlichkeit vergessen habt. Erinnert euch wieder daran, daß das Bild, das ihr malt, euer eigenes Werk ist, daß es wunderschön und göttlich ist.

Ihr müßt alle Möglichkeiten des Seins erfahren. Es ist die Entscheidung eines jeden von euch, wann er welche Erfahrungen sammeln möchte. Wenn ihr noch keine Armut erlebt habt, müßt ihr sie erfahren, weil sie ein Teil Gottes ist. Gott hat euch nie vorgeschrieben, Armut für euch zu erschaffen. Eure Seele wird jedoch erst vollständig, wenn sie die Weisheit aller Erfahrungen in sich aufgenommen hat: die Erfahrung, ein Täter und ein Opfer zu sein, die Erfahrung, ein König zu sein und ein Bettler, die Erfahrung, eine Ehefrau zu sein und eine Geliebte. Die Seele dürstet nach Wissen.

Das bedeutet nicht, daß man nicht von anderen lernen kann. Vielleicht gibt es einen engen Freund, der in Armut lebt. Durch den Umgang mit dem engen Freund kann die Seele genug Erfahrungen für sich sammeln. Es kann auch sein, daß man auf einen trinkenden Penner trifft, der auf der

Straße lebt. Man unterhält sich mit ihm und lernt ihn kennen, dann muß man nicht selbst die Erfahrung machen, wie es ist, Alkoholiker zu sein. Die Seele möchte nur die Erfahrung haben. Wie man die Erfahrung sammelt, entscheidet der Mensch selbst.

Der Punkt ist der: Wenn ihr in der Tiefe eurer Seele zufrieden seid und von einer Erfahrung genug habt, genug Wissen angesammelt habt, dann könnt ihr euch dafür entscheiden, eine andere Erfahrung zu machen. Es behauptet niemand, daß nicht jeder seine Vorlieben haben kann. Es ist nur notwendig, daß ihr lernt, nicht zu bewerten oder zu urteilen. Nachdem ihr eure Erfahrungen gemacht und die daraus resultierende Information in eure Seele aufgenommen habt, sie wirklich verinnerlicht habt, steht dem Bedürfnis, mehr Geld im Leben zu haben, einen schlankeren Körper zu besitzen, eine harmonische Beziehung zu führen, nichts entgegen. Vergeßt nur nicht, daß ihr euer Leben selbst gestaltet. Es gibt keine Zufälle, und es gibt keine Unfälle.

Wenn ihr wißt, was Armut ist, dann müßt ihr sie nicht in diesem Leben erfahren. Wenn ihr in diesem Leben nicht genug Geld habt, dann muß es einen Teil eurer Seele geben, welcher der Meinung ist, daß ihr diese Erfahrung braucht. Wenn eure Seele euch zu neuen Entdeckungen und Abenteuern drängt, kann es trotzdem sein, daß sich ein anderer Teil von ihr nach Sicherheit sehnt. Der Wunsch nach Sicherheit drückt sich in der Wiederholung von Erfahrungen aus. Es gibt Menschen, die jeden Tag in denselben Park gehen, dieselben Vögel und Eichhörnchen füttern. Sie kehren in ihre leeren Wohnungen, zu ihren Fernsehern zurück. Sie gehen Tag für Tag zu einer Arbeit, die sie nicht mögen. Warum? Weil sie sich in diesen Situationen sicher fühlen. Sie fühlen sich sicher, weil sie wissen, was passieren wird. Es vermittelt ihnen ein Gefühl der Sicherheit, aber das ist nur eine Illusion. Die einzige Sicherheit besteht im Vertrauen auf Gott und in der Zusammenarbeit mit der Allmacht für die Dinge, die ihr euch wünscht. Wenn ihr Vertrauen erfahrt, werdet ihr euch siche-

rer fühlen, als ihr euch vorstellen könnt, weil ihr mit der Allmacht verbunden seid.

Eure Seele braucht Veränderung

Eure Seele schreit nach Veränderung, und trotzdem wählt
ihr immer die Sicherheit, mit der ihr euch selbst einschränkt.
Da ihr Meister eures Lebens seid, könnt ihr euch zwar selbst
einschränken, doch das ist nicht notwendig. Gott ist nie langweilig, und trotzdem erleben die meisten Menschen ziemlich
viel Langeweile in ihrem Leben. Warum? Weil sie dem Universum nicht soviel Vertrauen schenken, daß Veränderungen
überhaupt stattfinden können. Veränderung ist das, was die
Welt aufregend macht! Warum solltet ihr jeden Tag an den
Strand gehen, wenn ihr an einem Tag einen Berg besteigen,
am nächsten Tag ins Weltall fliegen und am darauffolgenden
Tag auf den Grund des Meeres tauchen könnt? Wenn ihr Gott
vertraut, erschafft ihr mit ihm zusammen Neues und ebnet
den Weg für viele neue Erfahrungen für euch.

Ich möchte euch gerne Vena vorstellen, die den Menschen
dabei helfen wird, die Dinge auf der Erde zu erschaffen, die
ihnen wichtig sind. Vena arbeitet mit Mutter Erde zusammen, um Neues zu erschaffen. Sie ist für die Verwirklichung
der Gedanken von Tausenden von Seelen zuständig. Vena wird
von vielen als Frau betrachtet. Sie ist aber keine Frau. Sie kann
jedoch ihre weiblichen Aspekte so zum Vorschein bringen, daß
sie einem als Frau erscheint. Vena sagt:

»Ich bin das Licht, das sich auf eurem Planeten niederge-
lassen hat. Ich bestehe aus Atomen und Molekülen. Ich bin
Licht und mir meines göttlichen Kerns bewußt, und dennoch
bin ich ich selbst.

Meine Gedanken haben eure Welt erschaffen ... in Einig-
keit und in Harmonie mit den Gedanken der Wesen, die hier
gelebt haben. Ihr seht also, daß ihr nur erkennen könnt, wer
ich bin, wenn ihr euch auf eure Gedanken einlaßt. Durch eure

Gedanken und meine Liebe zu euch nehme ich eine Form an, die es euch ermöglicht, mit mir eure Erfahrungen zu sammeln.

Ich wohne im Zentrum eures physischen Daseins. Ich befinde mich also an einem sehr vorteilhaften Ort, um all die Dinge zu deuten, die in eurer Zeit und auf eurer Ebene stattfinden. Denkt an mich, wenn ihr den Wind in eurem Gesicht spürt, wenn euch der Duft der guten Dinge im Leben um die Nase streicht. Vergeßt nicht, daß Freude und alle negativen Dinge Teil eures Daseins sind. Lehnt nichts davon ab. Laßt es geschehen und urteilt nicht. Denkt daran: Leben und leben lassen. Das führt dazu, daß ihr euch selbst gestattet, so zu sein, wie ihr wirklich seid.«

Es gibt das »Gute« nicht ohne das »Böse«. Diese beiden Aspekte bestehen nun einmal auf der physischen Ebene. Wenn ihr beginnt, etwas zu erschaffen, dann teilt sich das, was ihr erschaffen habt, in Polaritäten. Das Licht lebt in diesen Polaritäten und läßt dort die materielle Welt entstehen.

Veränderungen veranlassen

Veränderungen holt ihr in euer Leben, indem ihr mit Affirmationen arbeitet, die eine herbeigesehnte Veränderung unterstützen. Eine gute Affirmation wäre zum Beispiel: »Ich bin gut. Ich bin vollständig. Ich vertraue meinen eigenen Entscheidungen.« Eine andere hilfreiche Affirmation könnte auch sein: »Ich werde nur das glauben, was ich glauben will, auch wenn es sich gegen die Meinung anderer richten sollte.« Darin steckt die Macht. Jeder von euch kann glauben, was er will. Es ist eure Wirklichkeit. Die submolekularen Teilchen der Materie werden von euren neuen Gedanken angezogen und versammeln sich darum. Die neuen Gefühle, die ihr dadurch habt, unterstützen das Gestalten eurer eigenen Welt.

Ihr seid zwar die Schöpfer, aber dennoch wißt ihr nicht genau, wie ihr eure Welt neu erschafft. Der Grund dafür ist, daß euch zu früheren Zeiten von höheren Wesen erklärt wurde, wie ihr Welten gestalten könnt, wie ihr eure Gedanken und Gefühle einsetzt, um etwas zu erschaffen. Als Krieger habt ihr diese Macht mißbraucht. Jetzt müßt ihr lernen, sie einzusetzen, um Positives hervorzubringen.

Denkt daran: wünschen, entscheiden, handeln!

Noch einmal einige Anweisungen, wie ihr etwas erschaffen könnt: Zuerst macht euch bewußt, was ihr wollt. Hört dazu auf euer Herz, dann laßt los. Beherzigt immer die drei Schritte: wünschen, entscheiden und handeln. Wenn ihr nicht die Entscheidung trefft, etwas zu erschaffen, dann haltet ihr euch selbst davon ab, es zu tun. Wünsche allein führen zu gar nichts. Sie sind nur Wünsche.

Kraft durch Entscheidung

Wünsche erhalten Kraft durch Entscheidungen. Wenn ihr fühlt, was ihr euch wünscht, es euch vorstellt und euch der wahren Absicht hinter dem Wunsch bewußt seid, treibt ihr die Energie in die Richtung eures Wunsches. Das hängt damit zusammen, daß ihr bei diesem Vorgang die Energien von eurem Hals-Chakra mit denen des Herz-Chakras verbindet, so daß sie zusammen dem Hals-Chakra entweichen können. Dieses Chakra hilft bei der Verwirklichung von Vorstellungen. Durch die Arbeit mit ihm könnt ihr Situationen in euer Leben ziehen, die ihr als positiv oder freudig bewerten würdet. Das ist der Grund, warum ihr durch Wünschen oder Visualisieren allein nicht das bekommt, was ihr wollt: Ihr müßt die Polaritätenpartner, die Gedanken und Gefühle, miteinander kombinieren, damit ihr etwas erschaffen könnt.

Negative Gedanken

Es geht nicht darum, daß ihr den ganzen Tag nur positive Gedanken hegen sollt. Es geht darum, daß ihr fühlt, was in euch steckt. Wenn ihr einen negativen Gedanken habt, sollt ihr ihn spüren. Nur müßt ihr ihn danach loslassen. Vielleicht denkt ein Mensch: »Ich hasse Frauen!« Dann soll er sich diesem Gedanken hingeben und ihn spüren. Vielleicht denkt er auch: »Bringt sie alle um!« Auch das sollte er empfinden. Danach sollte er den Gedanken aber loslassen und ihn durch einen anderen ersetzen.

Ihr müßt euch vorher genau überlegen, womit ihr eure negativen Gedanken ersetzen wollt. Es muß allerdings etwas sein, woran ihr selbst glauben könnt. Wenn ihr versucht, den Gedanken »Ich hasse Frauen« mit »Ich liebe Frauen« zu ersetzen, wäre das wunderbar, aber ein Teil des Seins wird diesen Gedanken nicht akzeptieren.

Benutzt das Notizbuch, in dem ihr eure Ideen aufschreibt. Notiert eure negativen Gedanken. Ihr müßt euch eurer negativen Gedanken nicht entledigen, ihr müßt sie euch nur bewußt machen, müßt wissen, was für negative Gedanken es sind. Solange ihr eure negativen Gedanken und Gefühle nicht kennt, könnt ihr auch nicht die Dinge erschaffen, die ihr euch wünscht. Bei den negativen Gedanken handelt es sich um alte Gedankenformen, die ihr euch im Laufe vieler Leben zugelegt habt. Schenkt ihnen die Freiheit, sie halten euch sonst vom Erfolg ab.

Alte Gedankenformen auflösen

Ihr könnt euch von alten Gedankenformen lösen, indem ihr euch von ihren Energien löst. Wenn ein Mensch zum Beispiel Männer haßt, kann er sich von dieser Gedankenform lösen, indem er folgenden Satz spricht: »Gedankenform, die du mir vermittelst, daß ich Männer hasse: Ich brauche dich nicht mehr. Ich ändere jetzt deine Programmierung. Ich möchte, daß du deine Energie dafür einsetzt, mir zu helfen, Männer zu lieben. Ich nehme dir hiermit deine alte Energie, die sich darauf gerichtet hat, Männer zu hassen. Ich habe mich verändert und bitte dich nun, diese Veränderung in deine Programmierung aufzunehmen.«

Es ist möglich, daß die Gedankenform mit euch zusammenarbeitet und die gewünschte Veränderung durchführt. Es kann aber auch sein, daß sie sich verweigert. Dann solltet ihr sie einfach segnen und loslassen, ohne dabei zu vergessen, euch zuvor von dieser Energie zu lösen. Die Gedankenform existiert vielleicht bereits seit vielen Leben und strebt deswegen danach, ihre alte Programmierung weiterlaufen zu lassen. Wenn das der Fall sein sollte, laßt es zu. Ihr habt gelernt, jedem seinen freien Willen zu lassen – das gilt auch für Gedankenformen. Wenn die Gedankenform an ihrer alte Programmierung festhält, solltet ihr ihr sagen: »Wenn du an deiner alten Programmierung festhältst, werde ich mich von dir lösen. Ich befreie dich von dem Auftrag, für mich zu arbeiten. Du bist frei, für jemand anderen zu arbeiten, wenn es das ist, was du willst. Du wirst jedoch nie mehr zu meinen Energien zurückkehren, weil ich es nicht zulassen werde.« So einfach ist das!

Seemannsgarn spinnen

Wenn ihr etwas erschafft, solltet ihr nicht vergessen, daß das Leben wie ein Märchen ist, das ihr selbst erfindet. Denkt nicht nur an eine einzige mögliche Zukunft, sondern haltet es wie mit einem Spielfilm, bei dem es drei verschiedene Möglichkeiten eines Endes gibt. Gleiches gilt für die Zukunft: Ihr solltet immer zwei oder drei Alternativen haben, die ihr euch zuvor zurechtgelegt habt. Wenn ihr etwas erschafft, das euch angst macht, solltet ihr auch immer zwei oder drei Dinge erschaffen, die positiv sind, um die negativen Dinge auszugleichen.

Es ist in Ordnung, wenn ihr nicht zufrieden seid. Nicht in Ordnung ist es allerdings, wenn ihr euch für euer Leben immer nur negative Folgen vorstellt, auch wenn die gegenwärtige Situation als unzufriedenstellend einzustufen ist. Es sei denn, ihr mögt das Gefühl, die ganze Zeit unglücklich zu sein. Der erste Schritt besteht also darin, das Positive in einer Situation zu sehen und aus dem Positiven heraus etwas zu erschaffen.

Eines der wichtigsten Gesetze des Universums besteht darin, daß sich gleichartige Energien anziehen. Das, was ihr gebt, bekommt ihr zurück. In einer Beziehung zu einem Menschen erschafft und seht ihr den Aspekt beim Partner, der euch anzieht. Doch ein Objekt hat mehrere Aspekte in sich. Wollt ihr eine Beziehung mit Janet eingehen, so müßt ihr wissen, daß ihr Wesen sich aus unzähligen Aspekten zusammensetzt. Es gibt eine liebende, gute, großzügige und mitfühlende Janet. Es gibt aber auch eine unhöfliche, widerwärtige und wenig liebenswürdige Janet. Es sind die Schwingungen eines Menschen, seine Gedanken und sein Gefühle, die einen anderen Menschen in sein Leben ziehen, der diese Schwingungen widerspiegelt. Dadurch lernt die Seele etwas über ihre Gedanken und Gefühle, sie macht die Erfahrungen, die für sie notwendig sind. Erschafft in eurem Geist das, was ihr euch wünscht, und stellt euch zwei oder drei Varianten davon vor. Das ist, was ich »Seemansgarn spinnen« nenne. Stellt euch die Dinge vor, die ihr gerne erschaffen würdet. Konzentriert euch nicht auf das, was ihr nicht wollt, sonst bekommt ihr genau davon mehr!

Die Zeitverschiebung auf der Erde

Oft kommt es vor, daß ihr keine Beziehung zwischen dem herstellen könnt, was ihr denkt, und dem, was dabei herauskommt. Das liegt an der Zeitverschiebung auf der Erde. Gedanken und Vorstellungen verwirklichen sich auf der Erde nicht unmittelbar, so daß ihr der Meinung seid, daß ihr auf eure eigene Wirklichkeit reagiert. Dabei reagiert ihr nur auf die Bilder, die mit einer Zeitverschiebung in eure Realität treten. Lernt, Verantwortung zu übernehmen. Erschafft euch die Menschen, die ihr gerne an eurer Seite haben möchtet, den Menschen, der genauso mit euch umgeht, wie ihr euch das wünscht. Dann zeigt ein wenig Geduld und ermöglicht dem Universum, euch zu geben, wonach ihr sucht. Laßt Gott die Zeit, das Universum so zu arrangieren, daß es euch genau die Erfahrung geben kann, die ihr euch gewünscht habt.

Wenn nach einer Woche nicht das eingetreten ist, was ihr euch wünscht, ist das ein Hinweis darauf, daß ihr nicht genug »Seemannsgarn spinnt«. Denkt euch mehr Alternativen aus, die euch das gewünschte Resultat erzielen lassen. Blokkiert eure Energien nicht, indem ihr denkt, daß das alles sowieso nicht funktioniert, sondern malt euch im Geiste aus, was ihr euch wünscht und was passieren soll, und stellt euch weitere Varianten eures Wunsches vor. Das Universum wird euch die Energie zurückschicken, die ihr zuvor dorthin gesandt habt.

Ein weiteres Beispiel soll dies verdeutlichen: Wenn ein Mensch in seinem Job unzufrieden ist, sollte er sich drei oder vier Alternativen überlegen, die seine Arbeit besser und die Situation befriedigender erscheinen lassen. Die erste Alternative beschreibt eine Situation, in der er sich in seinem Büro wohl fühlt und Freude an seiner Arbeit hat. Der Ort, an dem er arbeitet, ist ein ähnlicher, aber die Arbeitskollegen sind andere. Die zweite Alternative beschreibt vielleicht ein völlig anderes Büro, in dem er sich wohl fühlt. Die dritte besteht vielleicht darin, daß er in eine andere Stadt zieht, aber bei der gleichen Firma bleibt. Und die vierte Alternative besteht vielleicht darin, zu heiraten, glücklich zu werden und gar nicht mehr zu arbeiten.

Es ist egal, wie viele Geschichten ihr euch ausdenkt. Es ist nur wichtig, daß ihr damit beginnt, euch Dinge vorzustellen, die euch Spaß machen. Es spielt keine Rolle, wie viele dieser Vorstellungen tatsächlich Wirklichkeit werden. Auch wenn sich keine davon verwirklicht, ist es nicht so wichtig. Wichtig ist allein, daß ihr damit beginnt, euch zu Problemen oder unbefriedigenden Situationen positive Alternativen auszumalen. So könnt ihr eure Kreativität weiterentwickeln. Ihr seid es derartig gewöhnt, euch nur negative Vorstellungen zu machen, daß ihr es sogar eurer eigenen Vorstellungskraft verbietet, euch etwas Gutes zu erschaffen.

Werdet euch der negativen Vorstellungen bewußt, die ihr hegt. Der Vorteil der Zeitverschiebung zwischen Gedanken und deren Verwirklichung besteht darin, daß ihr auf diese Weise noch die Zeit habt zu lernen, eure Gedanken zu kontrollieren. Gedanken sind sehr mächtig. Das nächstemal, wenn ihr auf der Straße von einem Wagen in hohem Tempo überholt werdet, solltet ihr vorsichtig sein mit dem, was ihr denkt. Vielleicht habt ihr gerade gesehen, wie der Wagen euch in einen Autounfall verwickelt und ihr Schaden genommen habt. Oder vielleicht seht ihr euch und euren Wagen auf einer eisigen Fahrbahn ins Schleudern kommen und bekommt bei der Vorstellung ein flaues Gefühl im Magen. Das nächstemal, wenn ihr euch solche schrecklichen Vorstellungen macht, fragt euch, ob ihr das wirklich wollt, was ihr euch vorstellt. Es ist wahrscheinlicher, daß ihr nicht in einen Autounfall verwickelt werden wollt. Wenn ihr also solch einen Gedanken habt, dann sagt euch: »Stop! Ich will diesen Gedanken nicht. Ich stelle mir eine Zone der Sicherheit um mein Auto vor.«

Ihr bekommt im Leben immer zwei Dinge: das, was ihr möchtet, und das, wovor ihr euch fürchtet. Da die meisten von euch aber nicht wissen, wovor sie sich fürchten, bereitet ihnen das Leben Situationen, die ihnen aufzeigen sollen, wo ihre Ängste liegen. Wie sonst könnt ihr in einem physischen Körper feststellen, wovor ihr euch fürchtet, wenn ihr nicht ausprobiert, was euch Furcht bereiten könnte, um dann herauszufinden, daß diese Situation euch gar nicht zum Fürchten bringt? Laßt die Furcht ruhig kommen! Erinnert euch an das, was ich euch über Erfolg und Niederlage erzählt habe.

Das Oszilloskop des Lebens

Jeder Mensch besitzt das, was ich ein Oszilloskop des Lebens nenne, es mißt die Schwankungen in der Zielgenauigkeit eurer Vorstellungen. Technisch ist ein Oszilloskop ein Gerät, das die Unregelmäßigkeiten in elektrischen Strömungen aufzeichnet. Möchte sich ein Mensch etwas in seinem Leben erschaffen und diese Vorstellung verwirklicht sich nicht, so sollte er nicht auf das Oszilloskop schimpfen, sondern erkennen, daß das Oszilloskop ihn lediglich erkennen läßt, daß etwas geändert werden muß.

Jeder Mensch hat ein Ziel, und die Situationen seines Lebens sollen ihm Gelegenheit geben, sich selbst zu beobachten. Erlebt ihr etwas Negatives, so solltet ihr nicht das Oszilloskop dafür verantwortlich machen, indem ihr davon ausgeht, daß es euch nicht das Richtige anzeigt. Erst durch das Oszilloskop und das, was es euch anzeigt, bemerkt ihr, daß in eurem Leben etwas nicht gestimmt hat. Nur dadurch habt ihr die Möglichkeit bekommen, etwas an euren Vorstellungen oder den Energien zu ändern, ohne daß ihr noch einmal von vorn anfangen müßt.

Seid dankbar für das Oszilloskop des Lebens, denn es zeigt euch die Bereiche auf, an denen ihr noch weiterarbeiten müßt. Leider ist es so, daß viele von euch, das Oszilloskop und das Leben verdammen, wenn ihnen dieses etwas Schlechtes anzeigt. Sie meinen, es sei das Leben, was es ihnen nicht ermögliche, ihre Ziele zu erreichen. Ihr bekommt das, was ihr wollt, wobei es aber viel wichtiger für euch ist, während des Lebens mehr über euch selbst zu erfahren und darüber, wie ihr euch besser in Einklang mit der Allmacht bringen könnt. Je mehr ihr euch dem annähert, desto mehr wird sich eure Furcht verringern und euer Vertrauen in Gott sich steigern. Ihr werdet euch selbst auch stärker vertrauen. Das Leben ist ein großartiges Stück, das ihr für euch selbst schreibt ... und natürlich benötigt jeder von euch manchmal ein wenig Hilfe von mir!

Das Leben ist zum Leben da. Nehmt es mit, packt es in eure Tasche, und laßt euch nicht von ihm stören. Ihr fürchtet euch vor dem, was das Oszilloskop euch anzeigt. Ihr habt alle Angst davor, nicht vollkommen zu sein. Doch der Mensch ist nicht perfekt. Kein Mann und keine Frau auf dieser Ebene ist fehlerfrei, und trotzdem seid ihr alle liebenswerte, wertvolle Seelen, jeder einzelne von euch. Eine schmutzige Goldmünze hat genausoviel Wert wie eine glänzende. Der Mensch ist so wertvoll, wie er immer war und immer sein wird.

Das Leben auf der Erde ist ein Abenteuer, auf das ihr euch einlassen müßt. Ihr beschäftigt euch aber im Laufe eures Lebens so sehr mit Geiz und Materialismus, daß ihr denkt, ihr würdet etwas verlieren. Wie werden wir, die höheren Wesen, als Zuschauer bei eurem kleinen Stück, das ihr auf der Erde aufführt, reagieren? Wir sehen, daß ihr alles habt, was ihr je benötigen werdet. Und da steht ihr, auf der Bühne, und sagt: »Oh, ich verliere etwas! Ich werde es nie bekommen. Es wird mich verlassen.« Na, welch wunderbare Illusion!

Ihr müßt akzeptieren, was euch das Leben zeigt. Ich meine damit nicht, daß ihr es mögen müßt. Es ist nicht nötig, daß ihr es mögt, wenn ihr euer Auto an ein Gerät anschließt, das euch zeigt, in welchen Bereichen Reparaturen oder Verbesserungen vorzunehmen sind. Aber es gibt Wege, es zu reparieren, zu verbessern oder zu tun, was auch immer notwendig ist.

Alles zu seiner Zeit

Seid dankbar dafür, daß ihr nicht immer alle Ziele erreicht, die ihr euch gesetzt habt. Wenn jeder Herr über seine göttlichen Kräfte wäre, würden alle durch Wände gehen wollen. Alle Welten und Universen sind miteinander verbunden. Ihr könnt also auf dieser Ebene nicht durch Wände gehen, ohne dabei andere Dimensionen zu beeinflussen. Bringt den Mut auf, dem Leben die Freiheit zu geben, euch das zu zeigen, was ihr sehen müßt. Ihr müßt es nicht mögen, aber drückt euch auch nicht davor, indem ihr dem Leben den Rükken kehrt. Lauft nicht vor den Schwierigkeiten mit einem Partner davon und sucht nicht nach einem anderen. Ihr werdet nämlich immer auf ähnliche Menschen treffen, auf die gleichen Probleme, solange ihr nicht die Fragen in euch selbst beantwortet habt.

Das Leben zeigt euch, welchen Bereichen in euch ihr mehr Aufmerksamkeit schenken müßt. Wenn ihr die ersten kleinen Botschaften nicht versteht, so ist das Leben sehr geduldig. Es schickt immer stärker werdende Botschaften, bis ihr sie versteht und die notwendigen Veränderungen in euch vornehmt.

Oft werde ich gefragt, warum viele Menschen nicht in der Lage sind, ihre Vorstellungen in ihr Leben zu integrieren und sie zu verwirklichen. Dafür gibt es gute Gründe. Ihr sucht jedoch zu oft nach den negativen Gründen, warum etwas geschieht. Es gibt aber auch immer positive, wunderbare dafür.

Das Positive sehen

Sucht nicht nach den schlechten Dingen im Leben. Freut euch und habt Spaß. Sucht nicht nach dem negativen Grund, warum ihr eine bestimmte Sache nicht getan habt, sucht nach dem positiven. Wenn ihr in einer Angelegenheit noch nicht erfolgreich wart, betrachtet es nicht als nachteilig. Schätzt es als Vorteil, und fragt euch, was ihr wirklich wollt. Denn offensichtlich gibt es einen Teil in euch, der eine andere Erfahrung machen möchte, so daß ihr noch nicht in der Lage seid, die Sache erfolgreich umzusetzen.

Wenn etwas geschieht, das euch negativ erscheint, sucht nach drei positiven Gründen, warum es geschehen ist. Unterschätzt nie die Macht der niederen Bewußtseinsebene. Sie hat die Kraft, eine solche Situation zu erschaffen, um zu bekommen, was sie will. Es mag der mittleren und der oberen Bewußtseinsebene nicht logisch erscheinen, aber für die niedere ist es das. Sie will euch damit nur schützen, aber manchmal hält sie euch auch gefangen, weil sie nicht versteht, was ihr eigentlich wollt. An so einem Punkt ist es gut, wenn ihr euch mit eurer niederen Bewußtseinsebene verständigt und ihr mitteilt, was ihr wollt, damit sie euch versteht.

Ich kannte einen Mann, der eine schwere Zeit hatte und nicht in der Lage war, das zu beenden, was er begonnen hatte. Der Grund dafür lag darin, daß er so viel Liebe für seine Vorstellungen und Schöpfungen übrig hatte, daß er sie als seine Babys betrachtete, die er nicht loslassen wollte. In diesem Fall war es also Liebe und nicht Furcht, was ihn dazu veranlaßte, seine Kreationen nicht aufgeben zu wollen. Eine Frau wiederum hatte Angst, ihre Kreationen loszulassen, also fing sie gar nicht erst an, mit ihren Vorstellungen zu arbeiten. Sie kam deshalb einfach nicht weiter. Ich erklärte ihr, daß es ihre Liebe war für das, was sie noch nicht erschaffen hatte, was sie davon abhielt, etwas zu erschaffen. Sie wußte, daß das Leben alles, was sie tat und erschaffen würde, aufzeichnen und ihr widerspiegeln würde. Sie wollte aber nicht, daß ihr Traum ihr vielleicht Dinge aufzeigte, die sie nicht sehen wollte. Er sollte vollkommen sein, so makellos, wie er in ihrer Vorstellung war.

Menschliche Unvollkommenheit

Ihr seid Menschen, und ihr seid nicht vollkommen. Demnach können eure Schöpfungen auch nicht fehlerfrei sein. Seid dankbar dafür, daß ihr die Fähigkeit habt, etwas zu erschaffen. Gestaltet, erfindet, und laßt eure kreativen Energien fließen. Gebt ihnen all eure Liebe. Wünscht euch nicht, daß eure Kreationen makellos sind, denn ihr seid noch nicht in der Lage, Perfektes zu erschaffen. Natürlich ist das aber euer Wunsch.

Sogar auf der Ebene, auf der ich lebe, sind die Dinge, die wir erschaffen, nicht vollendet. Wir sind immer noch dabei zu lernen und akzeptieren es. Es gibt nur den einen perfekten Schöpfer. Eines Tages werden wir alle mit Gott eins sein, aber bis zu diesem Tag müssen wir uns mit unseren eigenen Schöpfungen befassen. Wer möchte schon ein verkrüppeltes Wesen erschaffen? Niemand. Doch wenn es notwendig ist, dann muß es so sein. Ich meine damit nicht, daß ihr behinderte Babys erschaffen sollt. Ich sage nur, daß euch eure Liebe manchmal davon abhält, keine Fehler zu machen. Ihr seid alle Perfektionisten. Ein Teil des Problems beim Erschaffen besteht darin, daß ihr immer gleich alles auf einmal wollt. Ich mache euch deswegen keinen Vorwurf, auch nicht daraus, daß ihr vollkommen sein wollt. Auch ich will Vollendung, aber weder ihr seid jetzt schon in der Lage, etwas Perfektes zu erschaffen noch bin ich es.

Würdet ihr etwa ein Kind schimpfen, weil es, während es mit Farben spielt, ein Bild malt, das nicht so gut ist wie ein van Gogh? Nein. Also schimpft nicht mit euch selbst. Seid wie kleine Kinder, erschafft, und bastelt an euren Kreationen, habt Spaß dabei. Eure Schöpfungen sind nicht perfekt. Jedes Kind weiß, daß seine Sandburg nicht genauso aussieht, wie eine echte Burg, und trotzdem macht es ihm nichts aus, weil es beim Bauen der Burg Spaß hat. Also geht raus und bastelt an euren Kreationen. Sie werden niemals makellos sein und sollten es auch nicht sein, denn das, was an ihnen nicht vollkommen ist, kommt von euch und zeigt eurer Seele, an welchen Bereichen ihr noch arbeiten müßt. Wären eure Schöpfungen fehlerfrei, so könntet ihr euch nicht weiterentwickeln. Ihr wärt dazu verdammt, ein oberflächliches Leben zu führen, weit weg von der Freude und der Erfahrung der unbegrenzten, uneingeschränkten Liebe.

Wißt, daß es keine Einschränkungen gibt bei dem, was ihr euch vorstellen könnt. Abhängig davon, wie stark eure Seele ist und was ihr nach dem Plan Gottes in eurem Leben verwirklichen könnt, werdet ihr alle eure Vorstellungen umsetzen können. Einige der Dinge, an die ihr gedacht habt, sind Projektionen eurer Hoffnungen und Wünsche, die in eurer Zukunft durchaus so existieren können. Und einige davon sind ein Teil dessen, was eure Zukunft sein wird.

Wenn ihr die Göttlichkeit in euch entdeckt habt, so müßt ihr wissen, daß diese Entdeckung auch Gefahren mit sich bringen kann. Die größte Gefahr besteht darin, daß ihr zu schnell Macht über andere gewinnt. Diese kann sehr verführerisch auf den Menschen wirken. Deswegen ist es eine wichtige Lektion zu lernen, daß alle Wesen einen freien Wilen haben, den es zu respektieren gilt.

Ihr wollt vieles im Leben erreichen, aber ihr kennt den Unterschied nicht zwischen dem bewußten Erschaffen oder Gestalten und dem Grundsatz »Leben und leben lassen« bzw. dem bewußten Zulassen von Erfahrungen. Viele von euch sind ein Leben nach dem anderen einfach nur mit dem Strom geschwommen und haben die Dinge, die geschahen, einfach geschehen lassen. Doch jetzt ist es an der Zeit, Dinge bewußt zu erschaffen. Das tut ihr, indem ihr Energie bewußt einsetzt, anstatt eurem Unterbewußtsein zu gestatten, etwas zu erschaffen.

Ideen, Wünsche – und Geduld

Ihr habt drei Mittel zur Verfügung, um etwas zu erschaffen. Ihr nehmt eine Idee und verbindet sie mit einem Wunsch, dann bringt ihr etwas Geduld auf. Ideen, Wünsche und Geduld sind die Dinge, die ihr kontrollieren und beeinflussen könnt. Setzt sie ein! Entwickelt eure Vorstellungskraft. Fürchtet euch nicht, eure Wünsche zu empfinden! Habt keine Angst davor, etwas zu erschaffen, wovon ihr träumt! Wenn ihr das, was ihr euch wünscht, erst einmal vor eurem geistigen Auge erschaffen habt, dann benötigt ihr nur noch Geduld, bis es sich in eurer Wirklichkeit zeigt. Denkt an die Zeitverschiebung in eurer Welt, und vertraut darauf, daß Gott seinen Teil dazu beiträgt, daß sich die Dinge, die ihr euch wünscht, in eurer Realität umsetzen.

Ihr erschafft mit euren Gedanken. Dachtet ihr, daß die guten Dinge im Leben aus Zufall geschehen? Natürlich nicht. Sie geschehen, weil ihr wollt, daß sie geschehen. Alles Gute, Wunderbare, Schöne bringt ihr selbst in euer Leben. Ihr habt die Freude in euch, und auf diese Weise zeigt sie sich in eurem Leben. Je mehr ihr auf dem Weg eurer spirituellen Entwicklung lernt, desto öfter werdet ihr mit mir oder anderen Geistführern sprechen. Je mehr ihr zu den hier angesprochenen Themen lest, desto besser werdet ihr eure eigenen Schwingungen spüren und Freude und Verständnis ins Leben aussenden. Ihr werdet immer besser erkennen, daß es eure Absicht ist, was eure Einstellung zu eurer Zukunft beeinflußt und formt.

Der Mensch meint, daß etwas unwirklich ist, wenn er sich etwas vor seinem geistigen Auge vorstellt. Doch jeder Gedanke, den ihr denkt, hat irgendwo eine physische Form. Wenn sie sich nicht in diesem materiellen Universum befindet, dann ist sie in einem übergeordneten Universum. Ihr fürchtet euch davor, etwas zu wissen, weil es gefährlich sein könnte. Wissen ist jedoch ein wunderbarer Schutz. Gott hat dem Menschen zwar eine sichere Welt gegeben, genauso wie er mir eine sichere Welt gegeben hat, und dennoch sind wir in der Lage, unsere Welt durch unsere Gedanken und Ängste zu einem unsicheren Ort zu machen. Wir müssen uns von unseren Ängsten befreien und leben, so gut wir dies können. Das bedeutet, daß es sich nicht lohnt, unsere Freude für irgend etwas aufzugeben.

Die folgende Methode zur Erschaffung eurer Wirklichkeit kennt ihr. Sie befaßt sich mit den Einzelheiten der Gestaltung. Dabei formt ihr eure Schöpfung möglichst detailgenau, z.B. so: »Ich erschaffe eine Festung, die eine unverputzte Mauer aus Wackersteinen mit vier ziegelgedeckten und schießschartenbestückten Wachtürmen in jeder Himmelsrichtung hat und in deren Hof eine weißverputzte Burg mit

Sandsteinfensterrahmen und Butzenscheiben steht, in der alle Türen aus Eichenholz sind und goldene Griffe haben.«

Es gibt eine weitere, einfachere Methode des Erschaffens. Sie ermöglicht es euch, mehr Vertrauen zu entwickeln. Nach meiner Methode versucht ihr, das Allgemeine zu erschaffen, und wenn ihr dann mit Gott zusammenarbeitet, überlaßt ihr ihm die Details. Das ist einfacher. Die Detailmethode ist, als ob ihr in eine Bäckerei gehen und beim Bäcker einen speziellen Kuchen bestellen würdet, wobei ihr ihm erklärt, wie lange und bei wieviel Grad er ihn backen muß. In der Bäckerei gibt es aber bereits zahlreiche Kuchen. Warum sollte der Bäcker für euch einen weiteren backen? Statt dessen sagt ihr ihm, ihr möchtet, daß er euch einen leckeren Kuchen anbietet. Der Bäcker führt euch zur Kuchentheke, wo ihr euch einen aussuchen könnt. Ihr müßt ihm nicht sagen, wie er den Kuchen machen muß, weil es sein Job ist. Das ist das Schöne an meiner Methode. Ihr sagt: »Ich möchte einen wundervollen, leckeren Kuchen.« Und Gott wird dafür sorgen, daß euch eine Auswahl leckerer Kuchen präsentiert wird.

Beten und erschaffen

Es gibt einen Unterschied zwischen beten und erschaffen. Beten ist gut, aber damit wird nichts erschaffen. Wenn ihr etwas erschaffen wollt, bringt euch zuerst durch folgende Sätze mit dem Universum in Einklang: »Ich BIN Licht. Ich BIN Liebe. Ich BIN Teil der Allmacht.« Dann arbeitet mit eurem zweiten, dem kreativen Chakra, das auch Sexual-Chakra genannt wird. Sexualität ist nur ein Aspekt der Schöpferkraft, deswegen verwenden wir in unserem Zusammenhang den etwas weiter gefaßten Begriff des Kreativ-Chakras. Durch dieses Chakra könnt ihr Dinge erschaffen, indem ihr den Energien des ersten, des Wurzel-Chakras ermöglicht, in das zweite Chakra aufzusteigen.

Mit der Energie der ersten beiden Chakras verfügt ihr über

eine starke Basis, um etwas zu erschaffen. Durch das Solar-
plexus-Chakra fügt ihr eurer Energie noch das notwendige
Vertrauen hinzu. Dann laßt ihr die Energien weiter zum Herz-
Chakra emporsteigen, wo sie sich mit der Energie der Liebe
vereinigen. Ihr könnt nichts erschaffen, wenn es nicht auf
Liebe basiert. Kommt die Energie beim Hals-Chakra an, so
befindet sie sich an dem Ort, wo sich die Vorstellungen verwirklichen können. Denkt immer an die Zeitverschiebung,
von der ich euch erzählt habe. Während die sogenannte Kundalini-Energie (Kundalini: Begriff aus dem Sanskrit, zu deutsch
Schlangenkraft. Sie ruht im Wurzel-Chakra und kann durch
bestimmte Übungen stimuliert werden. Dann steigt sie auf
und aktiviert die Chakras eines nach dem anderen. Übungen,
welche die Schlangenkraft aktivieren, sollten niemals ohne
fachkundigen Lehrer ausgeführt werden.) die Wirbelsäule
hochsteigt, vereinen sich die anderen Chakra-Energien mit ihr.

Beim Erschaffen ist es wichtig, daß ihr das formuliert,
was ihr euch wünscht. Dadurch ermöglicht ihr der Energie
des Hals-Chakras, sich mit der des Stirn-Chakras zu vereinen. Mit dem Stirn-Chakra formt ihr die Dinge, die ihr euch
wünscht. Ihr könnt euch eine exakte Vorstellung von dem
machen, was ihr euch wünscht, braucht es aber nicht. Allerdings könnt ihr nicht zu Schöpfern werden, wenn ihr etwas visualisiert und dabei die Energien der unteren Chakras
außer acht laßt.

Es gibt Menschen, die ganz klar visualisieren können,
was sie sich wünschen, und dann bitten sie Gott fast flehent-
lich darum, es ihnen zu geben. Das funktioniert nicht, weil
Gott nicht wünscht, daß seine Söhne und Töchter ihn um
etwas anflehen. Er will euch das geben, was euch zusteht,
möchte aber nicht, daß ihr um etwas bettelt. Ich möchte euch
beibringen, wie ihr Freude erschaffen könnt. Wenn ihr so
vorgeht, wie ich es euch beschrieben habe, und nach und nach,
ein Chakra nach dem anderen, das visualisiert, was ihr euch
wünscht, und durch euer Scheitel-Chakra an Gott weiterleitet, schließt ihr den Kreis. Beginnt nicht im Herz-Chakra oder

dem Stirn-Chakra und hofft dann, daß ihr das bekommt, was ihr euch wünscht. Geht ihr auf diese Weise vor, so befindet ihr euch nicht im Einklang mit dem Universum.

Viele von euch denken, daß es reicht, wenn sie zu Gott beten, sich Gutes wünschen, es visualisieren und vielleicht einige Affirmationen aufsagen, um ihre Wirklichkeit zu erschaffen. Doch das genügt nicht, weil der Mensch in einer Illusion lebt und seine Gedanken auf Illusionen basieren. Zuerst müßt ihr euch mit eurer Wirklichkeit in Einklang bringen. Dann besteht auch Harmonie zwischen euch und Gott als Mitschöpfer, und er wird beim Erschaffen mit euch zusammenarbeiten.

Also: Wenn ihr beim Stirn-Chakra angelangt seid, sprecht laut die Sätze: »Ich bin Licht. Ich bin Liebe. Ich bin Teil der Allmacht.« Wenn ihr das gesagt habt, fügt hinzu: »Ich erschaffe jetzt ...« Formuliert mit euren eigenen Worten. Es muß nicht besonders genau sein, was ihr beschreibt, doch wenn ihr möglichst viele Einzelheiten festhalten wollt, dann könnt ihr das tun. Ich will es euch verdeutlichen. Wenn ihr sagen würdet: »Ich stelle (erschaffe) mir vor, im kommenden Jahr 7 Millionen Euro zu bekommen«, so müßt ihr, nachdem ihr diesen Satz gesprochen habt, euch ein kleines bißchen vorstellen, im kommenden Jahr die 7 Millionen Euro zu bekommen. Das muß nicht sehr detailliert sein, wenn ihr dabei mit eurem Stirn-Chakra oder eurem Scheitel-Chakra arbeitet. Seht es nur auf euch zukommen, und nehmt es in Anspruch. Haltet es auf, damit es nicht an euch vorbeifließen kann. Seht, wie es euch in den Schoß fällt. Seht, wie es in euren Briefkasten kommt, oder wo auch immer ihr es haben wollt.

Viele der Menschen, die an und für sich positiv eingestellt sind oder häufig Affirmationen benutzen, machen an diesem Punkt etwas falsch. Ich lehre euch, wie ihr mit einer Erwartungshaltung etwas erschaffen könnt, und zwar mit der Erwartung, daß Gott, euer Schöpfer, euch das geben wird, was möglich ist. Wenn es nicht möglich ist, werdet ihr etwas Ähnliches bekommen, oder ihr werdet das bekommen, was

in dem Moment, in dem Gott das Universum mit euren Vorstellungen in Einklang bringt, am besten ist. Es ist einfach,
es ist sogar so einfach, daß ihr bis jetzt nie auf diese Weise
vorgegangen seid. Die wenigen von euch, die so gearbeitet
haben, wollen und brauchen nie mehr auf die Erde zurück-
zukommen.

»Ich bin Licht. Ich bin Liebe. Ich bin Teil der Allmacht. Ich
erschaffe mir Freude. Ich stelle mir jetzt [eine gute, glückliche Arbeitsumgebung für mich] vor.« [Erklärt dann weiter,
was das für euch bedeutet.] So vorzugehen zeigt Mut und
Vertrauen, was euch mit der göttlichen Wirklichkeit in Einklang bringt. Wenn ich von Mut spreche, meine ich den Mut,
einen Gedanken zu denken, der zuvor noch nicht da war. Der
Gedanke war vielleicht schon in der Welt, aber ihr habt ihn
noch nicht gedacht. Wenn ihr diesen Gedanken als ein Teil
Gottes, als ein Teil der Allmacht denkt, entsteht etwas, das
zuvor noch nicht existiert hat. Das ist es, was ihr tun müßt.
Ihr müßt Gedanken in eurem Geist erschaffen und sie dann
in eure dreidimensionale Wirklichkeit ziehen.

Ihr fragt euch, wie oft ihr wiederholen müßt, was ihr
erschaffen wollt? Ihr solltet es immer dann sagen, wenn ihr
an euren Wunsch denkt, und ihr könnt es auch einfach so,
mehrmals am Tag, sagen. Sprecht immer wieder den Satz
»Ich erschaffe jetzt ...« oder »Ich stelle mir vor ...«.

Ich habe darüber gesprochen, daß ihr gemeinsam mit
Gott die Dinge erschafft, die ihr euch wünscht. Ihr müßt deswegen aber nicht die Formulierung ändern, indem ihr sagt:
»Ich erschaffe mit Gott ...« Wenn ihr sagt »Ich erschaffe ...«
oder »Ich stelle mir vor ...«, so kommt das aus eurem innersten Selbst, aus dem Göttlichen in euch, und in diesem Moment seid ihr in Einklang mit euch selbst und in Harmonie
mit Gott. Kurz nachdem ihr versucht habt, etwas zu erschaffen, beginnt die Zusammenarbeit mit Gott. Gott wird es nicht
zulassen, daß ihr etwas erschafft, das euch Schaden zufügen
könnte. Da er also mit euch zusammenarbeitet, wird er das,
was ihr euch zu erschaffen versucht, so abändern, daß es zu

eurem Besten ist. Gott arbeitet immer mit euch zusammen, das ist die Wahrheit. Deswegen genügen die Formulierungen: »Ich erschaffe ...« oder »Ich stelle mir vor ...« sowie das Wissen und die Erwartung, daß er den Rest erledigen wird.

Der Sinn in eurem Leben besteht im Lernen oder Erinnern und im Erschaffen von Glück und Freude für euch selbst. Viele Menschen sind seit einer so langen Zeit ohne Freude durchs Leben gegangen, daß sie vergessen haben, was Freude ist. Sie können es sich nicht mehr vorstellen, glücklich zu sein. Wenn das bei euch der Fall ist, solltet ihr folgende Sätze sprechen: »Ich BIN Licht. Ich BIN Liebe. Ich BIN Teil der Allmacht. Ich stelle mir vor, heute glücklich zu sein.« Denkt daran, daß das Universum euch mit viel Gutem überraschen kann. Vielleicht wollt ihr, nachdem ihr euch mit euch selbst in Einklang gebracht habt, sagen: »Ich stelle mir für diesen Tag eine wunderbare Überraschung vor.« Es ist wichtig, an Gott zu denken, wenn ihr glücklich seid, weil ihr euch dann noch mehr (positive!) Überraschungen für euch vorstellen könnt. Ruft nach Gott, wenn ihr euch auf dem Höhepunkt eures Glücks befindet, und bittet um eine wunderbare Überraschung! Ihr werdet sie bestimmt bekommen und noch viel mehr, als ihr euch je vorstellen konntet. Gott möchte nicht nur dann gerufen werden, wenn ihr seine Hilfe benötigt, damit er ein Problem für euch löst, das ihr selbst verursacht habt. Gott wird auch in diesen Zeiten zu euch kommen, doch wieviel wunderbarer ist es, wenn er zu einer Zeit kommt, in der ihr euch glücklich fühlt und dieses Glück mit der Allmacht teilen wollt!

Wir haben eben darüber gesprochen, wie wunderbar es ist, dem Universum zu vertrauen und es um eine Überraschung zu bitten. Es ist so einfach, und trotzdem machen es wenige. Warum? Einfach, weil viele Menschen nicht wissen oder nicht glauben, daß Gott eine Macht der Liebe ist. Sie haben sich an die alte Geschichte von Sünde, Schuld, Verurteilung (der Tag des Jüngsten Gerichts) und ewige Verdammnis gewöhnt. Sie hören, daß sie nicht vom Weg abkommen dürfen, da es Sünde und Schuld bedeutet mit der Folge, daß Gott eines Tages über sie richten wird und sie vielleicht im ewigen Fegefeuer schmoren werden. Nein! Wenn Gott euch zu ewiger Strafe verurteilen würde, so würde er sich selbst verurteilen. Bitte erinnert euch, daß er etwas von sich selbst nahm, um euch zu erschaffen. Gott liebt sich selbst und bestraft sich nicht selbst. Da er euch aus einem Teil seiner selbst erschaffen hat, kann er euch nicht hassen oder bestrafen wollen. Mit so etwas wie dem Jüngsten Gericht würde er sich selbst verurteilen, und das liegt nicht in seiner Natur.

Ihr seid Teil von Gott, und Gott liebt sich selbst. Er wird es nicht zulassen, daß ihr euch selbst oder anderen Schaden zufügt, weil ihr sonst ihm Schaden zufügen würdet. Ihr denkt vielleicht, daß ihr euch Schaden zufügen könnt, indem ihr eurem physischen Körper Schmerzen und Verletzungen zufügt. Gott läßt das zu, weil er euch einen freien Willen gegeben hat. Wenn ihr die Illusion der Schmerzen eines physischen Körpers erschaffen wollt, dann ist es so. Ihr werdet den Schmerz empfinden, den ihr wollt. Und Gott wird den Schmerz auch empfinden, weil er ein Gott des Mitgefühls ist. Wenn ihr euch verletzt, leidet er. Gott liebt euch und läßt euch das tun, was ihr wollt, sogar bis zu dem Punkt, an dem ihr euch selbst verletzt. Gottes Liebe zeigt sich im freien Willen des Menschen. Liebe bedeutet also auch, jemanden seinen eigenen Weg gehen zu lassen, auch wenn ihr den Weg, den er eingeschlagen hat, nicht mögt. Meint ihr, Gott mag alle Dinge, die ihr tut? Nein ... und trotzdem läßt er euch tun, was ihr wollt. Das ist bedingungslose Liebe.

Die Zusätze

Ich habe euch erklärt, daß es beim Erschaffen nicht so sehr auf die Einzelheiten ankommt, sondern darauf, daß ihr eure Chakras der Reihe nach aktiviert und vereint. Mit »Zusätzen« meine ich die »notwendigen Details«. Und diese etwa drei bis maximal fünf Details, müßt ihr formulieren. Möchtet ihr z.B. den Kuchen, von dem wir zuvor sprachen, so könnt ihr folgende Sätze sprechen: »Ich stelle mir jetzt einen wundervollen Kuchen vor, den ich essen werde. Ich stelle mir vor, daß ich ihn in Frieden genießen kann. Ich stelle mir vor, daß er mir die Nährwerte zur Verfügung stellt, die ich brauche.« Es geht darum, daß ihr euch zwar nur die eine Sache wünscht, euch aber Zusätze überlegt, um noch mehr Freude daran zu haben.

Wenn ihr etwas erschafft, setzt eure Vorstellung aus drei Teilen zusammen – nehmt einen Hauptgedanken oder eine Hauptidee und zwei kleinere Gedanken oder Ideen. Damit stellt ihr sicher, daß es funktionieren wird. »Ich stelle mir vor, daß ich ins Kino gehe und mir einen wunderbaren Film ansehe. Ich stelle mir vor, daß ich in einem bequemen Sessel sitze und daß mich niemand stört.« Egal, was ihr euch vorstellt oder was ihr erschaffen wollt, denkt an zwei weitere Faktoren, die euren Hauptgedanken ergänzen.

Sabotage durch die niedere Bewußtseinsebene

Was hält euch Menschen davon ab, das zu erschaffen, was ihr euch wünscht? Es ist nicht nur die niedere Bewußtseinsebene, die eure Wünsche und Ziele sabotiert, sondern manchmal haltet ihr euch auch selbst davon ab, etwas zu erschaffen. Ihr behindert euch selbst. Um zu verwirklichen, was ihr euch wünscht, müßt ihr diese Blockaden auflösen. Es ist wichtig, daß ihr die Dinge im Leben loslaßt, die euch davon abhalten, das zu bekommen, was ihr euch wünscht. Das Allerwichtigste, was ihr beim Loslassen lernen müßt, ist, zu vertrauen und zu lieben. Ihr könnt nichts auf diesem Planeten, nichts in dieser Zeit und diesem Raum loslassen, ohne daß ihr es zuvor liebt. Ihr werdet nie etwas loswerden, das ihr nicht geliebt habt. Wie hört sich das an? Bei diesem Gedanken läuft es den meisten Menschen kalt den Rücken herunter, weil sie glauben, daß es nicht möglich ist, alles um sich herum zu lieben. Dazu müßt ihr den Dingen oder Menschen aber nur einen positiven Gedanken widmen – das ist Liebe. Ihr lebt auf einem Planeten der Emotionen und seid hier, um lieben zu lernen, eure Gefühle kennenzulernen, zu lernen, Dinge zu erschaffen, und ihr könnt davor nicht weglaufen.

Ihr werdet nie wissen, wer ihr seid, solange ihr nicht anfangt, in eurem Leben zum Schöpfer zu werden. Dies ist der Anfang eines neuen Zeitalters, und jeder lernt gerade, in kleinen Schritten vorwärts zu gehen. Begebt euch nach drau-ßen, und fangt an, die Dinge in eurem Leben zu erschaffen, die ihr euch wünscht. Das ist alles. »Ich bringe jetzt Liebe in mein Leben.« Wenn ihr etwas in eurem Leben loslassen wollt, eine Person oder eine Sache, wird ein einziger liebender Gedan-ke in der Lage sein, das Karma aufzulösen, das euch beide ver-bindet. Der Trick besteht darin, daß es sich um einen positi-ven Gedanken handeln muß.

Das Wichtigste, was es in eurer Wirklichkeit zu lieben gilt, seid ihr selbst. Wie lernt man, sich selbst zu lieben? Sprecht mir nach: »Ich bin eins mit dem Vater, der Vater ist ein Teil von mir und ich bin Teil von ihm. Christus ist ein Teil von mir und ich bin ein Teil von ihm. Ich liebe mich selbst, wie ich bin.« Es reicht auch, immer wieder zu sagen: »Ich liebe mich selbst, wie ich bin.« Wenn ihr diesen Satz sprecht, bringt ihr euch mit der wahren Liebe in Einklang, denn ihr seid Licht und Liebe.

Ihr seid Teil der Allmacht. Wenn ihr sagt, daß ihr euch liebt, wie ihr seid, so erkennt ihr an, daß Christus und Gott ein Teil von euch sind. Das bedeutet, daß die Liebe die treibende Kraft in euch ist. Die göttliche Quelle in euch, aus der eure Impulse und Energien entspringen, ist heilig und in Harmo-nie mit dem Ganzen. Wenn ihr das wißt, ist es einfach, den Satz zu sagen: »Ich liebe mich selbst, wie ich bin.« Doch ihr liebt euch aus verschiedenen Gründen nicht. Ihr sollt euch aber selbst lieben, weil ihr ein Teil Gottes seid: Es macht nichts aus, wenn sich die Liebe in eurem Leben als Eifersucht, Haß, Verachtung etc. geäußert hat, weil sie sich im Laufe der Zeit zur reinen Liebe entwickeln wird. Ihr seid Liebe, egal wie sie sich gezeigt hat, und genau das könnt ihr an euch lieben, und ihr könnt den Satz sagen: »Ich liebe mich selbst, wie ich bin.« Es spielt keine Rolle, ob ihr dick oder kurzsichtig seid, gebrochene Knochen oder zu wenig Selbstwertgefühl habt, ihr könnt doch erkennen, wer ihr wirklich seid, und das könnt ihr lieben. Wenn ihr diesen Satz ein paarmal wiederholt, werdet ihr feststellen, daß sich Veränderungen einstellen. Die Schwingungen in euren Chakras werden sich verändern, und ihr werdet euch allmählich selbst mehr lieben.

Geteilte Wirklichkeit

Jede Seele, jedes menschliche Wesen, erschafft seine eigene Wirklichkeit, so daß sich alles, was sie umgibt, mit ihren energetischen Schwingungen in Harmonie befindet. Viele Dinge sind wie ein Spiegel für den Menschen. Er zeigt ihm seine Vorlieben, seine Abneigungen, seine Probleme etc. Wenn aber jeder Mensch seine eigene Wirklichkeit erschafft, wie kann es dann sein, daß das Bild über dem Kamin im Zimmer einer Person ihre Wirklichkeit ist und gleichzeitig die Wirklichkeit einer anderen, die sich nur zu Besuch in diesem Zimmer aufhält? Das kann nicht sein, es sei denn, der Kamin hat für beide eine Bedeutung. Das muß nicht die gleiche Bedeutung sein, ebensowenig bei dem Bild, das über dem Kamin hängt. Es bedeutet aber, daß beide Dinge unabhängig voneinander individuelle Bedeutungen haben können.

Bis jetzt haben wir nur darüber gesprochen, wie ihr eure Wirklichkeit, euer eigenes Leben, gestaltet. Keiner von uns existiert jedoch ohne andere Wesen, so daß es wichtig ist, zu lernen, wie ihr eine gemeinsame Wirklichkeit erschaffen könnt. Jeder hat seine eigene Wirklichkeit und kann für sich Harmonie erschaffen. Innerhalb dieser Wirklichkeit ist der Mensch harmonisch und wunderbar. Um eine gemeinsame

Wirklichkeit mit anderen zu erschaffen, müßt ihr euch nur mit einem oder mehreren Menschen zusammenschließen und euch bewußt dafür entscheiden, eine gemeinsame, noch harmonischere Wirklichkeit zu erschaffen. Die geteilte Wirklichkeit ist der Ausdruck einer neuen Schöpfung – ein neuer Weg – in der sich die Liebe in der Welt ausdrückt. Jeder von euch hat immer eine Sicherungskopie seiner eigenen Wirklichkeit. Wenn die Erschaffung einer gemeinsamen Wirklichkeit mit anderen nicht funktionieren sollte, könnt ihr wieder in eure eigene Wirklichkeit zurückziehen, oder ihr nehmt an der gemeinsamen Wirklichkeit ein paar Veränderungen vor.

Wenn ihr euch entscheidet, mit einem anderen Menschen eine gemeinsame Wirklichkeit zu erschaffen, so macht euch bewußt, daß das nicht funktionieren wird, wenn ihr das Kriegerspiel spielt. Dabei gibt es immer einen Gewinner und einen Verlierer bzw. ein Opfer und einen Täter. Die meisten Menschen auf der Erde denken so, was beim gemeinsamen Erschaffen einer gemeinsamen Wirklichkeit zu Problemen führt. Wer so denkt, wird nicht in der Lage sein, zu zweit oder mehreren eine harmonische, gemeinsame Wirklichkeit zu erschaffen.

Wenn zwei Menschen eine gemeinsame, harmonische Wirklichkeit gestalten wollen, dann ist es am einfachsten, wenn sie als Abenteurer zusammenkommen. Zwischen Abenteurern gibt es so etwas wie gewinnen und verlieren nicht. Egal, was ein Abenteurer tut, es wird ein Abenteuer. Wenn zwei Abenteurer eine gemeinsame Wirklichkeit teilen und Konflikte aufkommen, stellt sich die Frage, ob das bedeutet, daß sie gar keine Abenteurer sind, sondern Krieger. Bedeutet es, daß sie sich nicht mehr lieben? Nicht unbedingt, solange sie einander in liebender Absicht begegnen. Dann ist es nicht schädlich, wenn Konflikte in der Seele emporsteigen.

In einer liebenden Beziehung könnt ihr euren Gefühlen ruhig freien Lauf lassen und sie erfahren. Vielleicht empfindet einer von euch Wut, Traurigkeit, Frustration oder was auch immer. In so einem Fall ist es wichtig, daß die Partner liebend aufeinander eingehen und versuchen herauszufinden, was los ist. Es besteht die Möglichkeit, daß die Seele ein Gefühl zurückgehalten hat und nicht zulassen wollte, daß es erfahren wird. Es kann aber auch die Antwort auf die Art und Weise sein, wie die beiden Partner in ihrer gemeinsamen Wirklichkeit miteinander umgehen.

Wie ich bereits sagte, ist jeder Mensch auf der Erde, um seine Gefühle zu empfinden. Gibt es einen besseren Weg, dies zu tun, als mit einem liebenden Partner? Es ist die Liebe, die zwischen beiden besteht, die sie dazu bringt, genug zu vertrauen, damit ihre wahren Gefühle an die Oberfläche kommen können. Auf diese Art und Weise können viele die Kämpfe in ihren Beziehungen beilegen.

Harmonie gleicht die Energien der Menschen, die sich in einer gemeinsamen Wirklichkeit aufhalten, aus. Jeder muß natürlich äußern, was er gerne in dieser gemeinsamen Wirklichkeit erschaffen möchte. Tun die Partner das nicht, so werden sie im Laufe ihrer Beziehung anfangen, ihre Gefühle zu unterdrücken. Ich möchte euch das anhand eines Beispiels erklären: Ein Partner möchte gerne Hamburger essen gehen, der andere möchte lieber Pizza. Derjenige, der Pizza essen wollte, sagt es seiner Partnerin aber nicht. Also fahren sie zu einem Restaurant, in dem es Hamburger gibt. Der Pizzaliebhaber ärgert sich, weil er keine Pizza bekommt, schluckt seinen Ärger aber hinunter, weil er die Stimmung nicht verschlechtern möchte. Sie setzen sich hin, bestellen ihre Hamburger. Der Pizzafreund verschüttet aus Versehen sein Getränk auf die Hose des Hamburgergenießers, holt Servietten, entschuldigt sich bei diesem, und dann verläuft der Abend ganz normal weiter. Es gibt jedoch keine Zufälle und Versehen. Der Pizzafreund hat sein Getränk verschüttet, weil er ärgerlich war. Er war aber nicht ärgerlich, weil sein Partner unbedingt Hamburger essen wollte, sondern weil er ihm nicht mitgeteilt hatte, daß er lieber Pizza essen gegangen wäre. Der Ärger drückt sich nur in einer Kleinigkeit aus, aber sie macht das Leben des anderen etwas unangenehmer. So zeigt die Seele dem Menschen, daß es etwas gibt, das sie dem Bewußtsein mitteilen will.

Natürlich, es gibt keine Opfer, also hat der Hamburgergourmet es zugelassen, daß der Pizzaliebhaber das Getränk über seine Hose kippt. Er wußte, daß so etwas passieren würde, da alle Menschen miteinander telepathisch verbunden sind. Vielleicht fühlte er sich auch für etwas schuldig und hatte das Bedürfnis, bestraft zu werden. Es gibt unzählige mögliche Erklärungen für diese Situation. Wenn ihr eine gemeinsame Wirklichkeit teilt, ist es wichtig, eurem Partner immer zu sagen, was ihr möchtet. Tut ihr das nicht, werdet ihr viel Leid und Enttäuschung erleben.

Wenn der Mensch in unserem Pizzabeispiel gesagt hätte, daß er lieber Pizza essen gehen würde, wäre sein Gefährte vielleicht ebenso glücklich mit einer Pizza gewesen wie mit seinem Hamburger. Vielleicht hätte er auch mit ihm in das Restaurant gehen können, damit er seinen Hamburger essen kann, und danach wären sie zusammen in ein anderes gegangen, wo er seine Pizza gegessen hätte. Oder vielleicht wäre es möglich gewesen, daß sie beide in ein Restaurant gehen, in dem es Hamburger und Pizza gibt, so daß beide bekommen hätten, was sie sich wünschten, und beide hätten ihren Spaß gehabt.

Das Universum ist grenzenlos, und ihr könnt euch die Dinge vorstellen und in euer Leben ziehen, die ihr gerne haben wollt. Es hilft, wenn ihr Gott eine kleine Vorwarnung gebt, damit er die Zeit hat, das Universum mit euren Wünschen in Einklang zu bringen. Es ist übrigens immer einfacher, etwas mit jemandem vom anderen Geschlecht zusammen zu erschaffen. Es liegt an der Natur der Energien.

Lektionen in Glück

Warum erscheint es euch einfacher, einen negativen Gedanken zu haben, zu denken, daß ihr euer Ziel nicht erreichen werdet, als einen positiven Gedanken zu haben, zu denken, daß ihr bekommt, was ihr wollt? Es scheint sehr anstrengend zu sein, positive Gedanken zu pflegen. Das hängt damit zusammen, daß ein positiver Gedanke genauso viel wiegt wie 10 negative Gedanken. Die negativen Gedanken richten sich direkt auf den Menschen, und er bekommt die Energie, die er aussendet, umgehend zurück. Bei den positiven dauert es etwas länger – dafür ist das Ergebnis aber auch ein positives.

Lernen und Freude gehören zusammen. Viele von euch verstehen das nicht. Sie denken, wenn sie etwas lernen, bedeutet das, daß sie keine Freude dabei empfinden dürfen. Sie verbinden Lernen mit der Schule. Sie denken, daß sie nichts lernen müssen, wenn sie wirklich in Freude und in Glück leben. Schaut euch einmal um und seht, was ihr alles lernen könnt, wenn ihr Freude empfindet und glücklich seid. Wenn ihr das erkennt, muß euch niemand mehr dabei helfen, das zu verstehen. Auch beim Lernen könnt ihr Freude verspüren.

Vielleicht denkt ihr, daß ihr niemals in der Lage sein werdet, beim Lernen Freude zu verspüren. Ihr denkt vielleicht, daß ihr keine positiven Gedanken hegen könnt, weil ihr es noch nicht einmal fünf Minuten am Tag schafft, keine negativen Gedanken zu haben. Nun, eure Rettung naht! Ein positiver Gedanke kann zehn negative Gedanken auflösen. Also pflegt ruhig eure negativen Gedanken, denn Gott wollte euch nicht einschränken, indem er euch auferlegt, nur positive Gedanken zu haben. Alles, was er sich jemals gewünscht hat, ist, daß das Universum im Einklang mit sich selbst ist. Ihr könnt also negative Gedanken haben, solange ihr über genügend positive verfügt, welche die negativen ausgleichen können.

Die Zukunft gestalten

Wie könnt ihr die Zukunft gestalten? Vielleicht denkt ihr, daß die Zukunft einfach so aus dem Blauen heraus kommt.

Das ist aber nicht der Fall. Die Zukunft entsteht aus euren Gedanken und Gefühlen. Wenn ihr eure Zukunft nicht bewußt gestaltet, wird sie sich hauptsächlich aus euren negativen Vorstellungen zusammensetzen, weil sie es sind, die ihr ändern müßt. Erschafft Liebe für euch selbst und für eure Zukunft. Sprecht folgenden Satz: »Ich stelle mir für morgen einen Tag voll Glück und Freude vor.« Es ist wichtig, diesen Satz zu formulieren, denn damit gebt ihr Gott die Erlaubnis, euch Liebe zu geben. Er würde euren freien Willen nie beeinflussen. Wenn ihr ihm die Erlaubnis erteilt, euch Liebe zu geben, indem ihr den Satz sagt: »Ich erschaffe jetzt Liebe in meinem Leben«, wird er sie für euch erschaffen.

Ihr wißt jetzt, daß ihr eure eigene Wirklichkeit erschaffen könnt. Wenn ihr mit eurer Wirklichkeit, so wie ihr sie euch erschaffen habt, nicht zufrieden seid, dann verändert sie durch neue Dinge, die ihr hinzufügt. Alles, was ihr tut, wird gut sein, solange ihr in liebender Absicht handelt. Versucht, so viele neue Energien wie möglich in euer Leben zu bringen, um festzustellen, ob ihr mit ihnen in Einklang steht. Vielleicht habt ihr noch nicht all die wunderbaren Dinge in eurem Leben, die ihr euch wünscht, aber ihr könnt jetzt damit anfangen, das zu ändern. Bringt neue Ideen in eure Wirklichkeit, und lernt dabei, was euch am meisten Freude bringt.

Wenn ihr harmonische Energien in eure Wirklichkeit einfließen laßt, so bringt ihr eine noch größere Realität in euer Leben, die aus der Allmacht und ihren Gesetzen besteht. Je mehr ihr mit den harmonischen Energien in Einklang steht, desto mehr Macht werdet ihr bekommen. Je mehr ihr auf der bewußten Ebene in der Lage seid, eure Wünsche zu erschaffen, desto einfacher wird es, sie in der Wirklichkeit umzusetzen.

→ Bewußtseinsübung

1. Übt euch im »Spinnen von Seemannsgarn«. Erfindet drei bis vier Alternativen für die Sachen, die ihr euch wünscht. Arbeitet mit den Beispielen in diesem Kapitel.

2. Sucht nach dem Oszilloskop in eurem Leben, das euch anzeigt, in welchen Bereichen ihr noch Veränderungen vorzunehmen habt.

3. Sendet genug positive Gedanken aus, um damit die negativen Gedanken, die ihr im Laufe eines Tages hattet, auszugleichen.

Glossar

Aura: Ausstrahlung; die ätherische Hülle, die dem Menschen entströmt und ihn umgibt. Hellsichtige Menschen sollen die Aura bei anderen sehen können. Sie hat verschiedene Färbungen und verändert bei verschiedenen seelischen Zuständen auch ihre Form.

Dualismus: 1) *allgemein:* Gegensätzlichkeit, Polarität; 2) *religionswissenschaftlich:* der Glaube an zwei übergeordnete Kräfte, in der altchinesischen Weltanschauung z.B. Yin, die männliche Energie, und Yang, die weibliche; 3) *philosophisch:* die Annahme, daß alles Seiende auf zwei ursprüngliche, nicht auseinander herzuleitende Prinzipien gegründet ist, z.B. Gott–Welt, Geist–Materie, Leib–Seele

Freiheit: eine Illusion des Menschen, denn egal wo er sich befindet, er wird stets die Seelenströme anziehen, die sich in ihm befinden.

Geistführer: das körperlose Wesen, das einem Menschen in seinem irdischen Dasein zur Seite steht, ihn geistig führt, ihm Einsichten vermittelt, oft auch in Situationen bringt, aus denen er Erfahrungen mitnimmt. Die Vorstellung solch eines »kosmischen Freundes und Ratgebers« ist uralt. Man geht davon aus, daß dieser Führer dem Menschen auch zur Seite steht, wenn er mit dem Tod seine körperliche Hülle verläßt und in einem anderen Zustand auf seine nächste Inkarnation wartet.

Glück: das Ergebnis der Harmonie. Harmonie ist ein anderes Wort für »Einklang« oder »einheitliche Schwingungen«. Es bedeutet, mit sich selbst einig zu sein. Glück ist kein unveränderlicher Zustand. Es bedeutet Veränderung, sich weiterentwickeln, dazulernen, besser zurechtkommen. Das ist Freude und Glück.

heilig: mit sich in Harmonie zu sein, vgl. Glück

Inkarnation: Bezeichnung für die Phase, die eine Seele in einer Körperhülle verbringt. Ein gängigerer Begriff für »Inkarnation« ist »Leben«. Inkarnation wird aber auch die Mensch- oder Tierwerdung einer Seele genannt.

Illusion: Die gesamte dreidimensionale Wirklichkeit ist eine Illusion, sie spiegelt lediglich die Gedanken der Menschen und Gottes wider. Der Mensch schreibt sein eigenes Stück in der dreidimensionalen Wirklichkeit. Er muß nur darauf achten, daß er sich nicht zu sehr in den Illusionen verstrickt, die er selbst erschafft.

Karma: Der Begriff kommt aus dem Sanskrit und bedeutet soviel wie

»Folge« oder »Wirkung«. Im übertragenen Sinn ist damit die Auswirkung von Taten aus früheren Inkarnationen auf ein späteres Leben gemeint. Falsch ist die moralisierende Annahme, daß böse Taten mit einem schlechten Karma bestraft werden. Eine Seele möchte so viele Aspekte wie möglich von ein und demselben Thema erfahren (arm – reich, dienend – herrschend, Opfer – Täter), da sie diese für ihre Entwicklung braucht. Gezeigt hat sich immer wieder, daß wohl ein Ausgleich stattfindet, dieser jedoch ohne Wertung und ohne Angst betrachtet werden sollte.

Bei Karma geht es nicht darum, daß ein Mensch in der Vergangenheit einen anderen verletzt hat und jetzt ebenfalls verletzt wird. Es geht darum, daß er jemanden verletzt hat, weil er die Lektion noch nicht verstanden hatte. Durch das Karma lernt er, wie sich die Verletzung für den anderen angefühlt hat. Es ist keine Bestrafung. Wenn man es als Bestrafung empfindet, so liegt es daran, daß man sich selbst bestraft. Karma ist ein Gesetz der Liebe, es soll den Menschen lehren, mit seinen Energien umzugehen, außerdem, wie man liebenswert wird und wie man liebt.

Karma führt den Menschen in Situationen, die seiner Seele zeigen sollen, wie sie sich richtig verhalten kann. Wenn ein Mensch einen anderen umgebracht hat, ist es vielleicht notwendig, daß er selbst umgebracht wird oder daß jemand seine Ehefrau umbringt. So lernt er, wie sich der andere gefühlt hat, welchen Schmerz und welches Leid er empfunden hat. Es kann aber auch sein, daß er es auf andere Weise lernt, z.B. dadurch, daß er in der Schule an einem Streitgespräch teilnehmen und seinen Standpunkt zur Todesstrafe darlegen muß. Es kann auch geschehen, daß er in der Zeitung einen Bericht liest, in dem es darum geht, daß Menschen umgebracht worden sind, und er darüber nachzudenken beginnt, was Mord bedeutet und was dessen Folgen sind. Wenn er versteht, was hinter Mord steht, daß er rein gar nichts mit Liebe zu tun hat, dann ist es nicht notwendig, daß er selbst umgebracht wird.

Karma soll dafür sorgen, daß der Mensch seine Lektion lernt, so daß er etwas nicht wieder tut. Man kann lernen, etwas nicht zu tun oder es in einer liebevolleren Weise zu tun, ohne daß man selbst durch die Situation gehen muß. Karma ist keine Bestrafung Gottes, den Gott straft nicht und handelt in liebender Absicht. Es ist der Mensch, der dem Karma einen bestrafenden Aspekt zuschreibt.

Kosmos: das griechische Wort für Ordnung. Im Zusammenhang dieses Buches ist das Wort im Sinne von Universum zu verstehen, also als »alles, was ist«.

manifestieren: offenbaren, verwirklichen, Form annehmen, sichtbar werden

Manipulation: Die Beeinflussung von Menschen – einzelnen oder einer Gruppe –, um systematisch und zielgerichtet dessen/deren Bewußtsein, Denkgewohnheiten und Gefühlslagen zu lenken und zu prägen.

Monade: die Einheit, das Einfache, das Unteilbare; in der *Monadenlehre* von Gottfried Wilhelm Freiher von Leibniz (1646–1716) die einfachen, unbeseelten letzten Einheiten (Substanzen), aus denen sich die Weltsubstanz zusammensetzt. Sie sind in ihrer inneren Bewegung (in ihren Vorstellungen) vom Schöpfer (= göttliche Monade) aufeinander abgestimmt.

Polarität: allgemein das Verhältnis von (paarweisen) Polen zueinander, die einander bedingen und gegensätzlicher Natur sind; vgl. Dualität

Prana: die universelle Lebensenergie; der Mensch ist ständig von Prana umgeben. Prana belebt nicht nur den Körper, sondern auch Seele und Geist. Für Ungeübte ist die ursprüngliche Lebensenergie nicht ohne weiteres erfahrbar, wenngleich ihre Auswirkungen in der Natur als Licht, Wärme, Magnetismus usw. leicht zu erkennen sind. Im Körper zeigt sich Prana als die Kraft, die das Herz schlagen läßt, den Blutkreislauf in Gang hält, die Stoffwechselprozesse und die Erneuerung von Zellen ermöglicht.

Realität, Wirklichkeit: die Wahrheit, die ein Mensch an sich erfährt. Jeder hat und ist seine eigene Wahrheit, die er im Laufe seines Lebens findet. Man lebt seine Wahrheit, wenn man das macht, was einem natürlich erscheint, wenn man seinen Gefühlen folgt und sich selbst erlaubt, so zu sein, wie man ist.

Schwingung: Räume, Gegenstände oder ganze Gebiete können die Schwingungen von dort befindlichen Personen oder auch dort stattfindenden Ereignissen aufnehmen. Hellsichtig begabte Menschen sind in der Lage, diese Schwingungen oder auch Strahlungen später wahrzunehmen bzw. willentlich abzurufen. Wie diese Schwingungen zustande kommen, ist bisher nicht bekannt. Jeder kennt sicherlich von sich selbst, daß er die »Stimmung« eines Hauses, einer Partygesellschaft oder von Einzelpersonen schon auf den ersten Blick »mitbekommt«. In diesem Fall hat man die Schwingung(en) auf telepathischem Weg aufgenommen.

transformieren: auf einer höheren Ebene weiterentwickeln, umwandeln

Unterbewußtes: Es wird auch die »Nachtseite der menschlichen Seele« genannt. Dort findet sich, was der Seele innewohnt, aber nicht bewußt wahrgenommen wird und nur durch unmittelbare Erfahrungen in Erscheinung tritt. Es wird zwischen dem persönlichen Unterbewußtsein und dem kollektiven Unterbewußtsein unterschieden. Letzteres enthält die Urerfahrungen der Menschheit.

Visualisierung: geistige Übung; hierbei stellt man sich einen Wunsch, eine Erfahrung, ein Erlebnis oder eine Vorstellung bildlich und in möglichst vielen Einzelheiten vor. Die Visualisierung hilft dem Betrachter des inneren Bildes, bestimmte Situationen noch einmal zu erleben, gegebenenfalls zu »bearbeiten« oder sich auf Kommendes vorzubereiten.

291

vollständig sein: Bezieht sich im Buch auf die Vollständigkeit des Selbst einer Person, wenn diese sich mit einem Partner in einer Beziehung befindet. Man kann sich zusammen mit seinem Partner vollständig fühlen, wenn man ihm zu jeder Zeit seine Wahrheit mitteilt.

Walk-in: eine Seele, die genug Lebenserfahrung gesammelt hat, um den Prozeß der Geburt und der Kindheit überspringen zu können. Walk-ins springen sozusagen von einem Erwachsenenkörper in den anderen. Der »Sprung« in einen anderen Körper ist nur dann möglich, wenn der »Vormieter« damit einverstanden ist. Wenn das der Fall ist, verläßt sie den physischen Körper und sammelt weitere Erfahrungen in den nicht-körperlichen Welten. Die neue Seele tritt in den materiellen Körper ein und macht an dem Punkt weiter, an dem die ursprüngliche Seele den Körper verlassen hat.

Einführung in die Chakra-Lehre*

Das Wort Chakra stammt aus dem Sanskrit und bedeutet Rad oder Wirbel. Chakras sind Energie- und Bewußtseinszentren im menschlichen Körper, die auch als Energiewirbel oder Kraftzentren bezeichnet werden. Erste Anleitungen zu ihrer Aktivierung tauchten bereits in den Upanishaden auf, den heiligen vedischen Schriften Indiens (z.B. Shandilya Upanishad, Cudamini Upanishad).

Die Chakras sind keine materiellen, anatomisch festlegbaren Zentren, sondern vielmehr Energiewirbel in der menschlichen Aura. Seher und Heilige in Indien und Tibet erlangten in meditativer Versenkung Wissen über diese feinstofflichen Energiezentren. Wenngleich die Überlieferung der Chakra-Lehre der Yoga-Tradtion zu verdanken ist, so sind sie doch von besonders feinfühligen Menschen, unabhängig von ihrer jeweiligen Kultur, zu spüren.

Die Chakras durchstrahlen den Körper, wobei es auf ihre jeweilige Lage ankommt. Sie beeinflussen Organfunktionen, Kreislauf und Hormontätigkeit, aber auch Emotionen und Gedanken. Dabei transformieren sie die kosmische Lebensenergie (Prana), von welcher der Mensch ständig durchdrungen ist. Sie wird in den Chakras aufgenommen und gesammelt, bis sie vom Menschen für körperliche, seelische und geistige Prozesse in Anspruch genommen wird.

Allen Chakras sind traditionell Farben, Symbole, Mantras (Klanglaute), Elemente und Gottheiten zugeordnet. Sie entsprechen den energetischen Schwingungsfrequenzen des jeweiligen Chakras und helfen, ihre spirituelle Bedeutung zu entschlüsseln. Wir werden hier auf die sieben bekannteren Chakras eingehen, ihre Funktionen erklären, beschreiben, wie man erkennt, wann ein Chakra nicht harmonisch schwingt, und welche Affirmationen zu welchem Chakra passen. Die Affirmationen, die wir in diesem Zusammenhang verwenden, stammen von Akanthos.

Hier werden nur die sieben Hauptchakras angesprochen. Die Yogatradition spricht von bis zu 88.000 Nebenchakras, die sich über den gesamten Leib verteilen. Für die Praxis sind vor allem die Fuß- und Hand-Chakras wichtig.

MULADHARA-CHAKRA
Erstes Chakra, Wurzel-Chakra, Basiszentrum

Es befindet sich am Beckenboden, zwischen Geschlechtsteil und Anus, und beeinflußt den Darm, die Knochen, das Steißbein, die Beine und die Füße.

Körperliche Hinweise auf Störungen in diesem Chakra können sein: Verstopfung, Hämorrhoiden, lschiasprobleme, Kreuzschmerzen,

---

*Quelle: Govinda, Kalashatra»Atlas der Chakras«. München 1999

Krampfadern, Blasen- und Nierenprobleme, Darmprobleme, Prostataleiden, Knochenerkrankungen.

Seelische Hinweise auf Störungen in diesem Chakra können sein: Ängste, Kraftlosigkeit, Depressionen, Mangel an Vertrauen.

Ein harmonisches Wurzel-Chakra führt zur Entfaltung von Lebenskraft, Selbsterhaltung, Ausdauer, Durchsetzungsvermögen.

Das Wurzel-Chakra bildet die Basis für das Chakra-Energiesystem. Über das Basiszentrum kann die Energie aus der Erde und der Natur aufgenommen werden. Diese, auch Kundalini-Energie, Schlangenkraft, genannt, fließt im Wurzel-Chakra. Wenn das Basiszentrum stabil ist, kann sich die Lebensenergie durch alle Chakras nach oben bewegen und die spirituelle Weiterentwicklung beeinflussen.

→ *Affirmation von Akanthos: »Ich bin Teil der Allmacht.«*

SVADHISTHANA-CHAKRA
Zweites Chakra, Sakral-Chakra, Geschlechtszentrum

Es befindet sich in der Kreuzbeingegend, knapp oberhalb der Geschlechtsorgane. Das Sakral-Chakra reguliert die Funktion von Hoden, Prostata und Eierstöcken. Es beeinflußt Blutstrom, Lymphe, Samenflüssigkeit, Urin usw. Ein starkes Geschlechtszentrum schützt vor Erkrankungen im Bereich der Fortpflanzungsorgane, aber auch vor Menstruationsbeschwerden, Impotenz, Nieren- und Blasenleiden.

Hinweise auf Störungen im körperlichen Bereich können sein: Menstruationsbeschwerden, Prostataerkrankungen, Impotenz, Frigidität, Nieren oder Blasenprobleme, Harnwegsinfektionen, Erkrankungen von Blut und Lymphen.

Hinweise auf Störungen im seelischen Bereich können sein: Kraftlosigkeit, schöpferische Krisen, sexuelle Unlust, depressive Verstimmungen, Suchtverhalten.

Das Sakral-Chakra ist das energetische Zentrum der Lebensfreude und der Sexualität, die wiederum die Grundvoraussetzung für das seelische Wohlbefinden sowie für eine stabile, organische Gesundheit sind. Die Sanskrit-Bedeutung dieses Begriffs erfaßt die körperlich-sinnlichen Freuden. Das Chakra hat eine ganz besondere Bedeutung für Vitalität und Gesundheit. Es liefert die Energie für das reibungslose Funktionieren aller körperlichen Prozesse.

Als Zentrum der weiblichen Energie ermöglicht das Sakral-Chakra die Fortpflanzung und die Geburt. Im Zusammenhang mit der Polarität von Mann und Frau spielt dieses Chakra stets eine wichtige Rolle. Es steht für schöpferische Lebensenergie, Kreativität, Sexualität sowie Sinnlichkeit. Ein stabiles Sakral sorgt für eine gesunde Beziehung zur eigenen Sexualität. Emotionen werden nicht unterdrückt und können sich frei entfalten. Der Mensch nimmt seinen eigenen

Körper bewußt an. Das bedeutet, daß er seinen Körper trotz kleiner Fehler liebt.

Wenn die Energie im Sakral-Chakra harmonisch schwingt, hat der Mensch die Möglichkeit, sein gesamtes schöpferisches Potential zu entfalten. Er gewinnt an Selbstsicherheit, Vitalität, Lebenslust. Er entwickelt eine besondere Anziehungskraft auf andere. Kommt es zu Turbulenzen im Sakral-Chakra so können unerfüllte Sehnsüchte die Folge sein, die der Mensch mit Süchten, Eifersucht und Ängsten zu bekämpfen versucht. Man sollte die Bedeutung der Sexualität für die seelische Entwicklung nicht unterschätzen. Viele seelische Probleme haben ihren Ursprung in einem sexuellen Problem, so daß dem Sakral-Chakra in diesem Zusammenhang eine besondere Bedeutung zukommt.

→ *Affirmation von Akanthos: »Ich gestalte in liebender Absicht.«*

MANIPURA-CHAKRA
Drittes Chakra, Nabel-Chakra, Solarplexuszentrum

Das dritte Chakra befindet sich oberhalb des Nabels, im Magenbereich, zwischen dem ersten Lendenwirbel und zwölften Brustwirbel. Die von diesem Chakra ausstrahlende universelle Lebensenergie verteilt sich im Körper und beeinflußt Bauchspeicheldrüse, Magen, Gallenblase, Leber, Milz, Dünndarm, Bauchhöhle, das vegetative Nervensystem und die Funktionen des Unterleibs. Ein stabiles drittes Chakra sorgt für eine gute und schnelle Verdauung von Lebensmitteln. Man kann aufgenommene Eindrücke optimal verarbeiten. Es verhilft zu einem regelmäßigen, tiefen Schlaf und einem starken Nervenkostüm. Ein langfristiger Konsum von Reizstoffen wie Nikotin, Koffein oder Alkohol kann die Funktion des dritten Chakras negativ beeinflussen.

Das Nabel-Chakra steht für Gefühle, Willenskraft, Macht, Selbstkontrolle, Persönlichkeit.

Hinweise auf körperliche Störungen sind: Magenbeschwerden (Gastritis, Sodbrennen und Völlegefühl), Erkrankungen von Leber, Milz und Gallenblase, Verdauungsstörungen, Rückenschmerzen im Lenden- und Wirbelsäulenbereich, Nervenerkrankungen, Diabetes, Übergewicht und Arthritis.

Im seelischen Bereich zeigen sich Störungen z.B. durch: Gereiztheit, Wut, Ängste, Schlafstörungen, Alpträume, Unsicherheit, mangelnde Selbstachtung, Eßstörungen, Gefühlskälte, Sentimentalität, Selbstmitleid, Eifersucht, Machtbesessenheit, Rücksichtslosigkeit und Aggressivität.

Sofern die Lebensenergie im Nabel-Chakra ausgeglichen ist, wirkt sich dies positiv auf die Seele des Menschen aus. Er verfügt dann über die Fähigkeit, seine Gefühle zu spüren, sowie über Mitgefühl, Empathie, Sensibilität, Sehnsucht, Durchsetzungsvermögen und Spontaneität.

Das Nabel-Chakra stellt gewissermaßen den Antriebsmotor für die Gedanken, Gefühle und Wünsche eines Menschen dar. Seine Energie fördert die Fähigkeit, sich selbst kennenzulernen und sich seiner persönlichen Interessen bewußt zu werden. Sie zeigt sich außerdem in der Freude an Tätigkeiten, die der freien Entfaltung der eigenen Neigungen und Begabungen dienen. Wenn die Energie in diesem Chakra ausgeglichen ist, hat der Mensch das Bedürfnis, neue Erfahrungen zu sammeln.

Der Yogalehre zufolge ist das Nabel-Chakra der entscheidende Energiespeicher, von dem aus die universelle Lebensenergie (Prana) im ganzen Körper verteilt wird. Die Lebensenergie läßt sich im Solarplexuszentrum besonders leicht speichern und kann von dort durch bewußte Steuerung in sämtliche Körperbereiche geleitet werden. Obwohl sich der Körper durch Schlaf, Licht, Wärme, Nahrung und die Atmung auf ganz natürliche Weise mit Prana auflädt, kann es zusätzlich durch Meditation und Visualisierung bewußt gesteigert werden.

Menschen mit einem starken Nabel-Chakra strahlen Selbstsicherheit und Tatkraft aus. Sie besitzen die Ausdauer und Geduld, die man braucht, um schwierige Lebensphasen zu meistern. Aber trotz des Bewußtseins ihrer persönlichen Macht und Stärke erhalten sie sich ein hohes Maß an Sensibilität und Mitgefühl gegenüber anderen und gehen nicht mit ausgefahrenen Ellbogen durch das Leben. Ein ausgeglichenes Nabel-Chakra ist die Grundvoraussetzung für den Erfolg im Leben, egal wie man Erfolg für sich selbst definiert. Menschen, deren Nabel-Chakra ausgeglichen ist, erreichen ihre Ziele durch die Kraft, die aus ihrer Mitte kommt. Sie sind in der Lage, alle auftauchenden Hindernisse mit Leichtigkeit zu überwinden.

Energieüberschüsse im Manipura-Chakra können sich in negativen Charaktereigenschaften wie Machtbesessenheit, Eifersucht, übertriebenem Ehrgeiz, Neid, Aggression und Zerstörungswut äußern. Ein Mangel an universeller Lebensenergie führt zu unsicherem Verhalten im Leben, Selbstmitleid und Sentimentalität. Wenn man intensiv mit seinem dritten Chakra arbeitet, trägt man dazu bei, sein Leben aktiv in die Hand zu nehmen und sich nicht von den Umständen und Mitmenschen abhängig zu machen.

→ *Affirmation von Akanthos: »Ich vertraue dem Universum.«*

ANAHATA-CHAKRA
Viertes Chakra, Herz-Chakra

Das vierte Chakra befindet sich in der Mitte der Brustwirbelsäule, auf Herzhöhe. Es reguliert die Herz- und Lungenfunktion. Ein stabiler Kreislauf, ein starkes Herz, tiefe und freie Atmung sind gute Zeichen für ein ausgeglichenes Herz-Chakra.

Hinweise auf Störungen im Herz-Chakra äußern sich körperlich durch Allergien, Atembeschwerden, Asthma, Herzbeschwerden, Infektionsanfälligkeit, Krebserkrankungen, Schmerzen im Brustbereich, Bluthochdruck bzw. niedrigem Blutdruck, Lungenerkrankungen, Erkältungen, Rückenschmerzen im Bereich der Brustwirbelsäule sowie Schulterschmerzen.

Im seelischen Bereich zeigen sich Störungen im Herz-Chakra in Form von übertriebenem Egoismus, Gefühlskälte, Einsamkeit, Isolation, Kontaktschwierigkeiten, Feindseligkeit.

Dieses Chakra steht für Liebe, Menschlichkeit, Mitgefühl, Zuneigung, Geborgenheit. Es bildet die Menschenmitte und verbindet die drei unteren Chakras, welche die Instinktebene des Menschen erfassen. Die noch folgenden oberen drei Chakras sind mit dem höheren menschlichen Bewußtsein verbunden. Spirituelle Traditionen weisen von jeher darauf hin, daß Menschen nicht nur körperliche Wesen sind, sondern auch energetische Wesen. Das Herz-Chakra ist das energetische Zentrum der Liebe, des Mitgefühls, der Menschlichkeit und Geborgenheit. Der Mensch kann durch ein harmonisches Herz-Chakra den liebevollen, unterstützenden Kontakt zum eigenen Ich finden. Man nimmt über das Herz-Chakra Verbindungen zu anderen auf, ohne dabei persönliche, egoistische Interessen zu verfolgen. Man kann dem anderen unbefangen und ohne das Bedürfnis begegnen, sich selbst darzustellen. Offenheit und Verständnis für andere sind dabei selbstverständlich. Ein stabiles Herz-Chakra macht es leicht, Verantwortung für andere zu übernehmen. Man kann sein Herz-Chakra durch bewußte Übungen entfalten und schafft so die Voraussetzungen für einen liebevollen und vertrauensvollen Kontakt zu seinen Mitmenschen.

→ *Affirmation von Akanthos: »Ich gebe Liebe, und ich erhalte Liebe.«*

VISHUDDHA-CHAKRA
Fünftes Chakra, Hals-Chakra, Kehlkopfzentrum

Das fünfte Chakra befindet sich bei der Halswirbelsäule, im Kehlkopfbereich.

Hinweise auf körperliche Störungen sind: Mandelentzündung, Halsschmerzen, Zahn- und Zahnfleischerkrankungen, Beschwerden im Bereich der Halswirbelsäule, Nacken- und Schulterschmerzen, Sprachstörungen, Ohrenprobleme.

Auf der seelischen Ebene können folgende Störungen auftreten: Schüchternheit, Hemmungen, Verwirrung, Angst vor Isolation, Mangel an Ausdrucksmöglichkeiten, Sprachstörungen.

Am untersten Ende der Wirbelsäule befindet sich die Kundalini, die durch spezielle Übungen geweckt und über die einzelnen Chakras nach oben geleitet werden kann. Dabei verbindet das fünfte Chakra das Herzzentrum mit den Kopf-Chakras. Es gilt als Vermittler zwischen Fühlen und Denken. Es sorgt für einen Ausgleich zwischen Intellekt und Gefühl und wirkt sich auf die Kommunikationsfähigkeit aus. Das Hals-Chakra steht für Kommunikation, Inspiration, geistige Energie, Unabhängigkeit und Wahrheit.

Eine harmonische, volle Stimme, eine tiefe Atmung und entspannte Muskulatur im Nacken-, Kiefer- und Schulterbereich weisen auf ein ausgeglichenes Hals-Chakra hin. Störungen des Energieflusses im Bereich des Kehlkopfes sind oft hörbar: Es kommt zu Heiserkeit, die Stimme stockt, wirkt hart oder neigt dazu, sich schnell zu verausgaben. Auch Rachenschmerzen, Mandelentzündungen und Schluckbeschwerden weisen auf ein nicht ausgeglichenes Hals-Chakra hin. Neben den Halsbeschwerden kann man auch Schilddrüsenleiden, Kropfbildung, sogar Ohrenschmerzen Zahn- und Zahnfleischerkrankungen, Sprachstörungen bekommen.

→ *Affirmation von Akanthos: »Ich erschaffe, was ich mir wünsche.«*

AJNA-CHAKRA
Sechstes Chakra, Stirn-Chakra, Drittes Auge

Das sechste Chakra sitzt zwischen den Augenbrauen, in der Mitte der Stirn, oberhalb der Nasenwurzel. Es ist für die Erhaltung der allgemeinen Gesundheit wesentlich.

Physische Symptome, insbesondere Kopfschmerzen, Gehirnerkrankungen, Augenleiden, Sehschwäche, Hörschwäche, Nebenhöhlenentzündungen, Erkrankungen des Nervensystems, können auf ein unausgeglichenes Chakra hindeuten.

Störungen im Bereich des Stirn-Chakras zeigen sich vor allem auf seelisch-geistiger Ebene, etwa in Form von Ängsten, dem Gefühl von Ziel- und Sinnlosigkeit oder Konzentrationsproblemen, Lernschwäche, Gedankenflucht, Aberglaube, geistige Verwirrung. Ein stark gestörtes Stirn-Chakra kann zu schweren Geisteskrankheiten führen. Ebenso kann es für schwere Depressionen verantwortlich sein, und eine starke Überaktivität dieses Chakras kann Wahnvorstellungen und Schizophrenie auslösen.

Das Stirn-Chakra wird auch Drittes Auge genannt, steht für Intuition, Weisheit, unmittelbare Wahrnehmung, Phantasie. Hier wird die Verbindung zur geistigen Welt hergestellt. Jenseits der dualistischen Wahrnehmung ermöglicht das sechste Chakra den Kontakt zur inneren Weisheit. Es ermöglicht intuitive Erkenntnis und weist auf den Bereich der Wirklichkeit hin, der zutage tritt, sobald die dualistische Wahrnehmung der Welt überwunden wird und die Gedanken zur Ruhe kommen. Innerhalb dieser höheren Wirklichkeit entwickeln sich telepathische Fähigkeiten. Je mehr das Stirn-Chakra von Energie erfüllt ist, desto leichter fällt es, Täuschungen und Illusionen als solche zu erkennen. Man läßt Ablenkungen und weltliche

Erscheinungen hinter sich, bis es schließlich gelingt, die Gedanken klar und ruhig werden zu lassen.

Affirmation: Akanthos empfiehlt im Zusammenhang mit dem sechsten Chakra keine Affirmation. Er schlägt vor, nachdem man die Affirmation für das fünfte Chakra gesprochen hat, zu visualisieren, was man sich wünscht, und das Bild, das man sieht, in violettes Licht einzuhüllen.

SAHASRARA–CHAKRA
Siebtes Chakra, Kronen-Chakra, Scheitelzentrum

Das siebte Chakra befindet sich im Schädeldach, am Scheitelpunkt des Kopfes. Das Kronen-Chakra wirkt auf den gesamten Organismus.

Ist der Energiestrom in diesem Bereich zu schwach, so kann es zu chronischen Erkrankungen, Nierenleiden und lebensbedrohenden Krankheiten wie Krebs oder multipler Sklerose kommen. Zu den häufigsten gesundheitlichen Störungen gehören Atemstörungen, Kopfschmerzen, Konzentrationsstörungen, Lähmungen, Verwirrungszustände, Vergeßlichkeit, Schlafstörungen, Nervenleiden und depressive Verstimmungen bis zu Geisteskrankheiten. Letztere sind gerade bei Menschen zu beobachten, deren untere Chakras gut entwickelt sind und die kurz vor dem Durchbruch zu ihrem vollen spirituellen Potential stehen. Sehr oft weisen jedoch die gesundheitlichen Probleme, die mit dem Kronen-Chakra zusammenhängen, auf eine mangelnde Entwicklung anderer Chakras hin.

Seelische Störungen können sich bemerkbar machen durch: Mangel an Lebensfreude, Realitätsflucht, geistige Erschöpfung, Depressionen, Entscheidungsschwäche und Verwirrung.

Das Scheitelzentrum steht für Spiritualität und Erleuchtung, Erfahrung mit geistigen Welten, kosmische Vereinigung, Selbstverwirklichung und Erleuchtung. Eine Aktivierung dieses hochsensiblen Chakras ohne stabile Basis in den unteren Haupt-Chakras ist gefährlich, doch in der Praxis ist das eine ohne das andere so gut wie unmöglich. Allgemein führt die Entwicklung des siebten Chakras zu wunderbaren Glückszuständen: Ein tiefer Friede, das Gefühl der Verbundenheit mit dem gesamten Universum, Gelassenheit und Zufriedenheit sind mentale Auswirkungen eines aktiven Kronen-Chakras. Wer diese höchste Bewußtseinsstufe erreicht hat, wird auch für seine Mitmenschen zu einer Quelle der Kraft und Inspiration. Dennoch gibt es auch eine negative Seite beim Kronen-Chakra: Es kann Flucht in eine starke Abgrenzung bewirken, wobei man sich zurückzieht und zunehmend weltfremd wird.

→ *Affirmation von Akanthos: »Ich bin Licht. Ich bin Liebe.«*

Vision of Love

Schule für Hellsichtigkeit, Schamanismus,
und spirituelles Wachstum

Phillip Kansa führt im deutschsprachigen Raum Seminare mit folgendem Inhalt durch:

Schule der Hellsichtigkeit

Mit seiner Partnerin Elke Kirchner bietet er eine zweijährige Ausbildung an, die zur Hellsichtigkeit führt. Sie ist geeignet für Heiler, Lehrer, Therapeuten und alle Menschen die wieder einen Zugang zu dieser Begabung, die in jeden von uns eingelegt ist, finden wollen

Schamanismus

Philip Kansa führt Schwitzhüttenrituale mit Hervorhebung der Bräuche der Lakota(Sioux)- und Anasasi-Indianer durch.sowie Trommelbau- und Schamanenseminare, die der Heilung und Selbstfindung dienen

Einzelreadings

In diesen Sitzungen channelt Phillip den spirituellen Helfer Akanthos, der persönliche Fragen beantwortet und mit dem Suchenden befreiende Übungen durchführt.

Kontaktadresse für Deutschland, die Schweiz und Österreich
Vision of Love
Schulstrasse 19
25451 Quickborn
Tel.: ++49 (0) 4106 - 61 27 70
Fax: ++49 (0) 4106 - 61 27 71
Email: VisionOfLove4u2@aol.com

Phillip Kansa (Spirit Bear)
Reise zu Mutter Erde (CD)
Eine geführte Phantasiereise
zum inneren Tempel
Spielzeit 45:13 Min.
ISBN 3-89767-144-1

Kornelia Kuri &
Dr. Frank Kuhnecke
Visionen
Ideen und Ziele finden,
auswählen, erreichen
Spielzeit: 52:48 Min.
ISBN 3-89767-111-5

Kornelia Kuri, Dr. Frank
Kuhnecke, Marlies Holitzka
Loslassen
Neue   Lebensperspektiven
nach einer Trennung
Spielzeit: 61:31 Min.
ISBN 3-89767-133-6

Kornelia Kuri, Dr. Frank
Kuhnecke, Marlies Holitzka
Entspannung für
die Seele
Spielzeit: 60:47 Min.
ISBN 3-89767-120-4

Weitere Bücher im

Susanne Hühn
Loslassen und
Vertrauen lernen
Spirituelle Selbstverantwor-
tung und innere Heilung
150 S., Paperback
ISBN 3-89767-140-9
Das Buch beschreibt einen
spirituellen Entwicklungs-
und Genesungsweg, der eine
echte, tiefgreifende Verhal-

tensänderung zum Ziel hat. 12 Schritte bilden die Brük-
ke zwischen dem eigenen Leben und einer gesunden
spirituellen Kraft, die jeder für sich selbst definiert.

VESNA Krmpotic
Klang der Seele
244 S., Einfarbdruck, Hardcover
ISBN 3-89767-126-3
Zweimal 108 erhellende
Weisheiten zu Lebensfragen,
die sich nach dem Zufalls-
prinzip auswählen lassen.

Marlies Holitzka & Klaus
Holitzka
Der kosmische
Wissensspeicher
Mit allem verbunden
sein und es im Alltag
nutzen
286 S., s/w-illustriert,
Paperback
ISBN 3-89767-129-8
Ein Brückenschlag zwi-
schen der altindischen

Akasha-Chronik, Schamanismus und den modernen
Wissenschaften wie beispielsweise Quantenphysik und
Quantenmedizin, PSI-Forschung oder in der Theorie der
morphogenetischen Felder.

Neues Beten

Gebete für eine neue Zeit
von Renate Felicitas Hartjenstein
je 64 S., farbig illustr., DIN A6, Paperback

Angst
ISBN 3-89767-034-8

Glück
ISBN 3-89767-033-X

Dankbarkeit
ISBN 3-89767-032-1

Heilung
ISBN 3-89767-036-4

Depression
ISBN 3-89767-037-2

Schmerz
ISBN 3-89767-038-0

Engel
ISBN 3-89767-107-7

Trauer
ISBN 3-89767-035-6

Jeanne Ruland
Das große Buch der Engel
Namen, Geschichte(n) und Rituale
392 S., Paperback
ISBN 3-89767-081-X

Über 1400 Engelnamen, ihre Bedeutung und Zuordnung sowie vieles mehr, was Sie über Engel wissen wollen: Was essen Engel? Leben Engel ewig? Wie entstehen Engel? Wie können wir mit Ihnen in Verbindung treten und ihre lichte Kraft in unserem Leben aktivieren? Dazu und zu vielen anderen Themen finden Sie Antworten in diesem umfangreichen Grundlagenwerk .

Michael Reimann
Engelsklang
Sphärische Musik zum Entspannen und Meditieren
Spielzeit: 55:46 Min.
ISBN 3-89767-123-9

Shantidevi
Engel – Brücke ins Licht
Geführte Meditationen mit Musik
Spielzeit: 55:51 Min.
ISBN 3-89767-117-4

Heike Owusu
Chakras: Die Musik
Musik zur Aktivierung der Energiezentren
Spielzeit: 47:39 Min.
ISBN 3-89767-023-2

Heike Owusu
Chakras: Die Übungen
Übungen mit Musik zur Aktivierung der Energiezentren
Spielzeit: 47:28 Min.
ISBN 3-89767-022-4

Paul Ferrini
Dem Glück auf der Spur
Das Glück des Augenblicks
liegt in deiner Hand
160 S., Paperback
ISBN 3-930944-67-7
Wenn wir aufhören, in unserem Leben nach
Fehlern zu suchen, können wir es erfüllter le-
ben. Dann bewegt sich unser Leben mit Kraft,
Zielgerichtetheit und Integrität. Nichts fehlt,
nichts ist verbesserungsbedürftig, nichts ka-
putt. Es ist vollkommen, so wie es ist.

Paul Ferrini
Zusammen Wachsen
Schitte zum liebevollen Miteinander
172 S., Paperback
ISBN 3-930944-82-0
Sieben Regeln für eine faire Partnerschaft sind
hier knapp aber tiefgehend formuliert, womit
Sie das Werkzeug an die Hand bekommen,
Ihre Beziehungen zu überprüfen und, wo nö-
tig, zu korrigieren.

Paul Ferrini
Leben in Hingabe
Wie man sein Herz öffnet
und darin wohnen bleibt
120 S., Paperback
ISBN 3-930944-92-8
„Wenn ich in diesem Buch über Hingabe spreche, geht es darum, das Ego-Bewußtsein aufzugeben, die Trennung von Herz und Verstand
zu überbrücken und eine Bewußtheit zu entwickeln, die größer ist und umfassender."

Paul Ferrini
Aus der Tiefe des Herzens
Vergebung entdecken, erlernen, erleben
184 S., Paperback
ISBN 3-89767-095-5
Vertrauen in das Leben, Gleichwertigkeit mit
anderen, Verantwortung für sich selbst übernehmen und Vergebung, gelebt in jeder Minute und das gegenüber anderen wie sich selbst,
bilden die Schlüssel für die Tür zu einem er-
füllten und selbstbestimmten Leben. Lernen
Sie sie kennen und machen Sie sich zu eigen!